前言

随着汽车工业的高速发展，传统汽车给我国带来的环境污染、能源短缺和安全等方面的问题越来越突出。为了保持国民经济的可持续发展，保护居住环境和保障能源供给，国家出台了“节能与新能源汽车产业发展规划（2012—2020）”，促进新能源汽车发展。新能源汽车主要包括纯电动汽车、插电式混合动力汽车及燃料电池汽车，而纯电动汽车是发展的重点。

新能源汽车是世界汽车产业升级转型的必经之路，各国纷纷出台相应的配套政策，目前我国已经启动制定停止生产销售传统能源汽车的时间表。从国际层面来看，目前多个国家已经相继完成了传统燃油车禁止生产时间表的制定。法国已经颁布将从 2040 年开始全面停止出售汽油车和燃油车，并在 2050 年实现碳平衡。汽车工业强国德国也于 2016 年通过了将在 2030 年停止销售燃油车的提案，此外，荷兰与挪威则制定了将于 2025 年全面禁止传统燃油车的销售。

数据显示，2009~2015 年，我国新能源汽车年销量从不足 1 万辆迅速提升到 33 万多辆，成为全球最大的新能源汽车市场。2017 年，新能源汽车发展势头强劲，产销均接近 80 万辆，实现了国内、国际市场双增长。

从长远来看，纯电动汽车将是新能源汽车的主要技术发展方向。为使广大读者尽快了解电动汽车的结构原理，本书广泛搜集电动汽车的相关资料，围绕电动汽车技术的三大核心（即“三电”——电池、电机、电控）展开，主要内容包括电动汽车的结构组成与特点，驱动电机及控制器，动力电池系统，电池管理系统，电动汽车的充电，电动汽车辅助系统，电动汽车维护与故障处理，典型电动汽车的构造原理及技术解析八个方面的内容。

本书由山东华宇工学院刘春晖、陈国主编，参加本书编写工作的还有山东华宇工学院张文志、曹金静、方玉娟、顾雅青、高春刚、李凤芹、任斌、唐娟、王东盈、郎仲杰、王如兵。

在本书编写的过程中，除了所列参考文献外，还参考了许多发表在网站上相关文章的内容，在此对原作者、编译者表示由衷的感谢。由于编者水平所限，书中难免有错误和不当之处，恳请广大读者批评指正。

编　者

目 录

SHOUBASHOU JIAONINXUEXIU
DIANDONGQICHE

手把手教您学修车丛书

手把手教您学修 电动汽车

刘春晖 陈国◎主编

机械工业出版社
CHINA MACHINE PRESS

本书系统介绍了电动汽车的结构组成与特点，驱动电机及控制器，动力电池系统，电池管理系统，电动汽车的充电，电动汽车的辅助系统，电动汽车维护与故障处理，典型电动汽车的构造原理及技术解析八个方面的内容。

本书内容实用，可操作性强，配有大量的图片，易学、易懂。本书可作为新能源汽车技术培训参考教材，同时还可供汽车维修企业人员学习参考，也可作为大中专院校新能源汽车类专业相关教材。

图书在版编目（CIP）数据

手把手教您学修电动汽车/刘春晖，陈国主编. —北京：机械工业出版社，2018.8

（手把手教您学修车丛书）

ISBN 978-7-111-60475-4

Ⅰ.①手… Ⅱ.①刘… ②陈… Ⅲ.①电动汽车-车辆修理 Ⅳ.①U469.72

中国版本图书馆 CIP 数据核字（2018）第 156329 号

机械工业出版社（北京市百万庄大街 22 号 邮政编码 100037）
策划编辑：杜凡如 责任编辑：杜凡如 责任校对：潘 蕊 肖 琳
责任印制：张 博
三河市国英印务有限公司印刷
2018 年 9 月第 1 版第 1 次印刷
184mm×260mm · 13.5 印张 · 331 千字
0001—3000 册
标准书号：ISBN 978-7-111-60475-4
定价：45.00 元

凡购本书，如有缺页、倒页、脱页，由本社发行部调换

电话服务	网络服务
服务咨询热线：010-88361066	机 工 官 网：www.cmpbook.com
读者购书热线：010-68326294	机 工 官 博：weibo.com/cmp1952
010-88379203	金 书 网：www.golden-book.com
封面无防伪标均为盗版	教育服务网：www.cmpedu.com

第一章

认识电动汽车

第一节　电动汽车概述

一、电动汽车的定义

电动汽车是完全由可充电电池（如铅酸电池、镍镉电池、镍氢电池或锂离子电池）提供动力源，以电机为动力的汽车（图 1-1）。其动力系统主要由动力电池、驱动电机组成，从电网取电或更换蓄电池获得电能。

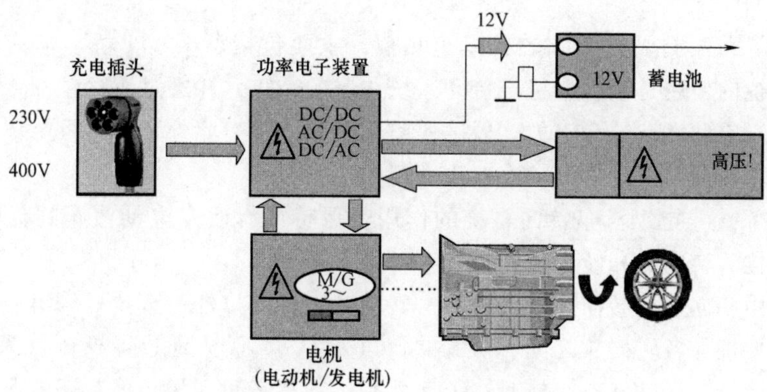

图 1-1　电动汽车动力系统简图

二、电动汽车的基本组成

电动汽车由车载电源、电池组管理系统、电源辅助设施、电机、控制器、底盘、车身等部分组成。按照传统的汽车构造划分方式，也可将纯电动汽车分成电机、底盘、车身及电气四部分。图 1-2 所示为典型电动汽车的主要总成布置。

（1）电机　电机是电动汽车的动力装置，它是依据电磁感应原理实现电能转换的一种电磁装置，在电路中用字母 M 表示。它的主要作用为产生旋转运动，是用电设备或各种机械的动力源。

（2）发电机　发电机的主要作用是将机械能转化为电能，它在电路中用字母 G 表示。

（3）冷却系统　冷却系统通常由散热器、水泵、风扇、节温器、冷却液温度表和放水开关等组成。

（4）传动系统　图 1-3 所示为典型的电动汽车底盘，因为电机具有良好的牵引特性，所以蓄电池电动汽车的传动系统不需要离合器和变速器。车速控制由控制器通过调速系统改变电机的转速即可实现。

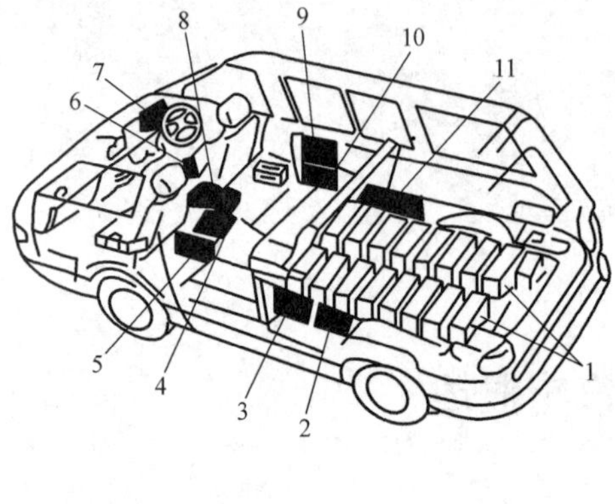

图 1-2　典型电动汽车的主要总成布置

1—主电池　2—空调控制装置　3—空调逆变器　4—电机　5—压缩机　6—操纵电动机　7—SOC 仪表　8、11—逆变器　9—操纵控制装置　10—ECU

图 1-3　电动汽车底盘

（5）行驶系统　行驶系统和燃料汽车相似，主要包括车架、车桥、车轮和悬架等。电动汽车行驶系统的作用是接收电机经传动系统传来的转矩，并通过驱动轮和路面间的附着作用，产生路面对电动汽车的牵引力，以确保整车正常行驶。此外，它尽可能缓和不平路面对车身造成的冲击和振动，确保电动汽车正常行驶。

（6）转向系统　电动汽车转向系统的作用是保持或者改变电动汽车的行驶方向，它包括转向操纵机构、转向器和转向传动机构等部件。

转向系统由转向盘、转向器、转向节、转向节臂、横拉杆、直拉杆等组成。电动汽车在转向行驶时，要确保各转向轮之间有协调的转角关系。驾驶人通过操纵转向系统，使电动汽车保持在直线或转弯运动状态，或者在上述两种运动状态间互相转换；还要保证在行驶状态下，转向轮不会发生自振，转向盘没有摆动，转向灵敏，最小转弯直径小，操纵轻便。

（7）制动系统　制动系统是电动汽车装备的全部制动与减速系统的总称，它的作用是使行驶中的电动汽车降低速度或停止行驶，或使已经停驶的电动汽车保持不动。制动系统包括制动器（图 1-4）、制动传动装置。现代电动汽车制动系统中还安装了制动防抱死装置等。

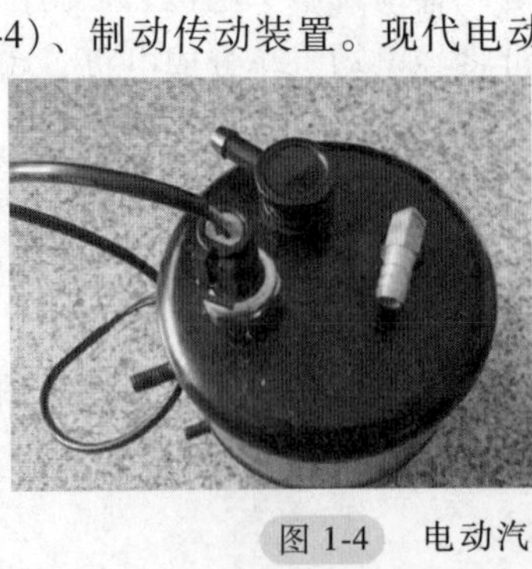

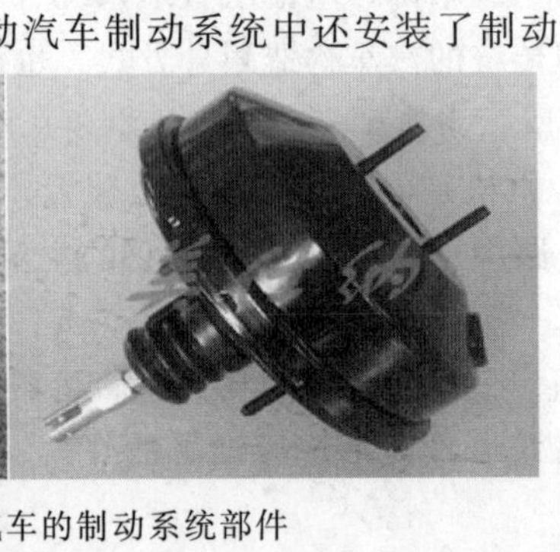

图 1-4　电动汽车的制动系统部件

与燃料汽车类似，纯电动汽车的制动系统也由行车制动和驻车制动两套装置构成。

（8）电气设备　电动汽车电气设备主要包括蓄电池、照明灯具、仪表、音响装置、刮水器和空调器等。

1）蓄电池。蓄电池的作用是供起动机和电动机用电。为了满足电动汽车对高电压的需求，纯电动汽车通常是以多个 12V 或 24V 的电池串、并联形成的动力电池组作为动力源，动力电池组的电压是 155~400V，以周期性的充电来补充电能。动力电池组是电动汽车的关键装备，它储存的电能及其自身的重量和体积对电动汽车的性能起决定性影响。

动力电池组在电动汽车上占据极大部分有效的装载空间，在布置上有相当大的难度，一般有集中布置和分散布置两种形式。通用公司的 EV-1 使用的 AC 德科电池组，采用集中式布置形式，如图 1-5 所示。动力电池组的支架是 T 形架（装在车辆的地板下面及行李舱下面的车架上）。动力电池组固定在 T 形架上，有良好的稳定性，它从车辆的尾部安装。在 T 形架上装有动力电池组的通风系统、电线保护套等，用自动和手动断路器在车辆停车及车辆出现故障时切断电源，确保高压电路的安全。

如图 1-6 所示，新一代沃蓝达所采用的电池由 LG 公司提供，由 96 组共 192 个串联电池组成。每一个电池组件具有自己的固定框架以及温度调节装置，整个 96 组电池呈字母“T”形分布在车身中轴线以及后排座椅下方，以尽量减少对车内空间的使用。整个电池组设置有 3 个 DC/AC 变换器。通过电化学装置的重新设计，新一代沃蓝达所采用的动力电池在重量上减少了 13kg，并且增加了容量。

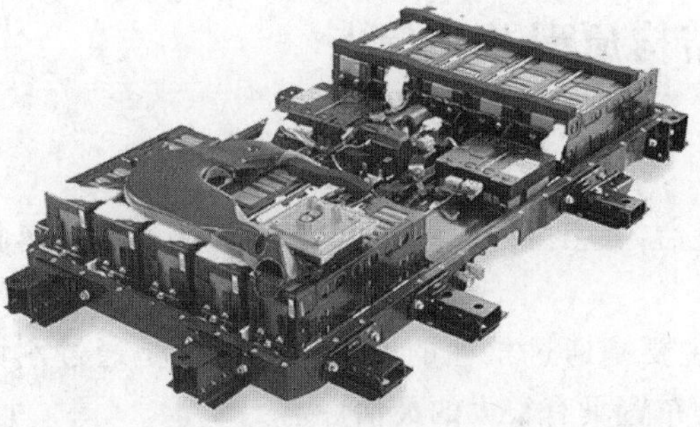

图 1-5　EV-1 动力电池组的集中式布置方式

图 1-6　新一代沃蓝达所使用的电池组

2）灯具和仪表。灯具和仪表是提供照明并且显示电动汽车状态的部件组合。如图 1-7 所示，仪表通常提供蓄电池电压显示、整车速度显示、行驶状态显示、灯具状态显示等，智能型仪表还可以显示整车各电气部件的故障情况。

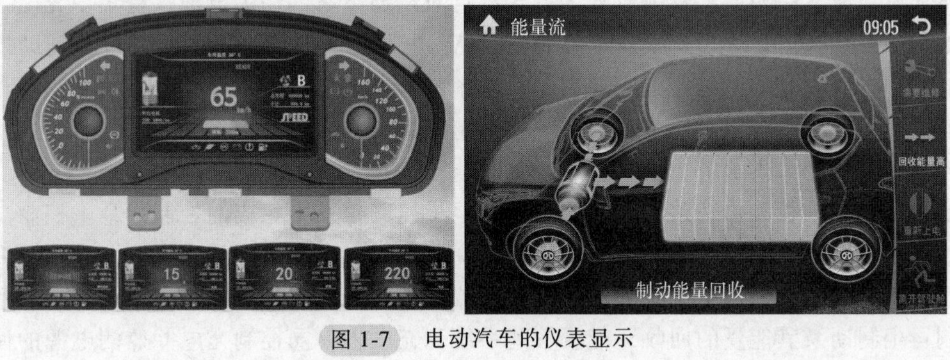

图 1-7　电动汽车的仪表显示

(9) 能量回收系统　能量回收系统（图 1-8）的作用是在电动汽车滑行（或制动）时，可以将滑行时的惯性机械能转化为电能，并将其存储在电容器中或为动力蓄电池充电，在使用时可快速将能量释放。

图 1-8　制动能量回收系统

(10) 散热系统　因为蓄电池在车辆运行的过程中会产生大量的热量，因此，拥有一个良好的散热系统，不论是对电动汽车的安全还是对其蓄电池的寿命长短都至关重要。

(11) 车身　车身分为车头和车厢两个部分。车头部分通常可乘坐驾驶人和前排乘客两人。车厢是根据客户需求改装而来，包括车厢配置、用料、空间设计等。为了使乘客获得最大的舒适感，电动汽车通常采用单人座并排的方式，至于座椅的数量则根据具体车型而有所不同。

(12) 工业装置　工业装置是工业用电动汽车用来完成作业要求而专门布置的，如电动叉车的起升装置、门架、货叉等。货叉的起升和门架的倾斜一般由电机驱动的液压系统完成。

第二节　电动汽车结构原理及其特点

一、电动汽车独特特点

与燃油汽车相比，电动汽车的结构特点是灵活，这种灵活性源于电动汽车与燃油汽车相比具有如下几点不同：

(1) 能量传递方式不同　电动汽车的能量主要是通过柔性的电缆电线而不是通过刚性联轴器和转轴传递的，因此，电动汽车各部件的布置具有很大的灵活性。

(2) 驱动系统的布置不同　独立的四轮驱动系统和轮毂电机驱动系统等会使系统结构区别很大，采用不同类型的驱动电机也会影响电动汽车的重量、尺寸和形状。

(3) 储能装置不同　不同类型的储能装置也会对电动汽车的结构、质量、尺寸和形状产生影响。不同的储能装置需要不同的硬件和机构，例如动力电池可通过感应式和接触式的充电机充电，或者采用替换动力电池的方式，再对替换下来的动力电池进行集中充电。

如图 1-9 所示，电动汽车可分为三个子系统：电驱动子系统、能源子系统和辅助控制子系统。其中，电驱动子系统由电子控制器、功率转换器、电机、机械传动装置和驱动车轮组成；能源子系统由主电源、能量管理系统和充电系统构成；辅助控制子系统具有动力转向、温度控制和辅助动力供给等功能。

根据从制动踏板和加速踏板输入的信号，电子控制器发出相应的控制指令来控制功率转换器中功率装置的通断，功率转换器的功能是调节电机和电源之间的功率流。当电动汽车制动时，再生制动的动能被电源吸收，此时功率流的方向要反向。能量管理系统和电控系统一起控制再生制动及其能量的回收，能量管理系统和充电机一同控制充电并监测电源的使用情

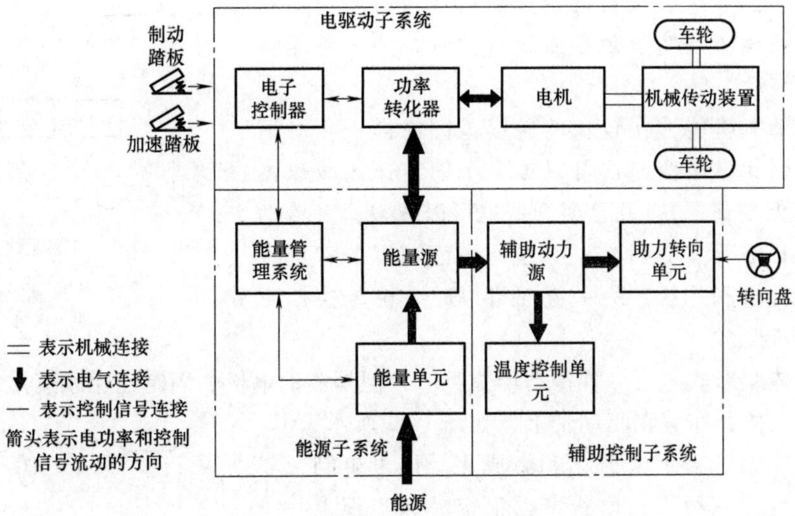

图 1-9 电动汽车的基本结构

况。辅助动力供给系统供给电动汽车辅助系统不同等级的电压并提供必要的动力，它主要给动力转向、空调、制动及其他辅助装置提供动力。除了从制动踏板和加速踏板给电动汽车输入信号外，转向盘输入也是一个很重要的输入信号，助力转向系统根据转向盘的角位置来决定汽车能否灵活地转向。

二、电驱动的结构形式

依托于传统内燃汽车，采用驱动电机替代原有的内燃机，可形成最为简单的电驱动系统。如图 1-10 所示，电驱动系统一般由驱动电机、离合器、齿轮箱和差速器组成，这是电动汽车传动系统布置的常规形式。在此种形式中，传统内燃机被一组动力电池和一台驱动电机所代替，离合器、变速器和差速器的布置形式与传统内燃机车辆的布置形式一致，其中的

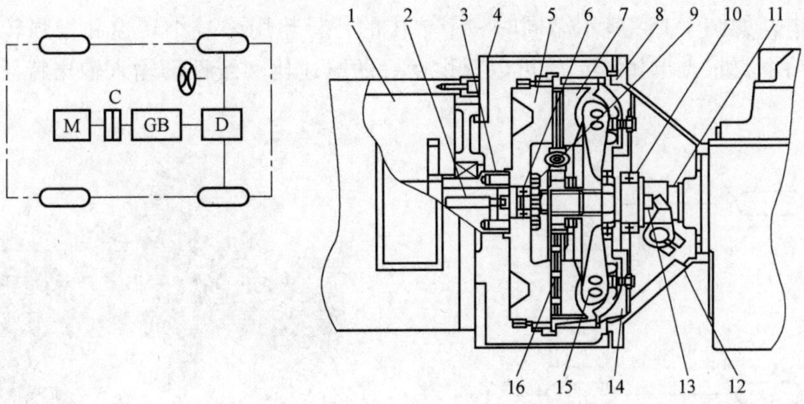

图 1-10 纯电动汽车传动系统布置和装置结构图

1—电机 2—螺栓 3—套筒 4—飞轮壳 5—飞轮 6、10—轴承 7—压盘 8—离合器壳 9—螺栓 11—输入轴 12—分离叉 13—分离套筒 14—离合器盖 15—分离杠杆 16—从动盘 C—离合器 D—差速器 GB—变速器 M—驱动电机

离合器和变速器也可以被自动变速器所代替。差速器的功能是通过机械传动使车辆在曲线行驶时两侧车轮能够以不同速度转动。

由于驱动电机能够在较长的速度范围内提供相对恒定的功率，因此多级变速器可以被一个固定速比减速器所代替（即无变速器），并且离合器也可以省去，其传动形式如图 1-11 所示。这种传动系统一方面可以节省机械传动结构的重量和体积，另一方面可以减少由于换档所带来的控制难度。

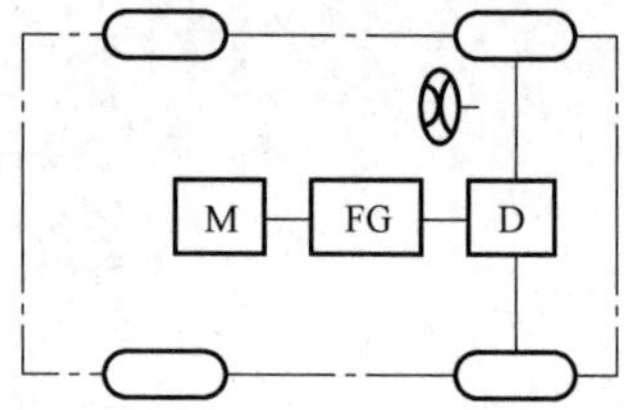

图 1-11　固定速比减速器系统
D—差速器　FG—固定速比减速器　M—电机

第三种传动形式与第二种传动形式类似，但是驱动电机、固定速比减速器和差速器被进一步整合为一体，布置在驱动轴上，如图 1-12 所示，整个驱动传动系统被大大简化和集成化。从再生制动的角度出发，这种传动形式可以很容易地实现电能从车轮到电机的回收（驱动轮以外的动能通过制动转化为热能），所以有利于全轮驱动。因为没有传动装置，所以运转更加容易，但是这样的布置形式要求有低速大转矩、速度变化范围大的电机，同时增加了电机和逆变器的容量。

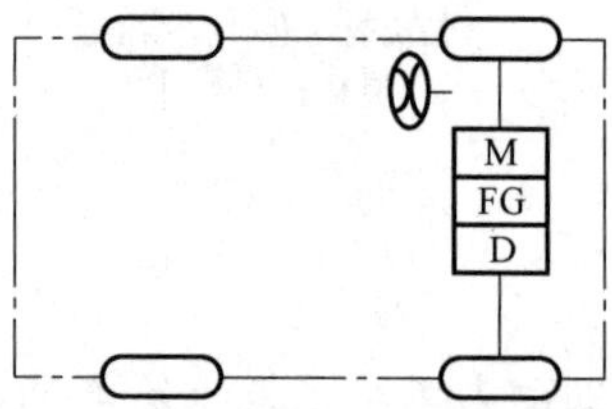

图 1-12　驱动电机与传动同向布置形式
D—差速器　FG—固定速比减速器　M—电机

如图 1-13 所示，在第三种传动形式的基础上，差速器被两个独立的牵引电机所代替。每个牵引电机单独完成一侧车轮的驱动任务，即无机械差速器的传动形式。在车辆进行曲线行驶时，两侧的电机就会分别工作在不同的速度下。图 1-14 所示为双电机驱动模式下的底盘结构。前轴两个半桥上分别用一个电机驱动一侧车轮的行驶，但是控制难度较大。图 1-14 所示为 ZF 研发的双驱动电机驱动桥结构，驱动电机置于两侧，分别控制、驱动两侧车轮。这种驱动桥间没有大型的差速器桥包，因此可以降低质心。

为了进一步简化驱动系统，牵引电机与车轮之间取消了传统的传动轴，由驱动电机直接驱动车轮前进，如图 1-15a 所示。同时一个单排的行星轮用来减小转速和增强转矩，以满足不同工况的功率要求。单排行星轮可以提供良好的减速比和线性的输入输出特性。

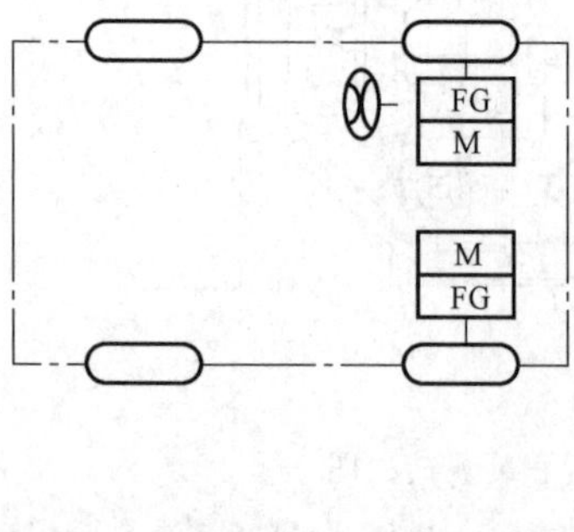

图 1-13　双驱动电机—固定速比变速器
FG—固定速比减速器　M—电机

图 1-14　双驱动电机驱动桥

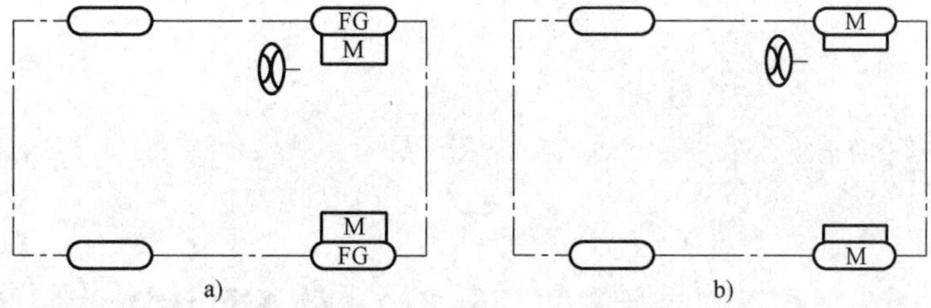

图 1-15 轮边或轮边电机驱动形式

FG—固定速比变速器 M—驱动电机

在完全舍弃驱动电机和驱动轮之间的机械传动装置之后，轮毂电机的外转子直接接在驱动轮上，驱动电机转速控制与车轮转速控制融为一体，构成了所谓的双轮毂电机，使车速控制变得简单。然而，这种分布方式需要驱动电机提供更高的转矩来起动和加速车辆，如图 1-15b 所示。轮毂驱动电机的安装位置如图 1-16 所示。

图 1-16 轮毂驱动电机的安装位置

三、储能装置的结构形式

动力电池系统是纯电动汽车能量的唯一来源，是混合动力汽车、燃料电池汽车的主要能量来源。电动汽车能源装置布置形式可以分为两类。图 1-17a 为电动汽车储能装置最常见的结构形式——动力电池系统（作为唯一能量源为电动汽车提供动力）。该结构的储能及控制相对简单。设计者可根据整车设计需要合理安排储能装置的位置和容量，但对动力电池的要求比较苛刻，一般按照电动汽车的功能和使用工况要求，选择比能量和比功率较高的动力电池来保障整车的续驶里程、加速性和爬坡能力。

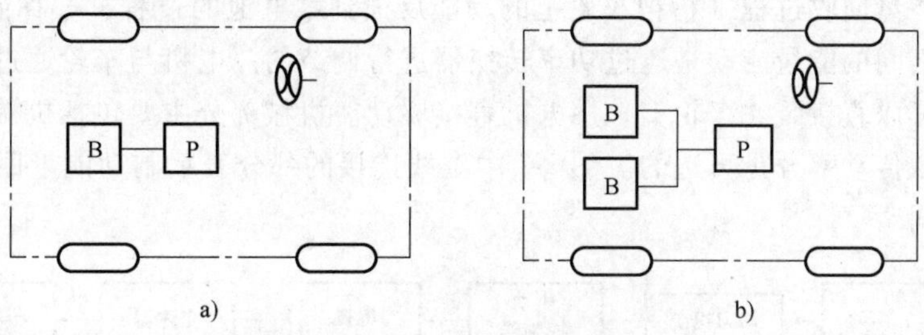

图 1-17 典型储能装置的结构形式

B—动力电池 P—功率变换器

为了解决一种动力电池不能同时满足对比能量和比功率要求的问题，有些电动汽车同时采用了两种不同的动力电池，其中一种能提供高比能量（如能量型锂离子电池、锌空气电池），另外一种提供高比功率（如功率型锂离子电池、超级电容器）。图 1-17b 所示为采用两种电池作为混合能量源的结构。这种结构不仅满足了比能量和比功率的要求，而且在电动汽车的制动能量回收方面起到了较为显著的效果。除此以外，目前还可以利用燃料电池、超级电容器和飞轮等共同作为电动汽车的新型储能装置，共同提高电动汽车的续驶里程或者整车的动力性能。

第二章

电动汽车驱动电机及控制器

第一节 电动汽车驱动系统

一、电动汽车驱动系统的组成、种类及特点

1. 电动汽车驱动系统的组成

电动汽车驱动系统的功用是在驾驶人的控制（通过加速踏板和制动踏板）下，高效率地将蓄电池（燃料电池或发电机）的能量转化为车轮的动能，或者将车轮上的动能反馈到蓄电池中。电动汽车驱动系统的组成各种各样，一般都由电气和机械两大部分组成。图 2-1 所示为电气式驱动系统组成示例。电气部分主要由电机、功率转换器和电子控制器三个子系统组成。电子控制器由传感器、中间连接电路与处理器等组成。传感器把电流、电压、温度、速度、转矩以及磁通等测量数据转变为电信号，通过连接电路把这些电信号调整到合适的值，然后输入到处理器。处理器的输出信号通常经过中间电路放大后驱动功率转换器的半导体元件。

在驱动和能量回收过程（指把车轮上的动能反馈到蓄电池的过程，亦称能量再生）中，能量源与电机之间的能量流动是通过功率转换器进行调节的。电机与车轮通过机械传动装置连在一起，也可以直接装在车轮上，用电机直接驱动。机械部分主要包括机械传动装置和车轮等，其中机械传动部分是可选的。图 2-1 中虚线连接的部分表示制动能量回收系统，不同的车辆略有不同。

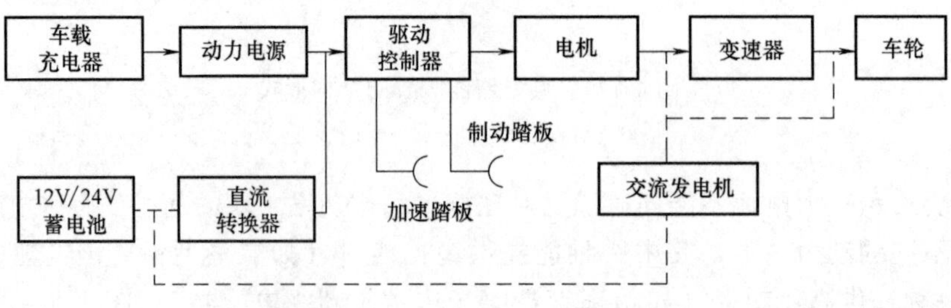

图 2-1 电动汽车驱动系统组成示例

2. 电动汽车驱动系统的种类

电动汽车的驱动系统有着多种多样的组合形式，且每个电动汽车的驱动系统都具有自身

的结构特点。

（1）根据驱动轮的布置方式分　电动汽车驱动轮的布置方式，可分为前轮驱动、后轮驱动和全轮驱动等。根据基本布置方式不同，可分为机械驱动系统、半机械驱动系统和纯电气驱动系统等。

1）机械驱动系统的特点是只用电机及其控制系统取代内燃机及其控制系统，在其传动系统中，选用或保留了内燃机汽车的变速器、传动轴、后桥和半轴等传动部件。早期开发的电动汽车上多采用机械驱动系统，这样有利于集中精力来研制和开发电机及其控制系统，并能更快地进行大量试验和改进工作，造价也较低。但其传动效率较低，并且不能充分满足电动汽车动力性能的要求。

2）半机械驱动系统充分利用电机调速范围宽的特点，取消了传动效率低、操作繁琐的齿轮变速器，只采用了一部分机械传动的齿轮、差速器、半轴等零部件来传递动力。

3）纯电气驱动系统由左右两个双联式电机或轮毂式电机组成，分别直接驱动左右两个驱动车轮。在双联式电机或轮载电机之间装有电子控制的差速器，控制双联电机或轮毂电机在电动汽车直线行驶时同步转动和在转弯时差速转动。由于纯电气驱动系统仅采用两根半轴来驱动车轮或用轮毂电机直接驱动车轮，使得电动汽车驱动系统的模式产生了根本变化，使驱动系统结构紧凑、传动效率高，也使得整车的结构有了很大的改变，扩大了乘坐及载货空间，有利于在底盘上布置蓄电池。因而，纯电气驱动形式将会成为未来电动汽车的主要驱动形式。

（2）根据驱动系统是否采用轮毂电机分　根据电动汽车驱动系统中是否采用轮毂电机，可分为轮毂电机式驱动系统和非轮毂电机式驱动系统。这里主要介绍轮毂电机式驱动系统。

轮毂电机式驱动系统的驱动电机装在电动汽车车轮的轮毂中，可以直接驱动电动汽车的驱动轮，传动效率高；占用电动汽车车身和底盘的空间少，乘客空间大；腾出了用于传动系统布置的空间，便于蓄电池的安装和布置电机驱动系统，而且减少了车辆的簧载质量；可以是两轮驱动，也可以是四轮驱动，由电子控制系统来保证几个车轮间直线行驶时的同步转动、转弯时的差速转动和在坏路面上各个车轮的制动力分配。轮毂采用不同数量和不同功率的轮毂电机，可以组成系列化的电动汽车。轮毂电机式驱动系统可分为带变速器的驱动系统和不带变速器的驱动系统，两种系统的差别如图 2-2 所示。

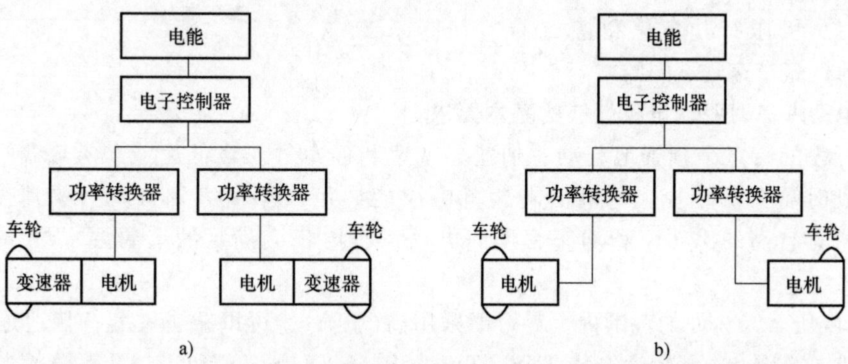

图 2-2　轮毂电机式驱动系统的组成

a）带变速器的驱动　b）不带变速器的驱动

（3）根据电动汽车驱动用电机的数量分　根据电动汽车驱动用电机的数量，可分为单电机驱动系统和多电机驱动系统。单电机驱动系统由于只用一个电机，能最大限度地减小相应的体积、质量及成本。多电机驱动系统采用多个电机单独驱动每一个车轮。多电机系统能减少单个电机的电流和功率的额定值，效率较高，容易均衡电机的尺寸和质量，但必须安装电子差速器或采用电子控制系统实现差速，因而成本较高。

3. 电动汽车驱动系统的特点

电动汽车驱动系统一般都包括控制元件、电机和传动系统（如变速器等）。控制元件把踏板位置所要求的电流和电压传送给电机，踏板的控制功能类似于内燃机车辆的加速踏板。电机的成本很大程度上取决于电动汽车驱动系统要求的转矩范围。从经济的角度考虑，应把电机转速在传至驱动车轮之前最大限度地降低。为了获得期望的爬坡能力和最高车速，电动汽车驱动用电机应匹配单速或多速变速器（根据电机的性能及转速范围）。由于受电池输出功率的限制及行驶阻力曲线的制约，车辆必须在牵引力—车速曲线指定的范围内运行。电力驱动车辆与内燃机车辆不同之处是它必须区分短期工作性能和长期工作性能。电机的短期最大输出性能工况通常取决于控制元件，而长期工作性能是按 30min 输出来确定的，这时电机的温度是主要限制因素。这一区别也适用于大多数蓄电池系统。依据所应用的驱动系统的类型，短期工作功率与长期工作功率之比为 1.5∶3。电力驱动车辆必须对最大功率输出进行监测和控制，以反映控制元件、电机及蓄电池的发热量。

对于电动汽车而言，其性能试验方法中一般规定测量 30min 最高车速。例如，GB/T 18385—2005《电动汽车动力性能试验方法》中规定的电动汽车动力性能就有车辆能够持续行驶超过 30min 的最高车速，即 30min 最高车速 v_{30}。图 2-3 所示为他励直流电机及两速变速器汽车的牵引力—车速曲线。图 2-3 中同时给出了短期（30min）和最大蓄电池输出功率曲线。可见，极限行驶车速和持续 30min 的最高车速是不同的。

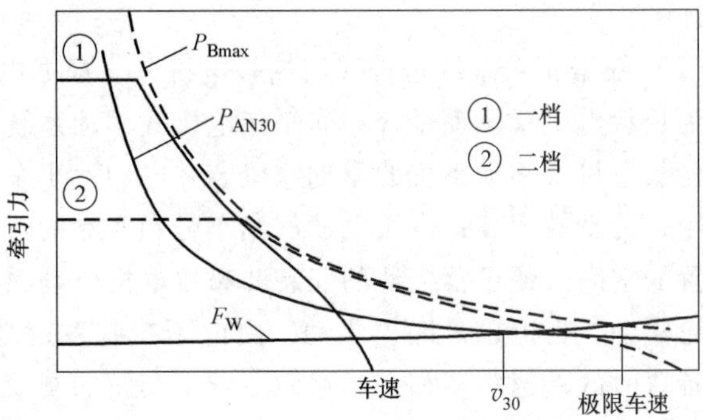

图 2-3　他励直流电机及两速变速器汽车的牵引力—车速曲线

P_{Bmax}—蓄电池最大输出功率　P_{AN30}—30min 输出功率

F_W—行驶阻力

二、电动汽车对驱动电机性能的基本要求

汽车行驶的特点是频繁地起动、加速、减速和停车等。在低速或爬坡时需要高转矩，在高速行驶时需要低转矩。电机的转速范围应能满足汽车从零到最大行驶速度的要求，即要求电机具有高的比功率和功率密度。电动汽车电机应满足的主要要求可归纳为如下 10 个方面。

1）高电压。在允许的范围内，尽可能采用高电压，这可以减小尺寸，特别是可以降低逆变器的成本。图 2-4 所示为安装 THS（Toyota Hybrid System）和 THS Ⅱ 系统的丰田普锐斯混合动力汽车采用的永磁同步交流电机的功率—转速、转矩—转速曲线。工作电压由 THS 的 274V 提高到 THS Ⅱ 的 500V。在尺寸不变的条件下，最高功率由 33kW 提高到 50kW，最大转矩由 350N · m 提高到 400N · m。可见，应用高电压系统对汽车动力性能的提高极为有利。

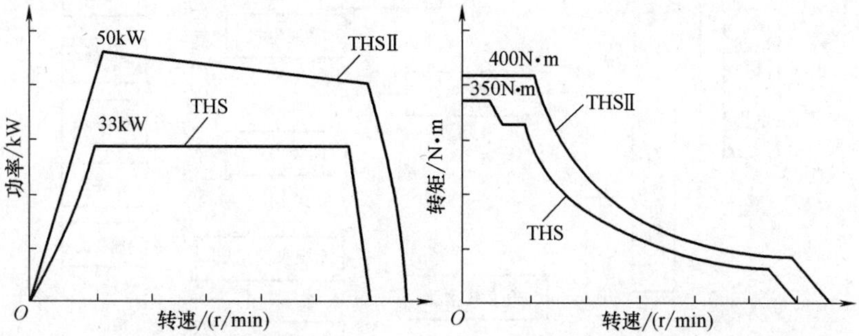

图 2-4　永磁同步交流电机的功率—转速、转矩—转速曲线

2）转速高。电动汽车所采用的感应电机的转速可以达到 8000~12000r/min。高转速电机的体积较小，质量较轻，有利于降低装车的装备质量。

3）质量轻，体积小。电机可通过采用铝合金外壳等途径减轻其质量，各种控制装置和冷却系统的材料等也应尽可能选用轻质材料。电动汽车驱动电机要求有高的比功率（电机单位质量的输出功率）和在较宽的转速和转矩范围内都有较高的效率，以实现降低车重，延长续驶里程；而工业驱动电机通常对比功率、效率及成本进行综合考虑，在额定工作点附近对效率进行优化。

4）电机应具有较大的起动转矩和较大范围的调速性能，以满足起动、加速、制动等所需的功率与转矩。电机应具有自动调速功能，以减轻驾驶人的操纵强度，提高驾驶的舒适性，并且能够达到与内燃机汽车加速踏板同样的控制响应。

5）电动汽车驱动电机需要有 4~5 倍的过载能力，以满足短时加速行驶与最大爬坡度的要求，而工业驱动电机需要两倍过载就可以了。

6）电动汽车驱动电机应具有高的可控性、稳态精度、动态性能，以满足多部电机协调运行，而工业驱动电机只要求满足某一种特定的性能。

7）电机应具有高效率、低损耗，并在车辆减速时，可进行制动能量回收。

8）电气系统和控制系统的安全性应达到有关的标准和规定。电动汽车的各种动力电池组和电机的工作电压可以达到 300V 以上。

9）能够在恶劣条件下可靠工作。电机应具有高的可靠性、耐温和耐潮性，并且运行时噪声低，能够在较恶劣的环境下长期工作。

10）结构简单，适合大批量生产，使用维修方便，价格便宜等。

三、电动汽车驱动电机的分类

电机可分为交流电机、直流电机、交/直流两用电机（测速、伺服、自整角等）、开关磁阻电机及信号电机等多种。适用于电力驱动的电机可分为图 2-5 所示的直流电机（将直流电能转换为机械能的电机）和交流电机（将交流电能转换为机械能的电机）两大类。目前在电动汽车上已应用的和有应用前景的有直流电机、交流感应（异步）电机、永磁无刷电机和开关磁阻电机等，它们性能的比较见表 2-1。表中控制器成本一栏以直流电机为基准，可见其他电机控制器的成本远高于直流电机。

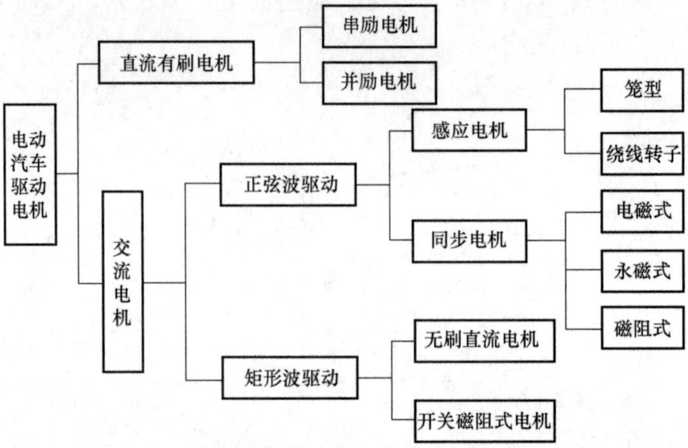

图 2-5 驱动电机的分类

表 2-1 各种电机的性能比较

项目	直流电机	感应式电机	永磁式电机	开关磁阻式电机
功率密度	低	中	高	较高
过载能力(%)	200	300~500	300	300~500
峰值效率(%)	85~89	94~95	95~97	90
符合效率(%)	80~87	90~92	90~93	78~86
功率因数(%)	—	82~85	90~93	60~65
恒功率区	—	1:5	1:2.25	1:3
转速范围/(r/min)	4000~6000	12000~20000	4000~100000	>15000
可靠性	一般	好	一般	好
结构的坚固性	差	好	一般	优良
电机外形	大	中	小	小
电机质量	大	中	小	小
控制操作性能	最好	好	好	好
控制器成本	低	高	高	中

第二节 电动汽车用直流电机

一、直流电机的工作原理和基本构造

1. 直流电机的工作原理

通电导线在磁场中会受到磁场力的作用，由左手定则，把左手放入磁场中，让磁力线垂直穿入手心，磁力线从 N 极出发进入 S 极，四指指向电流所指方向，则大拇指的方向就是导体受力的方向。

电源的直流电加于电刷 A（正极）和 B（负极）上，则线圈 abcd 中流过电流：在导体 ab 中，电流由 a 指向 b；在导体 cd 中，电流由 c 指向 d。用左手定则可知导体 ab 所受到的磁场力从右向左，导体 cd 所受到的磁场力从左向右，这样形成的转矩 *M* 为逆时针方向。在该转矩作用下电枢将逆时针方向旋转，如图 2-6a 所示。

当电枢转过了 180°，直流电仍由电刷 A 流入、从电刷 B 流出，电流在电枢内的流向改变为 d 到 c、b 到 a，由左手定则可知导体 cd 所受到的磁场力从右向左，ab 所受磁场力从左向右，转矩 *M* 方向仍为逆时针，则可保持电枢持续逆时针转动，如图 2-6b 所示。

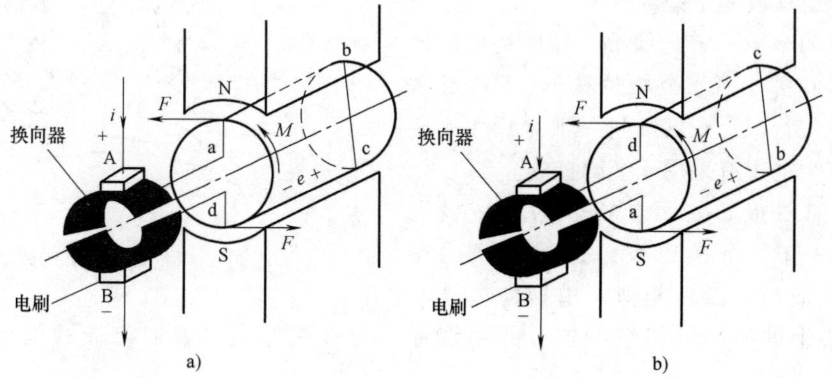

图 2-6 直流电机工作原理

2. 直流电机的基本构造

直流电机主要由定子（固定部分）和电枢（旋转部分）两大部分组成，定子和转子之间的间隙称为空气隙。图 2-7 所示为直流电机的结构图。直流电机是基于载流导体与磁场之间的相互作用而制成的。电机的磁极和电枢之间必须有相对运动。下面就一些主要的部件分别予以介绍。

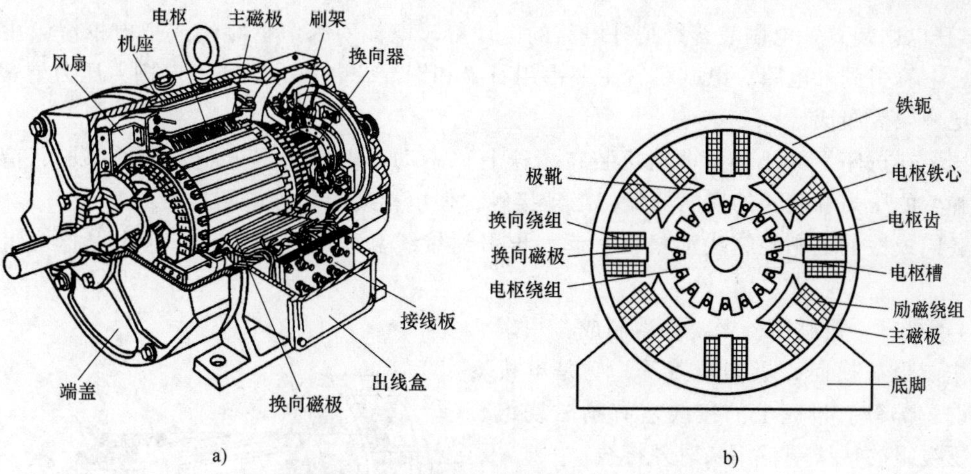

图 2-7 直流电机的基本结构图与剖面图

a）基本结构图 b）剖面图

（1）定子 定子的作用是产生磁场和作为电机机械支承部件。它由主磁极、换向磁极、电刷装置、机座、端盖等组成。

1）主磁极。主磁极的作用是产生主磁场，主磁极的结构如图 2-8 所示。绝大多数直流电机的主磁极不是用永久磁铁，而是由励磁绕组通以直流电流来建立磁场的。主磁极装在机座的内壁，它由主磁极铁心和励磁绕组组成。主磁极铁心包括极芯和极掌两部分。极芯上套有励磁绕组，各主磁极上的绕组一般都是串联的。极掌的作用是使空气隙中磁感应强度分布最为合适。改变励磁电流的方向，就可改变主磁极极性，也就改变了磁场方向。

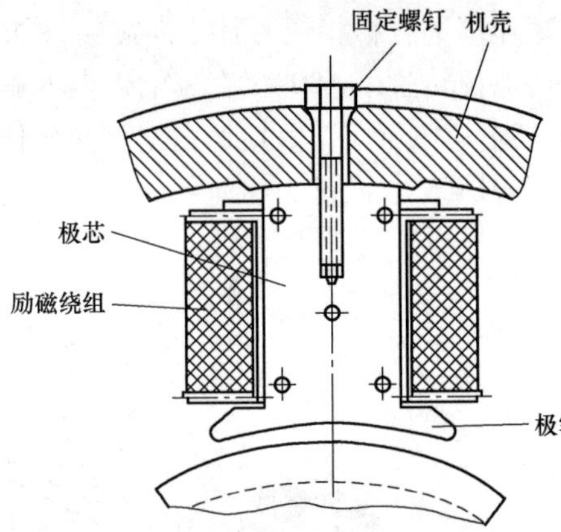

图 2-8　主磁极结构图

主磁极的个数一定是偶数，励磁绕组的连接必须使得相邻主磁极的极性按 N、S 极交替出现的规律进行。汽车起动机一般采用 4 个磁极，功率较大的也有采用 6 个磁极的。

2）换向磁极。在两个相邻的主磁极之间中性面内有一个小磁极，这就是换向磁极，它的构造与主磁极相似，由换向极铁心和套在铁心上的换向极绕组构成，并用螺杆固定在机座上。换向磁极的励磁绕组与电枢串联。

主磁极中性面内的磁感应强度本应为零值，但是，由于电枢电流通过电枢绕组时所产生的电枢磁场，使主磁极中性面的磁感应强度不能为零值，于是使转到中性面内进行电流换向的绕组产生感应电动势，使得电刷与换向器之间产生较大的火花。

用换向磁极的附加磁场来抵消电枢磁场，使主磁极中性面内的磁感应强度接近于零，这样就改善了电枢绕组的电流换向条件，减小了电刷与换向器之间的火花。

换向磁极的个数一般与主磁极的极数相等，在功率很小的直流电机中，也有不装换向磁极的。

3）电刷装置。电刷装置是把外电路的电动势、电流引入电枢绕组或把电枢绕组中的电动势、电流引到外电路。电刷装置主要由用石墨和铜混合制成导电块的电刷、压力弹簧和刷盒、电刷架等组成。

固定在机座上（小容量电动机装在端盖上）不动的电刷架上电刷盒中的电刷，借助于压力弹簧的压力和旋转的换向器保持滑动接触，使电枢绕组与外电路接通。

各同极性的电刷经软线汇集在一起，再引到接线盒内的接线板上，作为电枢绕组的引出端。

4）机座。机座用铸钢或铸铁制成，用来固定主磁极、换向磁极和端盖等，它是电机磁路的一部分。机座上的接线盒有励磁绕组和电枢绕组的接线端，用来对外接线。

5）端盖。端盖装在机座两端并通过端盖中的轴承支撑转子，将定、转子连为一体，同时端盖对电机内部还起防护作用。

（2）转子　直流电机的转动部分称为转子，也称为电枢。它主要由电枢铁心、换向器及电枢绕组等组成，如图 2-9 所示。

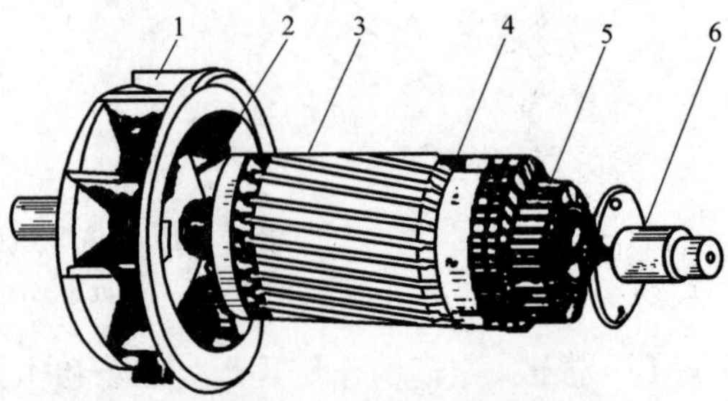

图 2-9　直流电机的电枢

1—风扇　2—绕组　3—电枢铁心　4—绑带
5—换向器　6—轴

1）电枢铁心。电枢铁心由硅钢片冲制叠压而成，在外圆上有分布均匀的槽用来嵌放绕组。铁心也作为电机磁路的一部分。

2）换向器。换向器装在电枢转轴的一端，它是由许多互相绝缘的铜质换向片叠成的圆环。电枢绕组每个线圈的两端分别接至两个换向片上。在直流电动机中，换向器将电源的直流电转换为线圈中的交流电，以获得方向不变的电磁转矩。如图 2-10 所示，换向器由许多梯形铜片组成，片间用云母片绝缘，外表呈圆柱形。换向片和云母片组成的圆筒两端用 V 形云母套筒和 V 形金属压圈压紧，以使其成为一个整体并保证其绝缘性能，这样就构成了一个换向器。

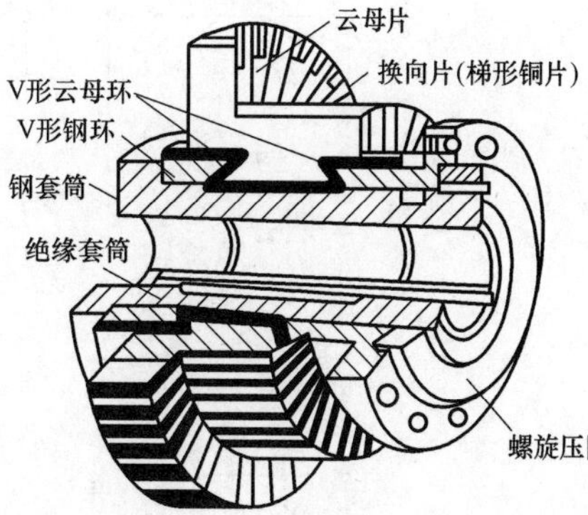

图 2-10　直流电机的换向器

3）电枢绕组。电枢绕组是产生感应电动势或电磁转矩，实现能量转换的主要部件。它由许多绕组元件构成，按一定规则嵌放在铁心槽内和换向片相连，使各组线圈的电动势相加。绕组端部用玻璃钢无纬带或镀锌钢丝箍住，防止绕组因离心力而发生径向位移。

二、直流电机的励磁方式

由直流电机的工作原理和结构可知，由主磁极的励磁磁动势单独建立的磁场是电机的主磁场，有时也称之为励磁磁场。励磁方式是指励磁绕组的供电、产生励磁磁动势而建立主磁场的方式。根据励磁方式的不同，直流电机可以分为他励和自励两类。

1. 他励

他励电机的励磁绕组与转子电枢的电源分开。能够通过分别控制励磁电流 I_f 和电枢电流 I_a，来实现对他励直流电机的控制。他励直流电机具有线性特性和稳定输出特性，可以扩大其调速范围，能够实现在减速和制动时的再生制动，回收一部分能量。他励直流电机的励磁电路如图 2-11a 所示。

2. 自励

自励直流电机的励磁电流由自身供给，根据励磁绕组与电枢绕组的连接关系，又可以分为并励、串励和复励三种。

（1）并励　并励直流电机的电路如图 2-11b 所示，励磁绕组与电枢绕组并联，励磁绕组与转子电枢的端电压相同，为 U，励磁电流为 I_f。

（2）串励　串励直流电机的电路如图 2-11c 所示，励磁绕组与电枢绕组串联，串励直流电机的励磁电流和电枢电流相等，能获得每单位电流的最高转矩，具有起动转矩大、有较好的起动特性以及较宽的恒功率调速范围等特点，这种励磁方式采用较少。

（3）复励　复励直流电机的主磁极上装有两个励磁绕组，一个与电枢绕组并联，称为并励绕组；另一个与电枢绕组串联，称为串励绕组。这两个励磁绕组产生的磁动势若方向相同，称为积复励，否则称为差复励，两种连接方式如图 2-11d、e 所示。励磁绕组所消耗的功率虽然仅占直流电机额定功率的 1%～3%，但是直流电机的性能随着励磁方式的不同将产生很大差别。

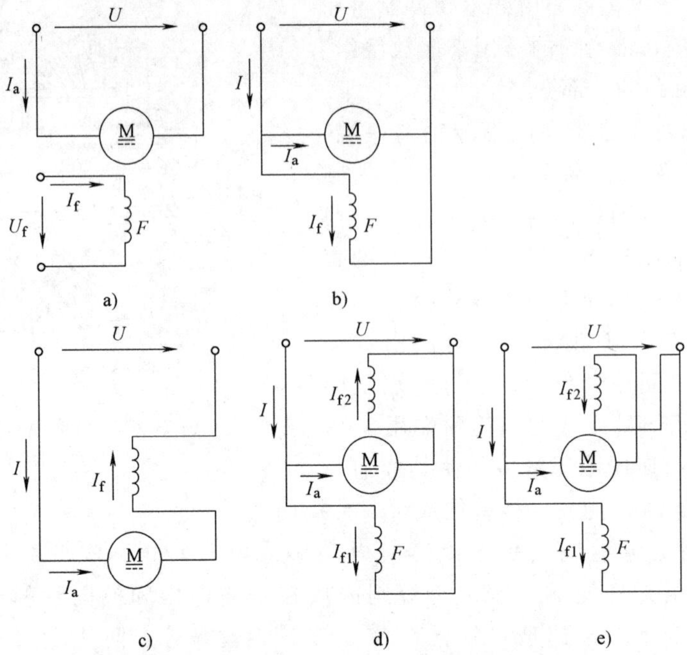

图 2-11 各种励磁方式的直流电机电路原理图

a）他励 b）并励 c）串励 d）积复励 e）差复励

三、直流电机的特点及性能参数

1. 直流电机的特点

直流电机的优点是具有优良的电磁转矩控制特性，起动转矩、制动转矩大，易于快速起动、停车；调速比较方便，调速范围宽，易于平滑调节；控制装置简单、价廉。直流电机的磁场和电枢可以分别控制，因此控制起来比较容易，而且控制性能较好。直流电机的容量范围很广，可以根据所需的转矩和最高转速来选用所需要的容量。市场上有各种不同结构的直流电机供选用，直流电机的制造技术和控制技术都较成熟，驱动系统价格较便宜。

直流电机的缺点是效率较低、质量大、结构较复杂、体积大且价格贵。直流电机上有电刷、换向器等接触零件，它们容易磨损，在高速旋转时电刷与换向器之间会产生火花，严重时形成“环火”，限制了直流电机转速的提高。

在早期开发的电动汽车上多采用直流电机，但在新研制的电动汽车上已基本不采用直流电机了。

2. 直流电机的性能参数

根据国家标准，直流电机的额定数据有额定容量 P_e(kW)、额定电压 U_e(V)、额定电流 I_e(A)、额定转速 n_e(r/min)、励磁方式、额定励磁电流 I_{fe}(A) 及额定励磁电压 U_{fe}(V) 等。额定容量是指其轴上输出的机械功率，等于额定电压与额定电流之积再乘以机械效率。直流电机的额定效率 η_e，是直流电机在额定状态下运行时输出机械功率与输入电功率之比。

四、直流电机的工作特性

电动汽车所用电机的机械特性（指电机的电磁转矩和转速间的关系）是非常重要的，电机的种类不同，其机械特性也不同。此处仅以常见的他励电机和自励中的串励电机为例说明。

1. 他励电机

在表示转速 n 和转矩 T 的关系时，通常以 n 为纵坐标，T 为横坐标。考虑到汽车发动机表示 n 和 T 关系的习惯，在本书中以 T 为纵坐标、n 为横坐标表示 n 和 T 的关系。

由他励电机的基本原理可以得到转速 n 和转矩 T 的关系（图 2-12）。图 2-12 中 T_e 和 n_e 分别为额定电磁转矩和转速。n_0 为理想空载转速（即 $T=0$ 时的转速，实际工作时，由于有空载损耗，电机的 T 不会为 0）。在电机运行时，电磁转矩（驱动转矩）、外加负载转矩和空载损耗转矩之间必须平衡。当负载转矩发生变化时，通过电机转速、电动势、电枢电流的变化，电磁转矩自动调整，以实现新的平衡，当 T 偏离 T_N 时，转速将增大或减少。但由于电机的电枢电阻很小，所以在负载变化时，转速 n 的变化不大，即他励电机的特性属硬机械特性。

2. 串励电机

串励电机的转速 n 和转矩 T 的关系如图 2-13 所示。串励电机的特点是励磁绕组的电流和电枢绕组的电流相同。在理想情况下，$n=\infty$ 时，$T=0$，但实际上负载转矩不会工作在 $T=0$ 的状态（因为电机有空载损耗转矩存在），但空载时 T 很小，n 很高，因此串励电机不允许空载。随转矩的增大，串励电机 n 下降很快，这种特性属软机械特性。

五、直流电机的控制

由图 2-12 和图 2-13 可知，普通直流电机的机械特性无法满足汽车对驱动动力的要求。因此，车用电机多具有复杂的控制系统。一般而言，直流电机的控制可以通过两种方法实现，即电枢控制和励磁控制。当直流电机电枢电压减小时，电枢电流和电机转矩就会降低，由此引起电机转速降低。反之，当电枢电压增加时，电机转矩就会增加，由此也会引起电机转速增加。由于电枢的最大允许电流不变，且磁场是固定的，所以通过电枢电压的控制可在任何转速下保持最大转矩不变。然而，由于电枢电压不能超过其额定值，这种控制方法只适于直流电机的工作转速低于额定转速（基速）的场合。另外，当电枢电压值恒定，直流电机的励磁电压减弱时，电机的感应电动势就会降低。由于电枢电阻很小，电枢电流增大的程度比磁场减弱的程度要大，因此，电机转矩增加，电机转速也随之增大。由于电枢的最大允许电流是常数，当电枢电压保持不变时，无论转速多大，感应电动势都是恒定的。因此，电机所允许的最大功率恒定，允许的最大转矩随电机转速的变化而逆向变化。

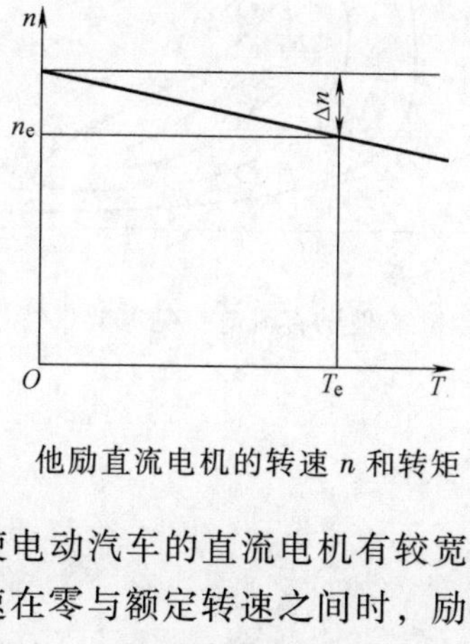

图 2-12 他励直流电机的转速 n 和转矩 T 的关系

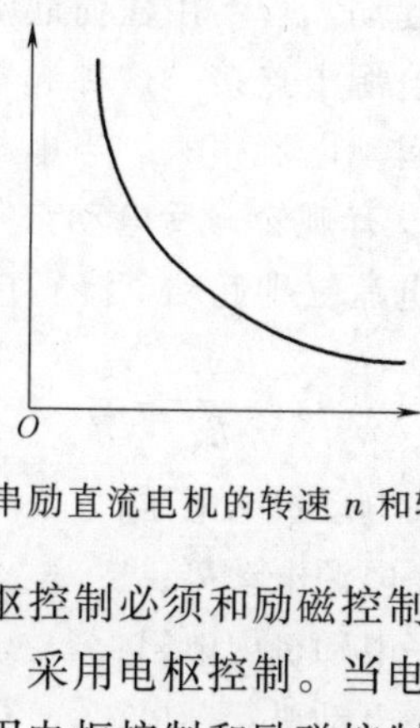

图 2-13 串励直流电机的转速 n 和转矩 T 的关系

为使电动汽车的直流电机有较宽的转速控制范围，电枢控制必须和励磁控制相结合。当电机转速在零与额定转速之间时，励磁电流保持在额定值，采用电枢控制。当电机转速超过额定转速时，电枢电压保持在额定值，采用励磁控制。采用电枢控制和励磁控制后电机的转矩和功率随转速的变化如图 2-14 所示。但对于不同的汽车驱动系统而言，实际电机的机械特性曲线形状可以是不同的，如图 2-15 所示为他励和串励直流电机机械特性实例。串励直流电机几乎没有等功率部分，他励直流电机的等功率部分也非常相近。

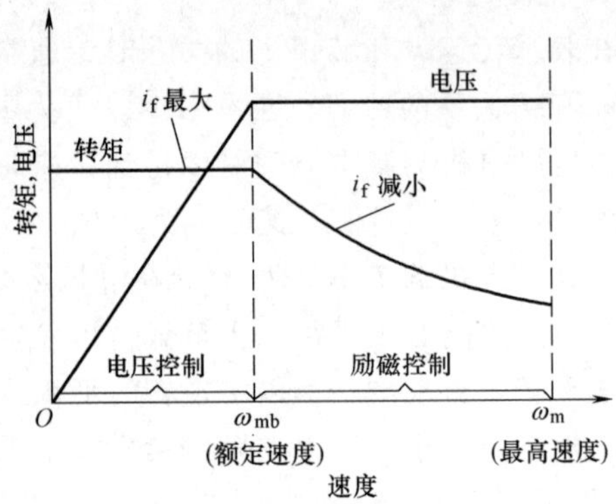

图 2-14　直流电机的电枢与励磁绕组的混合控制

汽车运行工况与电机的转矩和转速有关，汽车运行工况不同时电机效率不同。从汽车的运行经济性考虑，应尽量使电机运行在最高效率区域。随着电机种类的不同，电机高效率运行工况区是变化的。如图 2-16 所示为一个他励直流电机的等效率特性曲线，在较小转矩和中、高转速工况区域内经济性较高。可见，对于汽车这种运行工况多变的交通工具，从提高经济性的角度考虑，应尽量把驱动电机控制在高效率范围之内运转。

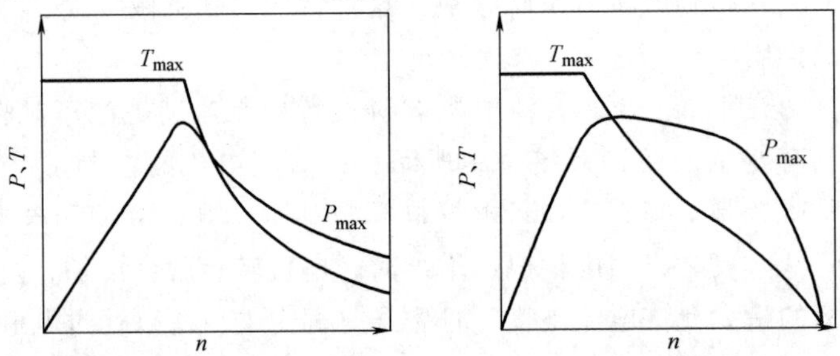

图 2-15　他励和串励直流电机的转矩、功率与转速的关系

P—功率　T—转矩　n—转速　T_{max}—最大转矩　P_{max}—最大功率

六、直流电机的起动、调速和反转

1. 直流电机的起动

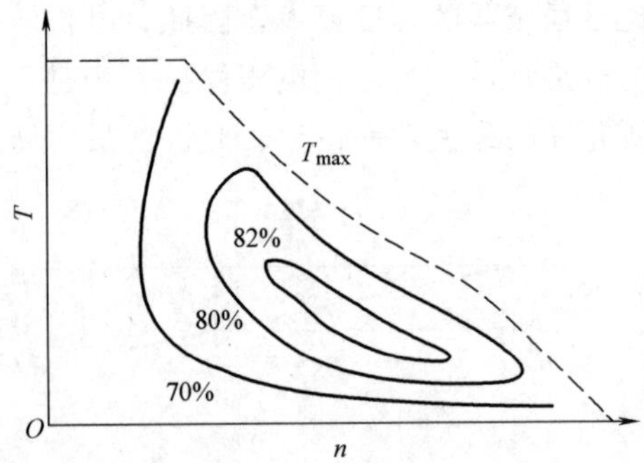

图 2-16　他励直流电机的等效率特性曲线

将静止不动的电机的电路与电源接通，使电机的转动部分旋转起来，最后达到正常运转，叫做电机的起动。若不用任何起动设备而是将电机直接往电源上连接，这种起动方法叫做直接起动，其起动电流很大。当电机刚与电源接通时电枢还没有旋转，反电动势等于零，这时通过电枢的电流（即起动电流）应为

$$I_q=\frac{U-E_f}{R_s}=\frac{U}{R_s} \tag{2-1}$$

式中　U——电动机端电压；

E_f——电源电动势；

R_s——电动机内电阻；

I_q——电动机起动电流。

因为电枢内电阻很小，外加电压又是额定值，所以电动机在直接起动时的电枢电流将比额定电流大十几倍，甚至几百倍。这样大的电流会使得换向器上产生强烈的火花，可能把换向器烧坏。所以，起动时必须在电枢电路中串联一个起动变阻器来减小起动电流，如图 2-17 所示。为了获得较大的起动转矩而又不至于使换向器受到损伤，一般把起动电流限制为电枢额定电流的 1.5~2.5 倍，即

$$I_q=\frac{U}{R_s+R_q}=(1.5\sim2.5)I_{sc} \tag{2-2}$$

利用式（2-2），可计算出所需起动电阻 R_q 的数值。在起动过程中，随着电动机转速的增加，电枢电流逐渐减小，起动电阻也应慢慢减小。待电动机转速达到额定值时，起动电阻应减小到零。

另外，在起动时，还应把励磁电路中的磁场变阻器 R_s 放在电阻最小的位置，以使磁通最大，这样，就可使电动机产生足够大的起动转矩，并使得反电动势增加较快，以缩短起动过程。

2. 直流电机的调速

由并励直流电机的转速公式可知，电机的转速包括以下三种调节方法。

（1）改变供电线路的电压 U　这种方法的调速范围很广泛，但必须具有专用的直流电源。采用发电机—电动机组以及可控硅整流电路均能得到可调节的电压。

（2）改变电枢线路的电压降　在电枢电路中串联一个调速变阻器 R_q 可减小加在电枢上的电压，如图 2-18 所示。如果把 R_q 增大，则电阻电压降增大，转速 n 下降。这种方法因电枢电流较大，使得调速变阻器本身要消耗大量的功率，因此不经济。

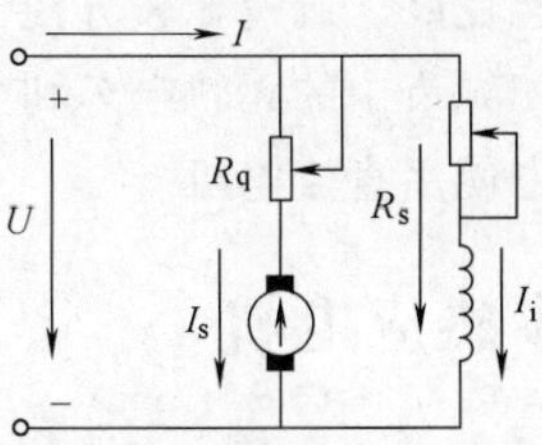

图 2-17　串联起动变阻器的起动原理

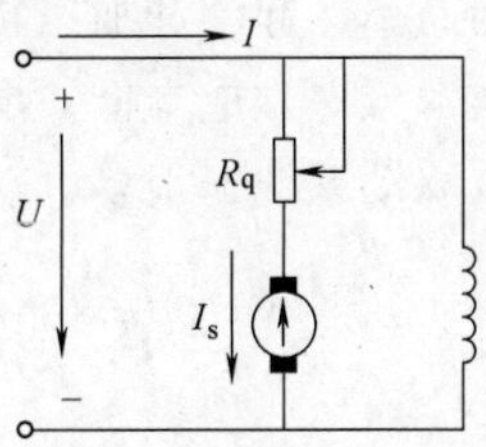

图 2-18　串联调速变阻器调节转速的原理

（3）改变磁极磁通　在励磁电路中串接一个磁场变阻器可以调节电机转速，如图 2-19 所示。如果把磁场变阻器的阻值增加，则励磁电流减小，磁通也随之而减小，电机的转速便升高。一般励磁电路中的电流很小，在调速过程中磁场变阻器的能量损失也较小，比较经济，因此这种调速方法在电力拖动中应用甚广。

若串励电机也采用改变磁通的方法来调节转速，则磁场变阻器必须和串励绕组并联，如图 2-20 所示。当把磁场变阻器的阻值减小时，通过变阻器的电流增大，而通过串励绕组的电流减小，其所产生的磁通也随之减少，转速 n 升高，见式（2-1）。

3. 直流电机的反转

电机的旋转方向是由电枢绕组的导体在磁场中的受力方向决定的。改变电枢电流的方向或改变磁场电流的方向，即可使直流电机反转。具体方法是将连接在电源上的电枢两端反接，或者将励磁绕组两端反接。如图 2-21 所示，若同时改变两电流的方向，则旋转方向仍旧不变。

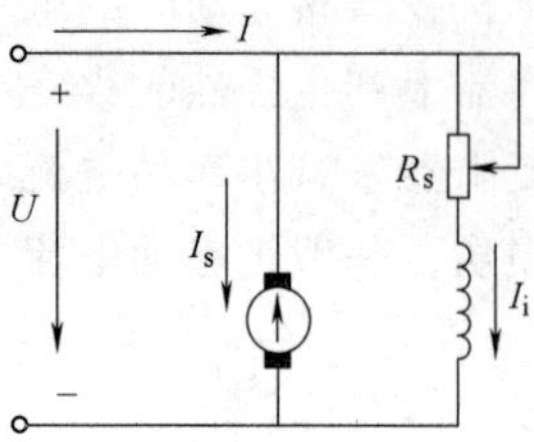

图 2-19　串联磁场变阻器调节转速的原理

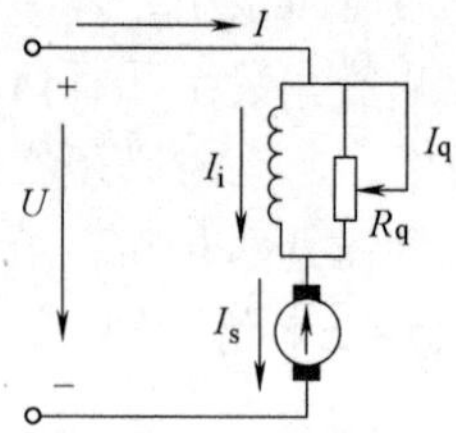

图 2-20　并联磁场变阻器调节转速的原理

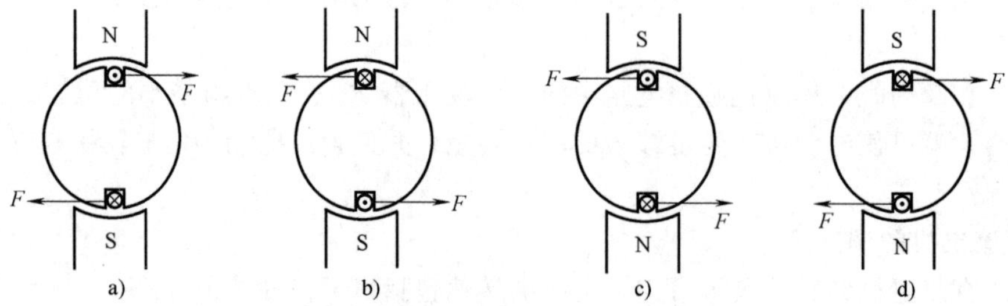

图 2-21　直流电机的反转原理

七、直流电机在电动汽车上的应用

直流电机体积和质量大，存在换向火花、电刷磨损以及电机本身结构复杂等问题，随着交流变频调速技术的发展，交流调速电机在电动汽车上的应用发展迅速。但是直流电机的控制方法和结构简单、起动和加速转矩大、电磁转矩控制特性良好、调速比较方便、不需检测磁极位置、技术成熟、成本低，现在仍在很多场合使用，如城市中的无轨电车和电动叉车较多地采用直流驱动系统，很多电动观光车和电动巡逻车上也使用直流电机。

第三节　电动汽车用三相异步感应电机

一、三相异步感应电机的特点、结构、原理与性能

1. 三相异步电机的特点

交流电机可分为同步电机和异步电机两大种类。

如果电机转子的转速 n 与定子旋转磁场的转速 n_1 相等，转子与定子旋转磁场在空间同步旋转，这种电机就称为同步电机。如果 n 不等于 n_1，转子与定子旋转磁场在空间旋转时不同步，这种电机就称为异步电机。

异步电机具有结构简单、价格便宜、运行可靠、维护方便和效率较高等优点，因此得到广泛应用。

异步电机的缺点是功率因数低，运行时必须从电网吸收无功电流来建立磁场，故其功率因数小于 1。大量的异步电机在电网中运行，使电网的功率因数降低，所以必须用其他的办法进行补偿。

2. 三相异步电机的结构

三相异步电机具有结构简单、价格低廉、可靠性高、使用维护方便、可在恶劣环境下使

用等优点。图 2-22 所示为小型普通三相异步电机的结构分解图。

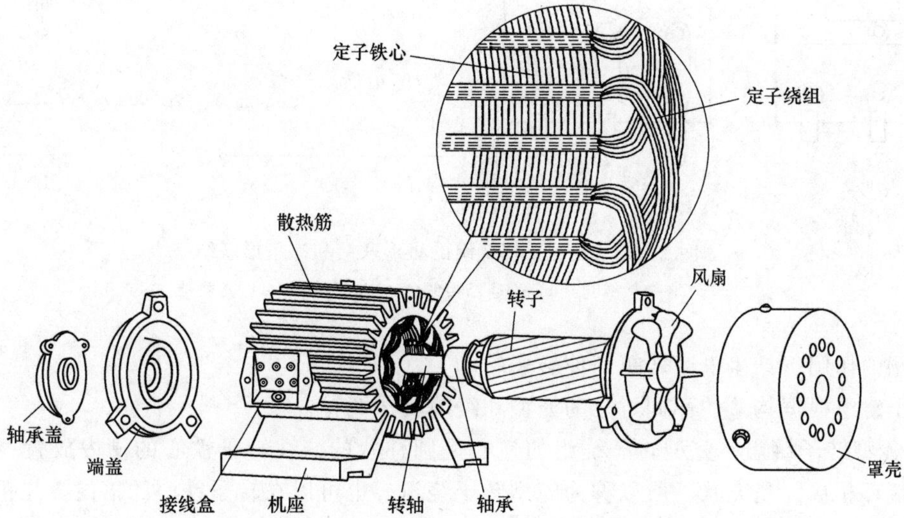

图 2-22　小型普通三相异步电机的结构分解图

三相异步电机主要由定子（固定部分）和转子（旋转部分）两个基本部分组成。定子和转子之间有 0.25~2mm 的气隙。

（1）定子　三相异步电机的定子部分包括机座、装在机座内的圆筒形定子铁心以及其中的三相定子绕组。

1）定子铁心。交流电机定子铁心是电机磁路的一部分，并用来安放定子绕组。为了减少定子铁心中的损耗，铁心一般用厚度为 0.35~0.5mm、表面有绝缘层的硅钢片冲片叠装而成，铁心的内圆冲有均匀分布的槽，用以安放定子绕组，如图 2-23 所示。

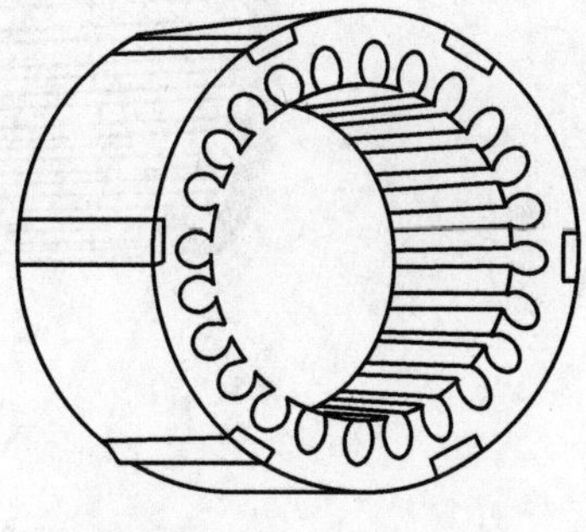
图 2-23　定子铁心示意图

2）定子绕组。定子绕组的作用是通入三相交流电，产生旋转磁场。

小型电机定子绕组常用高强度漆包线绕成线圈后再嵌入定子铁心槽内。三相定子绕组六个出线端引到电机机座的接线盒内，标有 U_1、V_1、W_1、U_2、V_2、W_2。其中，U_1、U_2 是第一相绕组的两端，V_1、V_2 是第二相绕组的两端，W_1、W_2 是第三相绕组的两端。如果 U_1、V_1、W_1 分别为三相绕组的始端（头），则 U_2、V_2、W_2 是相应的末端（尾），三相绕组可以按照需要接成星形（Y）或三角形（△），具体连接方式如图 2-24 所示。

3）机座。机座的作用是固定定子铁心，并通过两个端盖支撑转子，同时保护整个电机的电磁部分和散发电机运行时产生的热量。

（2）转子　转子是电机的旋转部分，由转子铁心、转子绕组及转轴等组成。

1）转子铁心。转子铁心是圆柱状的，用 0.5mm 的硅钢片冲制叠压而成，表面冲有分布均匀的槽孔，用来放置转子绕组。

2）转子绕组。转子绕组的作用是与定子相互切割磁场，产生感应电动势和电流，并在

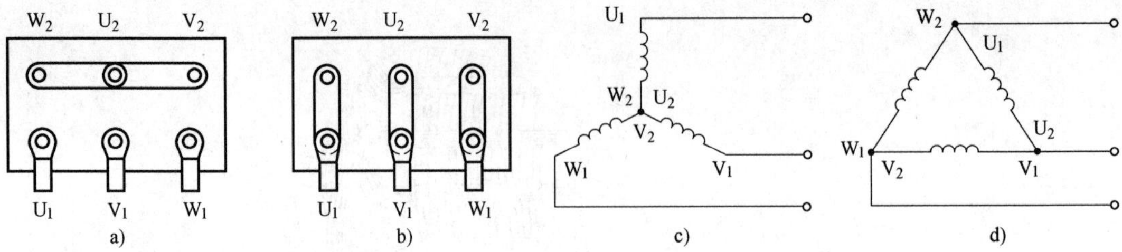

图 2-24　定子三相绕组的星形联结和三角形联结

a）Y联结接线盒　b）△联结接线盒　c）Y联结　d）△联结

旋转磁场的作用下产生电磁转矩而使转子转动。

转子绕组根据构造的不同可分为笼型和绕线转子两种。

① 笼型转子绕组。笼型转子绕组的铁心是圆柱状的，在转子铁心的槽内放置铜条，其两端用端环相接，呈笼状，所以称为笼型转子绕组。也可以在转子铁心的槽内浇注铝液，铸成一个笼，如图 2-25 所示。这样便可以用铝代替铜，既经济又便于生产。

目前，中、小型笼型异步电机几乎都采用铸铝转子。

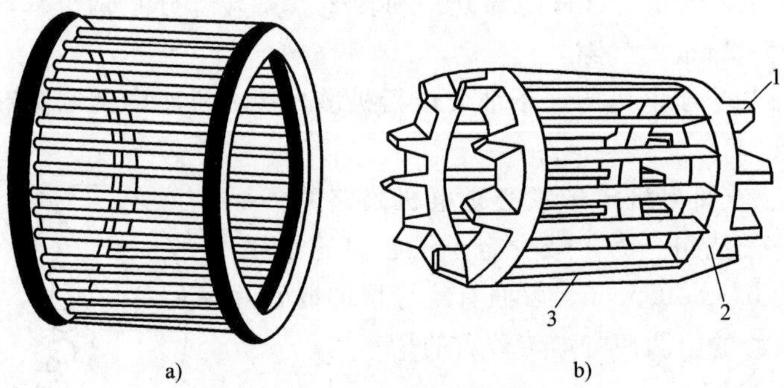

图 2-25　笼型转子绕组结构示意图

a）铜条笼型绕组　b）铸铝笼型绕组

1—扇叶　2—端环　3—铝条

② 绕线转子绕组。图 2-26 所示为绕线转子绕组的接线图，绕线转子绕组同定子绕组一样，也是三相的，连接成星形。每相绕组的始端连接在三个彼此绝缘的铜制集电环上，集电环固定在转轴上。环与转轴之间都是互相绝缘的。集电环上压着碳质电刷，电刷上又连接着三根外接线。起动电阻和调速电阻是借助于电刷与集电环和绕线转子绕组连接的。

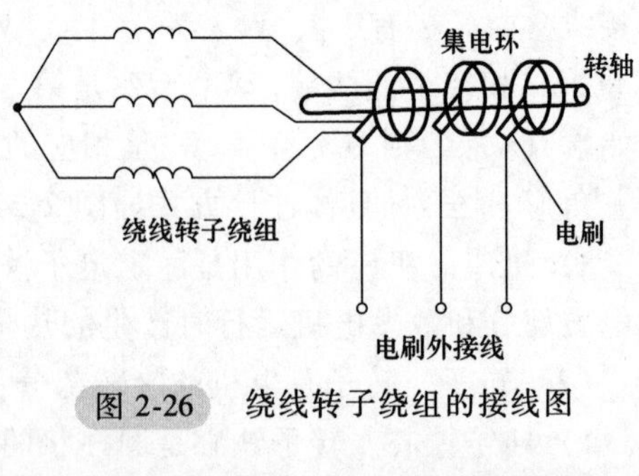

图 2-26　绕线转子绕组的接线图

③ 转轴。转轴的作用是传递转矩及支撑转子。

（3）气隙　定、转子之间的间隙称为气隙。气隙很小，通常为 0.2~1mm。尽管气隙只是定子与转子之间的间隙，但它对电机的性能影响很大，气隙不均匀会造成电机运转不平稳，运行性能变差。

3. 三相异步电机的工作原理

（1）转子转动原理　图 2-27 是转子转动原理示意图。当手摇磁极旋转时，转子也跟着旋转。因为磁极旋转时，磁极与转子发生相对运动，转子导体切割磁力线，产生感应电动势和感应电流（其方向可用右手定则确定）。转子导体中的感应电流受到电磁转矩的作用（其方向可根据左手定则确定），于是转子顺着磁铁的转向旋转。

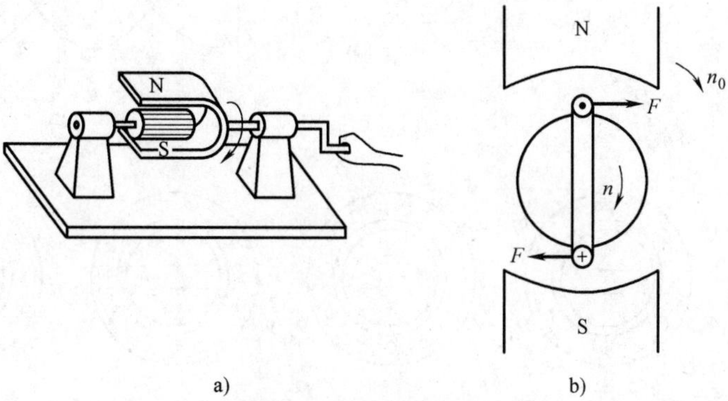

图 2-27　转子转动原理

a）手摇磁极　b）转子转动原理

（2）旋转磁场的产生　当定子绕组接通三相正弦交流电后，三相正弦交流电在三相绕组中都产生磁场。由于三相定子绕组按一定规律嵌放，所以它们的合成磁场是随电流的交变在空间不断旋转，因此称作旋转磁场。

以两极三相异步电机为例，说明旋转磁场的形成。图 2-28a 是丫形联结的三相两极定子绕组排列图。

当三相绕组的首端 U_1、V_1、W_1 分别接到三相对称电源上时，三相绕组中便有三相对称电流通过。设三相电流的相序为 U—V—W，U 相的初相位为零，各相电流互差 120°的相位角，如图 2-28b 所示。

三相绕组通过三相正弦交流电时，各自产生按正弦规律变化的磁场，三个磁场在定子中形成合成磁场。下面讨论合成磁场的变化规律。在图 2-28b 中，分别取 $\omega t=0$、$\pi/2$、π、$3\pi/2$、2π 等几个时刻，并规定：当电流为正时，电流从绕组的始端流进末端流出；当电流为负时，电流从绕组的末端流进始端流出。

1）当 $\omega t=0$ 时：i_U 为 0，i_V 为负值，i_W 为正值。此时，绕组 U_1—U_2 中无电流通过，不产生磁场；绕组 V_1—V_2 中的电流是由 V_2 端流进，V_1 端流出；绕组 W_1—W_2 中的电流是由 W_1 端流进，W_2 端流出。运用安培右手螺旋定则可以确定该瞬间的合成磁场为一对磁极，其方向是自上而下。

2）当 $\omega t=\pi/2$ 时：i_U 为正的最大值，i_V、i_W 均为负值。此时绕组 U_1—U_2 中的电流是由 U_1 端流进，U_2 端流出；绕组 V_1—V_2 中的电流是由 V_2 端流进，V_1 端流出；绕组 W_1—W_2 中的电流是由 W_2 端流进，W_1 端流出。此时电流所产生的合成磁场已在空间按顺时针方向转过 90°，且极数不变。

3）当 $\omega t=\pi$ 时用上述方法可推出：合成磁场的方向已从 $\omega t=0°$ 时的位置沿顺时针方向转过 180°；同理，当 $\omega t=3\pi/2$ 时，合成磁场转过 270°；当 $\omega t=2\pi$ 时，合成磁场转过 360°

(即一周)。以上各磁场的方向分别如图 2-28c 所示。

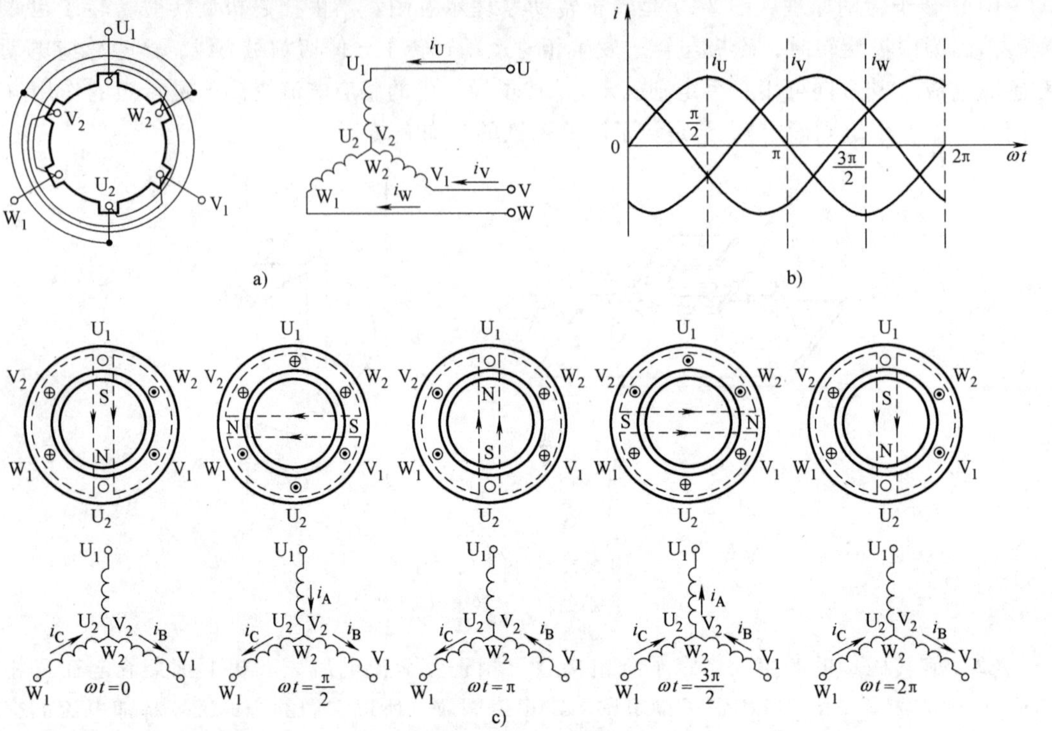

图 2-28 旋转磁场的形成

a) 三相两极定子绕组的排列 b) 三相正弦交流电波形图 c) 两极旋转磁场

(3) 旋转磁场的方向 旋转磁场的方向决定着电机的转向，而旋转磁场的转向由三相交流电的相序确定。因此，只要对调任意二相绕组与电源的连接，就可改变合成磁场的转向，实现电机反转。

(4) 旋转磁场的极数 旋转磁场的极数与三相绕组的排列有关。如果各绕组互差 120°电角度，则产生两极旋转磁场 ($p=1$)。如果每相绕组有两个线圈串联，各相绕组互差 60°电角度，则产生四极旋转磁场 ($p=2$)。因此，只要将三相绕组按一定规律排列，就可得到所需的磁极。旋转磁场的极数也就是异步电动机的极数。

(5) 旋转磁场的转速 旋转磁场的转速由磁极数决定。当 $p=1$ 时，交流电每变化一周，磁场也旋转一周 (360°)。设交流电的频率为 f，则旋转磁场的转速 $n_0=60f$，转速的单位为转/分 (r/min)。当 $p=2$ 时，交流电交变一周，磁场在空间旋转 1/2 周 (180°)，即$n_0=60f/2$。同理，当 $p=3$ 时，则 $n_0=60f/3$。由此可知

$$n_0=60f/p \tag{2-3}$$

式中 n_0——旋转磁场的转速 (r/min)；

f——三相交流电的频率 (Hz)；

p——旋转磁场的磁极对数。

可见，旋转磁场的转速由电流的频率 f 和磁极的对数 p 决定。由于电动机的 f 和 p 是定值，所以磁场转速是个常数。

(6) 转差率 异步电机转子与磁场的旋转方向相同，如果转子转速 n 等于旋转磁场的

转速 n_0，转子与磁场间就不存在相对运动，转子也不会产生感应电流和电磁转矩，转子就不可能继续以转速 n 旋转。所以，转子转速必须小于旋转磁场的转速。这就是异步电机名称的由来。异步电机转速和旋转磁场转速间的转速差与旋转磁场转速（同步转速）的比值，称为转差率 s（常用百分数表示），即

$$s=\frac{n_0-n}{n_0}\times 100\% \tag{2-4}$$

式中　s——转差率；

n_0——旋转磁场的转速（r/min）；

n——转子转速（r/min）。

一般异步电机在额定工作状态下的转差率为 1%~3%。

4. 三相异步电机的性能

三相异步笼型电机的功率容量覆盖面很广，从零点几瓦到几千千瓦，它可以采用空气冷却或液体冷却方式，冷却自由度高，对环境的适应性好，并且能够实现再生制动。与同样功率的直流电机相比较，效率较高，质量约为 1/2。

三相异步电机能够大批量生产，有各种不同型号规格的系列产品可选用，其主要性能指标有额定功率、电压、电流和频率等。

额定功率 P_e：电机在额定工况下运行时，轴上输出的机械功率，单位为 kW。

额定电压 U_e：电机在额定工况下运行时，加在定子绕组上的线电压，单位为 V。

额定电流：指电机工作在额定电压和额定频率下输出额定功率时，定子绕组中的电流，单位为 A。

额定频率 f_e：指电机所接的交流电源的频率，单位为 Hz。

额定转速 n_e：指电机工作在额定电压、额定频率和额定输出功率时，电机的转速，单位为 r/min。

三相异步电机的额定转速决定于交流电源的频率、电机的磁极对数和转差率。三相异步电机的最高转速能达到 10000~12000r/min。

二、三相异步电机的控制

三相异步电机的控制大体分为两种：矢量控制（FOC）和直接转矩控制（DTC）。

1. 矢量控制

矢量控制的思想是模拟直流电机，求出交流电机电磁转矩与之对应的磁场和电枢电流，并分别加以控制。其特点如下：

① 可以从零转速开始进行控制，调速范围很宽。

② 转速控制响应速度快，且调速精度较高。

③ 可以对转矩实行较为精确的控制，电机的加速特性也很好。

④ 系统受电机参数变化的影响较大，且计算复杂，控制相对繁琐。

目前矢量控制理论已很完善和成熟，可满足电动汽车的动力性要求。

2. 直接转矩控制

在定子坐标下，通过检测电机定子电压和电流计算电机的磁链和转矩，并根据与给定值比较所得差值，实现磁链和转矩的直接控制。不受转子参数随转速变化而变化的影响，简化了控制结构，动态响应快，因此受到广泛关注。其特点如下：

① 调速精度较高，响应速度快。

② 计算简单，而且控制思想新颖，控制结构简单，控制手段直接。

③ 信号处理的物理概念明确，动静态性能均佳。

④ 调速范围较窄，低速特性有脉动现象。

在技术实现上，直接转矩控制往往很难体现出优越性，调速范围不及矢量控制宽，其根源主要在于其低速时，转矩脉动的存在以及负载能力的下降，这些问题制约了直接转矩控制进入实用化的进程。

三、三相异步电机在电动汽车中的应用

交流异步电机是一种应用广泛的电机，它运行可靠，转速高，成本低。从技术水平看，交流异步电机驱动系统是电动汽车用驱动系统的理想选择，但是，在高速运行时转子容易发热，需要对电机进行冷却，且其提速性能较差。因此，交流异步电机适合大功率、低速车辆，尤其是驱动系统功率需求较大的大型电动客车，如国内主流客车企业生产的广汽GZ6120EV1、金龙 XMQ6126YE、申沃 SWB6121EV2 等电动客车均采用三相交流异步电机系统。

第四节　电动汽车用永磁电机

一、永磁电机的种类及特点

永磁驱动电机有多种分类方法，根据输入电机接线端的电流种类可分为永磁直流电机和永磁交流电机。由于永磁交流驱动电机没有电刷、换向器或集电环，因此也可称为永磁无刷电机。根据输入电机接线端的交流波形，永磁无刷电机可分为永磁同步电机和永磁无刷直流电机。输入永磁同步电机的是交流正弦或近似正弦波，采用连续转子位置反馈信号来控制换向；而输入永磁无刷直流电机的是交流方波，采用离散转子位置反馈信号控制换向。

由于方波磁场与方波电流之间相互作用而产生的转矩比正弦波大，所以，永磁无刷直流电机的功率密度大，但是由功率器件的换向电流引起的转矩脉动也大。而正弦波产生的转矩基本是恒转矩或平稳转矩，与电磁式同步电机相同。

电动汽车驱动用的永磁无刷电机还有一种新型的永磁混合式电机。这种电机的特点是既有永磁体又有励磁绕组，永磁体通常嵌入转子之中，励磁绕组固定于定子上。这种驱动电机没有采用任何特殊的控制策略，通过调节直流励磁电流来控制气隙磁通，就可获得比其他永磁电机宽的转速范围，特别是在高速区，弱磁控制能很好地满足电动汽车恒功率运行的要求。由于这种电机的结构和磁路与其他电机不同，它可归为另一类永磁无刷电机。

已有的永磁电机可分为永磁直流电机、永磁同步电机、永磁无刷直流电机及混合式电机四类，后三类由于没有传统直流电机的电刷和换向器，故统称为永磁无刷电机。永磁材料是制约永磁电机性能的一个关键因素。材料按照磁导率的值分为反磁材料、顺磁材料和铁磁材料三类。

二、永磁同步电机

永磁同步电机的定子与传统的同步电机一样，转子采用径向永久磁铁做成的磁极（图2-29）。与电磁式同步电机类似，永磁同步电机的转子与旋转磁场同步旋转，旋转磁场的转速取决于电源频率，与多相交流电机的同步电机和感应电机类似，永磁同步电机可以产生理

想的恒转矩，也称平稳转矩。

根据永磁体在转子上安装位置的不同，永磁同步电机可分为表面式和内置式。表面式同步电机的优点是结构简单，有较大的有效气隙，电枢反应大大降低。与表面式同步电机相比，内置式同步电机有较高的磁显性，可产生额外的磁阻转矩分量，这在恒功率运行时是很有用的。将永磁体嵌入转子，可保持高速运行时的机械完整性。

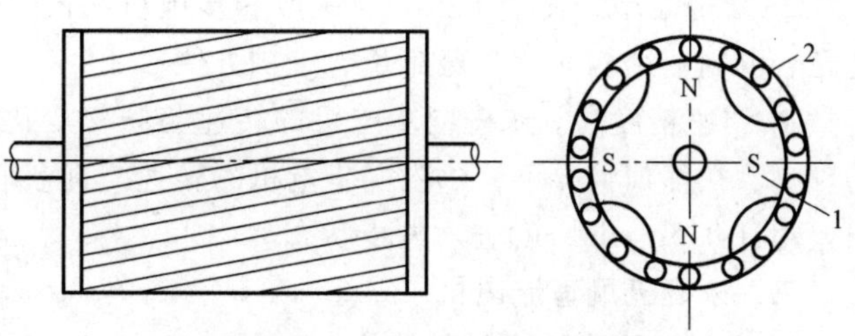

图 2-29　永磁式同步电机的转子

1—永久磁铁　2—起动笼型绕组

永磁同步电机的原理如图 2-30 所示。图 2-30a 为两相式。当定子 A、B 相电流的方向改变时，定子 A、B 相的磁场方向改变，因此永久磁铁就可旋转。图 2-30b 为三相式，n_0、T 和 θ 分别为同步转速、转矩和功率角。电机的转子是个永久磁铁，N、S 极沿圆周方向交替排列，定子可以看作是一个以速度 n_0 旋转的磁场。电机运行时，定子中存在着旋转磁动势，转子像磁针在旋转磁场中旋转一样，随着定子的旋转磁场同步旋转。

永磁电机因应用永磁体，所以不用励磁，从而省去了励磁功率。永磁同步电机同步运转时，转子既无能耗，又无铁耗，因此效率提高，耗损降低，无功功率很小，其主要特点可归纳为如下 4 个方面。

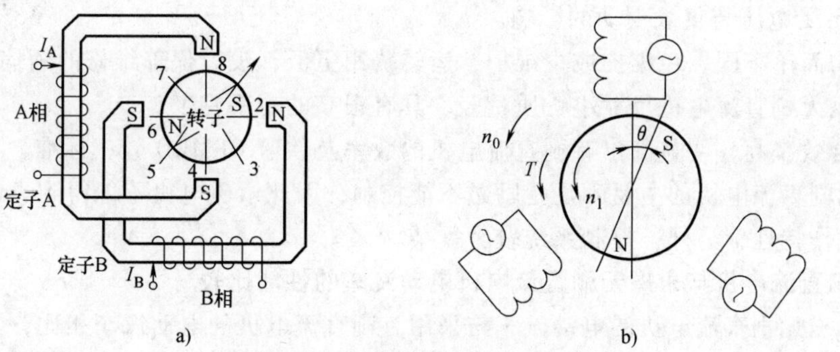

图 2-30　永磁同步电机的原理

a）两相式　b）三相式

① 高效节能、功率因数高。永磁同步电机与其他电机效率的比较如图 2-31 所示。一般效率达到 95%以上，比 Y 系列异步电机提高 10%～15%。因永磁同步电机没有励磁功率，无功损耗很小，功率因数为 0.95～0.99，接近于 1，系统综合节电明显。

② 效率曲线平直。永磁同步电机效率曲线好，负载在 1/4 时，效率仍能达到 92%以上。

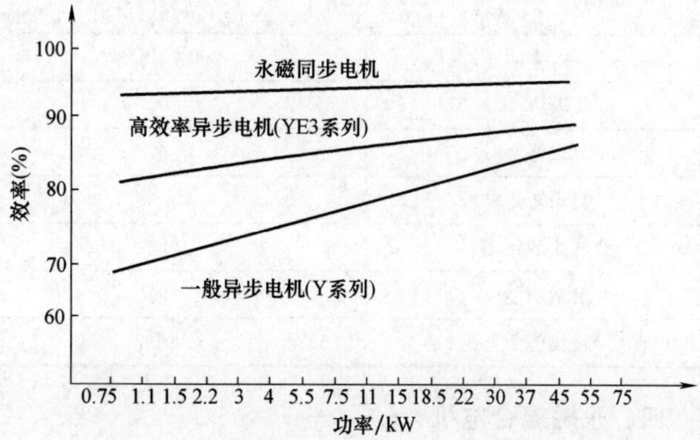

图 2-31　永磁同步电机与其他电机的效率比较

③ 结构简单，便于维护。与一般异步电机相同，主要由定子、转子及机壳构成，无集电环、电刷，结构简单、寿命长、维护方便。

④ 调速精度高。永磁同步电机的转速与频率变化完全同步，不受电源电压和负载变化的影响。在任何情况下，永磁同步电机的转速与同步转速的误差都不大于 0.25r/min，如果误差超过 0.5r/min，就进入失步状态。

三、永磁无刷直流电机

1. 永磁无刷直流电机的结构

永磁无刷直流电机在转子上装有永久磁铁。转子采用径向永久磁铁做成的磁极，磁铁被插入转子内部，或以瓦形固定在转子表面上，所以电机的转子磁路是各向均匀的。转子上无电刷和换向器，转子上不再用励磁绕组、集电环和电刷等来为转子输入励磁电流。电机的定子绕组多做成三相对称星形接法，同三相异步电机十分相似。永磁无刷直流电机在工作时，定子中输入电流的波形通常为方波。

2. 永磁无刷直流电机的特点

永磁无刷直流电机因为没有电刷与换向器，所以没有维修与保养的需要；因为采用永磁，所以没有励磁损耗的问题。与其他电机相比，其特点如下：

① 低频转矩大，低速可以达到理论转矩输出；起动转矩可以达到额定转矩的两倍或更高，并且过载容量高，负载转矩变动在 200%以内输出转速不变。

② 转速弹性大，转速范围为几十转到十万转；运转精度高，转速精度可达 1/3000r/min，并且不受电压与负载变动的影响。

③ 结构简单牢固、免维护或少维护，运转费用更低，没有保养维修的烦恼。

④ 永磁无刷直流电机尺寸小、质量轻，具有很高的功率密度。

⑤ 综合效率高，明显高出有刷直流电机的效率及欧盟 CEMED 效率标准。

永磁无刷直流电机的主要不足是励磁不能控制，因此永磁电机不能得到类似于电磁式直流电机的工作特性，另外，控制系统较为复杂。

3. 有刷直流电机与永磁无刷直流电机电动汽车的性能比较

采用永磁无刷直流电机的电动汽车与采用有刷直流电机的电动汽车相比，具有明显的优势。其主要优势见表 2-2。

表 2-2 永磁无刷直流电机电动汽车的优点

项　　目	有刷直流电机	永磁无刷直流电机
效率	60%～85%	90%～95%
噪声	大	小
维修	多	少
起动转矩	小	大
蓄电池利用率	低	高
控制功能	弱	强
爬坡能力	小	大

四、永磁混合电机

永磁混合电机的结构特点是其转子是混合式永磁型磁性转子。在永磁型磁性转子中嵌入附加励磁绕组来对磁通量进行控制，达到加宽转速范围及改变电机机械特性的目的。因此，控制励磁电流就成了控制这种电机的关键。一般在高速恒功率区运行时，对永磁体产生的气隙磁场进行弱磁控制。永磁混合式电机一般采用串联和并联结构。由于永磁体磁导率低，串联结构通常要求感应电动势较高，所以没有并联结构那么受人们青睐。

永磁混合电机的优点有 4 个方面：

① 永磁体有励磁绕组，气隙磁通密度和功率密度高。

② 通过采用磁通集中排列来安装永磁体，使其气隙磁通密度高于单独安装的永磁体。通过调节直流励磁电流的方向和大小，气隙磁通可以灵活调节，因此，转矩—转速特性能满足电动汽车驱动的特殊要求。

③ 调节励磁电流可减弱永磁体产生的气隙磁通，使恒功率运行的速度范围显著提高。

④ 适当调节电源电压和直流励磁电流，可以优化电机驱动范围的效率图，因此可以提高电动汽车驱动效率，如爬坡时低速高转矩和巡行时高速低转矩工作区的效率。这类电机的主要缺点是结构相对复杂。

五、永磁同步电机在电动汽车上的应用

与传统的电励磁电机相比，永磁同步电机特别是稀土永磁同步电机具有结构简单、运行可靠、体积小、质量轻、损耗少、效率高、电机的形状和尺寸可以灵活多变等显著优点，在电动汽车电驱动系统中具有很高的应用价值。现在很多电动乘用车均使用永磁同步电机，如日系车中的丰田 2010 普锐斯，本田 INSIGHT 和日产 ALTIMA。在欧洲各国也大多采用永磁同步电机，如奥迪 A8 Hybrid、宝马 Active Hybrid7（图 2-32），我国现阶段推广应用的主要车型比亚迪 e6（图 2-33）、北汽 C30 等也采用永磁同步电机。我国永磁材料资源储备丰富，永磁同步电机制造成本也将进一步降低，相对于其他种类的电机，其优势必将更加显著。

图 2-32 宝马 Active Hybrid7 电动汽车

图 2-33 比亚迪 e6

第五节　电动汽车用开关磁阻电机

开关磁阻式（Switch Resistance，SR）电机也叫可变磁阻式（Variable Reluctance，VR）电机。最初的开关磁阻式电机是1838年由Davidson制造的，但在其后一段漫长的时间内，它一直被认为是一种效率、功率因数、利用系数等不高的电机，故仅应用于少数小功率场所。随着科学技术进步和近几十年间的研究和改进，开关磁阻式电机的性能不断提高，其性能在较大的功率范围内已不低于其他形式的电机，并且在很多性能指标上超过了其他电机。因此，自20世纪80年代以后，国际上掀起了开关磁阻电机的研究热潮并持续至今，使开关磁阻电机的应用领域不断扩大，其应用已扩展到矿山机械（采煤机、输送带等）、航空发动机、电梯、电动汽车、洗衣机、食品加工机、火车空调机和织布机等领域。

一、开关磁阻电机的结构与原理

一般开关磁阻驱动电机系统由开关磁阻电机、功率变换器、传感器和控制器4部分组成，如图2-34所示。开关磁阻电机的定子和转子（图2-35）由硅钢片叠片组成，采用“凸极”结构。开关磁阻电机的定子和转子极数不同，有多种组合方式，最常见的为三相6/4结构和四相8/6结构（图2-36）。三相开关磁阻电机的定子上有6个凸极，转子上有4个凸极。四相开关磁阻电机的定子上有8个凸极，转子上有6个凸极。在定子相对称的两个凸极上的集中绕组互相串联，构成一相，但在转子上没有任何绕组。因此，定子上有6个凸极的称为三相开关磁阻电机，定子上有8个凸极的称为四相开关磁阻电机，以此类推。开关磁阻电机的不同组合结构方案见表2-3。

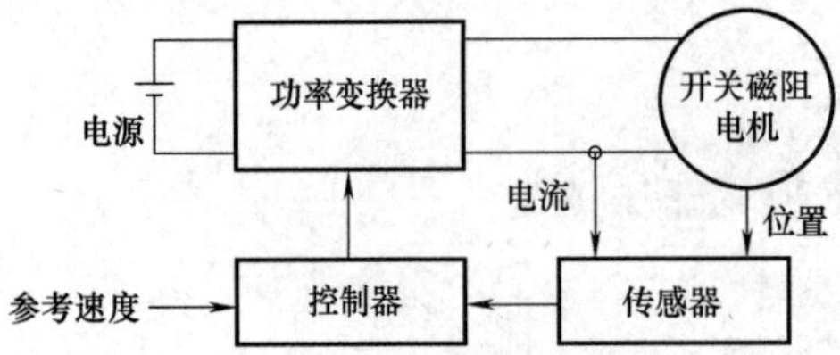

图2-34　开关磁阻驱动电机系统的构成

图2-35　开关磁阻电机的定子和转子

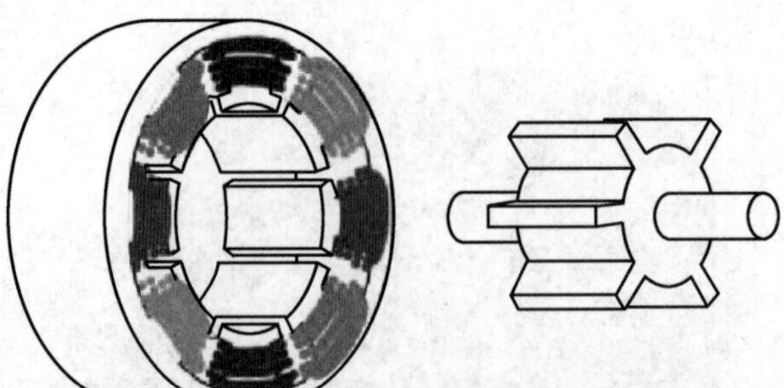

图2-36　8/6结构开关磁阻电机的定子和转子

表 2-3　开关磁阻电机的结构方案

组数	3	4	5	6	7	8	9
定子极数	6	8	10	12	14	16	18
转子极数	4	6	8	10	12	14	16
步进角/(°)	30	15	9	6	4.28	3.21	2.5

图 2-37a、b、c 分别为三相 6/4 凸极结构、三相 12/8 凸极（双绕组）结构和四相 8/6 凸极结构的开关磁阻电机的定子和转子结构剖面示意。此处仅以三相 6/4 凸极和四相 8/6 凸极结构为例说明此类电机的工作原理。图 2-38 所示是三相 6/4 凸极开关磁阻驱动电机原理示意，图中给出了三相绕组分别连通时的状况。开关磁阻电机的工作原理遵循磁阻最小的原则。由于定子和转子极是凸极结构，所以每相绕组的电感随转子位置的变化而变化。当Ⅰ相绕组受到激励时，为减小磁路的磁阻，转子顺时针旋转，直到转子极 a 与定子极Ⅰ相对，此时磁路的磁阻最小（电感最大）。然后，切断绕组Ⅰ的激励，给绕组Ⅱ施加激励，磁阻转矩使转子极 b 与定子极Ⅱ相对。然后切断绕组Ⅱ的激励，给绕组Ⅲ施加激励，磁阻转矩使转子极 c 与定子极Ⅲ相对。转矩方向一般指向最近的一对磁极相对的位置（图示为顺时针）。

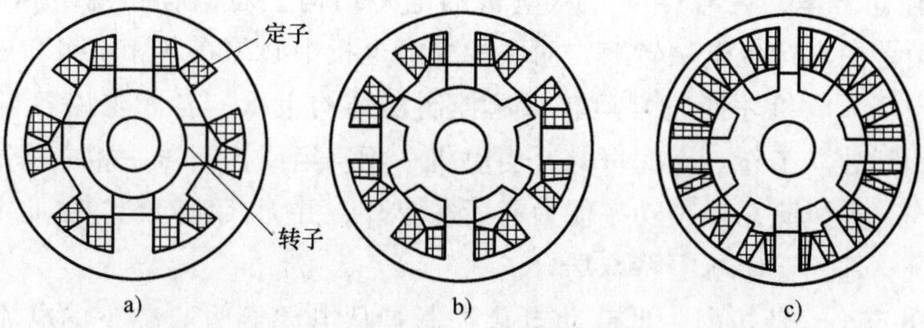

图 2-37　开关磁阻电机的定子和转子结构剖面示意

a）三相 6/4 凸极结构　b）三相 12/8 凸极结构　c）四相 8/6 凸极结构

因此，根据转子位置传感器的反馈信号，三相绕组按Ⅰ→Ⅱ→Ⅲ的顺序导通使转子沿顺时针方向连续旋转。图 2-39 所示为四相 8/6 凸极开关磁阻驱动电机原理示意，图中仅画出了其中一相绕组的情况。由于定子和转子极是凸极结构，所以每相绕组的电感随转子位置的变化而变化。当 B 相绕组受到激励时，为减小磁路的磁阻，转子顺时针旋转，直到转子极 2 与定子极 B 相对，满足磁路的磁阻最小（电感最大）的条件，然后，切断绕组 B 的激励，给绕组 A 施加激励，磁阻转矩使转子极 1 与定子极 A 相对。转矩方向一般指向最近的一对磁极相对的位置，因此，根据转子位置传感器的反馈信号，绕组按 B→A→D′→C′的顺序导通，使转子沿顺时针方向连续旋转。

二、开关磁阻电机的优势和不足

1. 开关磁阻电机的优势

（1）开关磁阻电机结构简单、成本低，适用于高速　开关磁阻电机的结构比通常认为最简单的笼型感应电机还要简单。其突出的优点是转子上没有任何形式的绕组，因此不会有笼型感应电机制造过程中鼠笼铸造不良和使用中断条等问题。其转子机械强度极高，可用于超高速运转；在定子方面，它只有几个集中绕组，因此制造简便，绝缘容易。

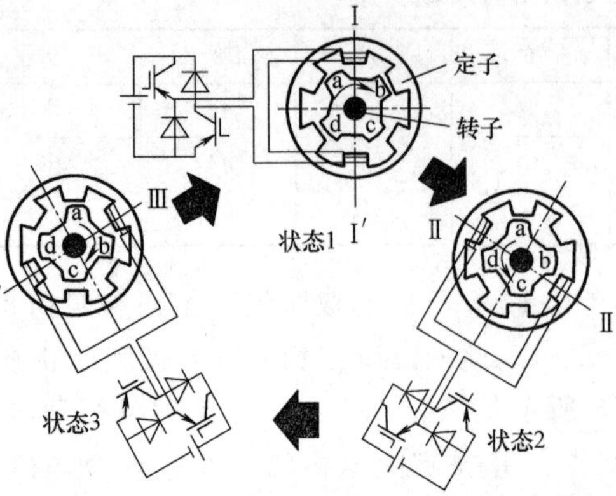

图 2-38　三相 6/4 凸极开关磁阻电机原理示意

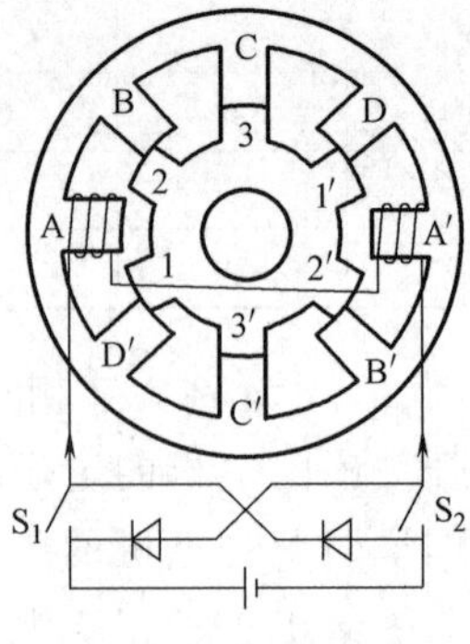

图 2-39　四相 8/6 凸极开关磁阻电机原理示意

(2) 功率电路简单可靠　因为电机转矩方向与绕组电流方向无关，即只需单方向绕组电流，故功率电路可以做到每相一个功率开关，并且每个功率开关元件均直接与电机绕组相串联，从根本上避免了直通短路现象。因此开关磁阻电机调速系统中功率电路的保护电路可以简化，既降低了成本，又具有高的工作可靠性。

(3) 各相独立工作，可靠性高　从电机的电磁结构上看，各相绕组和磁路相互独立，各自在一定轴角范围内产生电磁转矩，而不像一般电机中必须在各相绕组和磁路共同作用下产生一个旋转磁场，电机才能正常运转。从控制器结构上看，各相电路各自给一相绕组供电，一般也是相互独立工作。由此可知，当电机一相绕组或控制器一相电路发生故障时，只会停止该相工作，电机除总输出功率能力有所减小外，并无其他问题。由此本系统可构成可靠性极高的系统，适用于宇航等特殊场合。

(4) 起动电流小、转矩大　低起动电流控制器从电源侧吸收较少的电流，在电机侧得到较大的起动转矩是开关磁阻电机的一大特点。试验表明，起动电流分别为 15% 和 30% 额定电流时获得的起动转矩可达额定转矩的 100% 和 150%。并且起动电流小、转矩大的优点还可以延伸到低速运行段，因此开关磁阻电机很适合电动车辆等需要重载起动和较长时间低速重载运行的机械。

(5) 适用于频繁起、停及正、反向转换运行　开关磁阻电机具有低起动电流、高起动转矩等特点，使之在起动过程中电流冲击小，电机和控制器发热比连续额定运行时还小。

(6) 可控参数多，调速性能好　控制开关磁阻电机的主要运行参数有相开通角、相关断角、相电流幅值及相绕组电压等，因而可控参数多，控制灵活方便。根据对电机的运行要求和电机的情况，可采用不同控制方法和参数值，使之运行于最佳状态。还可使之实现各种不同的功能和特定的特性曲线，如使电机具有完全相同的四象限运行（即正转、反转、电动和制动）能力，并具有高起动转矩和串励直流电机的负载能力曲线。

(7) 损耗小，效率高　因为开关磁阻电机的转子不存在绕组热损耗，加上可控参数多，灵活方便，故易于在宽转速范围和不同负载下实现高效优化控制。其效率在很宽范围内都在 87% 以上。

(8) 易于回收利用　定子和转子材料不使用磁铁，都是常见硅钢片。因而，易得到且回收利用容易。

（9）高温运转性能好　由于运转时转子发热少，冷却控制比较容易，可以在高温下运转。

2. 开关磁阻电机的缺点

（1）转矩有脉动现象　开关磁阻电机中的磁场是跳跃性旋转的，使其输出的转速与转矩产生脉动现象。目前仅在不太宽的转速范围内，可使开关磁阻电机的脉动降低到交流感应电机的水平，但要在较大转速范围内把脉动控制在小的范围内是非常困难的。原因是开关磁阻电机系统具有高的非线性特性。

（2）振动与噪声　开关磁阻电机的转速与转矩有脉动现象，加上单边磁拉力的作用，因此其振动与噪声比其他类型的电机大。

（3）控制系统复杂　相对于其他电机的控制系统而言，开关磁阻电机的控制系统复杂。开关磁阻电机必须安装位置检测器和电流检测器等总成，因而引线比其他电机要多，使得控制和接线更复杂。

（4）受脉冲电流影响较大　开关磁阻电机的相电流是脉冲电流，这就会使为它供电的直流电源也产生很大的脉冲电流。因此，功率变换器的直流电流一侧的电流波动也较大，所以在直流线路上需要装置一个很大的滤波电容器。

三、开关磁阻电机在电动汽车中的应用

开关磁阻电机转子上没有绕组和永磁体，其结构是四种电机中最坚固的，而且这样的结构使得电机制造简单、成本低、散热特性较好。相对于直流电机和交流电机，开关磁阻电机具有更高的效率，而且可以在较宽的功率和转速范围内高效率运行，这种特性十分符合电动汽车驱动的要求。但是，由于外加电压的阶跃性变化，使得定子电流、电机径向力变化率突变，开关磁阻电机工作时产生较大的脉动，再加上其结构和各项工作时的不对称，导致开关磁阻电机工作时产生较大的噪声和振动，这是开关磁阻电机在电动汽车驱动系统中普遍存在和急需解决的问题。现在还没有产业化车型使用开关磁阻电机。

开关磁阻电机作为最新一代无级调速系统尚处于深化研究开发、不断完善提高的阶段，其应用领域也在不断拓展之中。

第六节　电动汽车用轮毂电机

轮毂电机技术又称为车轮内装式电机技术，是一种将电机、传动系统和制动系统融为一体的轮毂装置技术。从各种驱动技术的特点和发展趋势来看，采用轮毂电机技术是电动汽车的最终驱动形式。轮毂电机可采用永磁无刷、直流无刷、开关磁阻等电机类型。由于电机处于车轮轮毂内，受体积限制，要求电机为扁形结构，即电机短而粗。

一、轮毂电机的结构及特点

1. 轮毂电机的结构

轮毂电机驱动系统根据电机的转子形式主要分成两种：内转子式和外转子式。内转子式轮毂电机采用高速内转子电机，配备固定传动比的减速器，电机的转速通常高达10000r/min。外转子式轮毂电机则采用低速外转子电机，无减速装置，电机的外转子与车轮的轮辋固定或者集成在一起，车轮的转速与电机相同，电机的最高转速在1000~1500r/min之间，如图2-40所示。

内转子式的轮毂电机具有比功率较高、质量轻、体积小、噪声小、成本低等优点；其缺点是必须采用减速装置，使效率降低，非簧载质量增大，电机的最高转速受到线圈损耗、摩擦损耗以及变速机构的承受能力等因素的限制。外转子式轮毂电机的优点是结构简单、轴向尺寸小，能在很宽的速度范围内控制转矩，且响应速度快，没有减速机构，因而效率高；其缺点是要获得较大的转矩，必须增大电机的体积和质量（成本高）。这两种结构在目前的电动汽车中都有应用，但是随着紧凑的行星齿轮变速机构的出现，高速内转子式驱动系统在功率密度方面比低速外转子式更具竞争力。

图 2-40　轮毂驱动电机的结构

2. 轮毂电机的特点

轮毂电机技术的优点如下：

1）更方便的底盘布置，更灵活的供电系统。由于采用了电动轮驱动的形式，汽车底盘的布置将更加灵活。省去机械传动系统之后，汽车车厢具有更大空间，底盘的设计也就具有更大的通用性。同时，电动汽车的电源供电系统也更加灵活，无论是采用燃料电池、超级电容、蓄电池，或者是它们的组合形式，都将更加灵活而不受限制，动力传动形式也由原来的机械硬连接变为只需要电缆进行供电的软连接形式。

2）更好的汽车底盘主动控制性能。在采用轮毂电机驱动形式的电动汽车中，汽车的电动轮是可以独立控制的，汽车底盘的主动控制通过对驱动电机的控制实现。电机的控制响应快、精度高，并且每个驱动轮由各自的控制器控制，可以实现底盘主动控制的功能，如果能在四轮中均采用轮毂电机，可以实现最理想的控制效果。

3）最优的驱动力分配。由于驱动轮（2 个或者 4 个）的驱动力是可以单独调节的，所以通过分析各轮的转矩利用效率，可选择最经济的驱动方式。

轮毂电机技术的不足之处如下：

1）轮毂电机增大了非簧载质量，会对整车的操控产生一定的不利影响。

2）虽然电子制动可以实现能量回收，但是其制动能力有限，所以仍需要有液压制动系统。

二、轮毂电机的驱动方式

轮毂电机可分为减速驱动和直接驱动两种驱动方式。

1. 减速驱动方式

采用减速驱动方式，电机一般在高速下运行，选用高速内转子式电机。减速机构放置在电机和车轮之间，起到减速和增加转矩的作用。减速驱动具有如下优点：电机运行在高速下，具有较高的效率，转矩大，爬坡性能好，能保证汽车在低速运行时获得较大的平稳转矩；不足之处是：难以实现液态润滑、齿轮磨损严重、使用寿命短、不易散热、噪声大。减速驱动方式适合于丘陵或山区，以及要求过载能力大和城区客车等需要频繁起动/驻车等场合。

2. 直接驱动方式

采用直接驱动方式时，多采用外转子式电机。为了使汽车能顺利起步，要求电机在低速时能提供大的转矩。直接驱动的优点有：不需要减速机构，使得整个驱动结构更加简单、紧凑，轴向尺寸较小，而且效率也进一步提高，响应速度较快；其缺点是：起步、爬坡以及承载较大载荷时需要大电流，易损坏电池，电机效率峰值区域小。直接驱动方式适合平路或负荷较小的场合。

三、轮毂电机在电动汽车中的应用

轮毂电机技术并非新生事物，早在 1900 年，保时捷就首先制造了前轮装备轮毂电机的电动汽车，在 20 世纪 70 年代，这一技术在矿山运输车等领域得到应用。对于车用的轮毂电机技术，日系厂商研究较早，也推出了一些电动汽车车型，如本田 FCX concept（图 2-41）、三菱 COLT（图 2-42）等。目前国内也有自主品牌汽车厂商开始研发此项技术，如奇瑞瑞麟 X1 增程式电动汽车就采用了轮毂电机技术。

图 2-41　采用轮毂电机的本田 FCX concept 燃料电池汽车

图 2-42　采用轮毂电机的三菱 COLT

轮毂电机驱动形式的优势比较明显，高质量的电动轮毂产品及电动轮毂汽车控制系统的研发已经是国际电气和汽车工程界研究的重要方向。轮毂电机也有自己的不足并存在一些问题，比如密封、起步电流和起动转矩的平衡关系，以及转向时驱动轮的差速问题等，如果能在工程上解决这些难题，轮毂电机驱动技术将在未来的电动汽车中拥有广泛的前景。

四、案例：轮毂驱动式电动汽车行驶中突然动力下降

【故障现象】 有一辆科研用轮毂驱动式电动汽车，在行驶中突然动力下降，无法提供足够动力来满足急加速、爬坡等大负荷工况需要。

【故障诊断】 用举升机举起车辆后，变速杆置于前进档和倒档踩加速踏板加速时均发现该车两个后电动轮中的右后轮不转动，只有左后轮转动，所以初步判定是右后电动轮动力系统故障。电动汽车驱动系统一般由控制器（变频器）和电机组成，该车有两个独立的控制器分别控制两个后驱动轮毂。因为左后轮能够正常驱动，所以控制左后电机的控制器是正常的。接着采用替换法用左后电机控制器控制右后电机，结果发现故障现象依旧，故障范围进一步缩小到右后轮毂电机本身。起动开关转到 OFF，转动两个后驱动轮，发现左侧的阻滞力很小，右侧的阻滞力很大，很用力才能使之转动，这说明右后轮电机定子线圈形成了回路，由于控制器没有问题，所以只能是电机定子线圈线束短路引起的。

用万用表欧姆档测量电机定子 3 组线圈引出线 3 个端子两两之间的电阻值，3 根引出线的颜色分别为黄、绿、蓝，黄绿色两个端子间和绿蓝色两个端子间的电阻值为 0.4Ω，黄蓝

色两个端子间的电阻值接近 0，初步判断是黄蓝色线束短路。仔细检查右后轮毂电机线束，发现线束外圈绝缘保护套有过热熔化痕迹，于是剖开绝缘套，发现 3 组线圈的连接线和霍尔传感器线束在某些部位熔在了一起，如图 2-43 所示。因为怀疑电机内部线束也有问题，所以将轮毂电机拆下并分解。打开后发现线圈连接线在电机内部的部分也有烧蚀现象，定子线圈本身无烧蚀现象，如图 2-44 所示。

图 2-43　电机外部线束烧蚀图

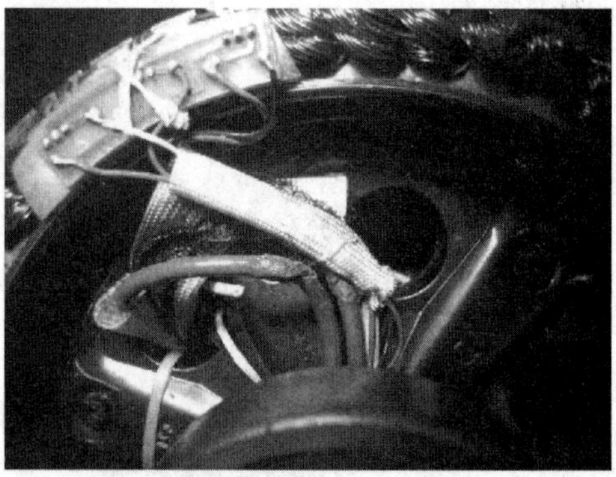

图 2-44　电机内部线束烧蚀图

【故障分析】 由于该轮毂电机采用的是直流无刷电机，电机定子由 3 组线圈星形联结而成，稀土永磁材料做成的磁块粘贴在电机转子内圈上，由 3 组霍尔传感器检测转子磁场变换并将信号送往控制器，控制器根据轮速信号及加速踏板信号控制送往电机定子 3 组线圈的电流大小和方向，电机带动车轮旋转。如果在制动能量回收时，车轮反拖电机旋转，永磁铁产生的磁场随之旋转并在定子线圈中产生感应电动势，此时电动机则变成了发电机。正常情况下，关闭起动开关时，控制器停止工作，星形联结的定子线圈处于断路状态。因为电机定子线圈处于断路状态，即产生的感应电动势不能形成回路，定子线圈中没有感应电流，没有感应电流就不能形成反转矩，所以此时转动驱动轮的阻滞力应该是很小的。

本车长时间工作，电机供电线由于布线问题导致散热不良，引起绝缘层熔化，致使供电线短路。由于电机定子线圈线束存在短路现象，控制器为了保护自身及电机，停止向右后电机供电。

【故障排除】 将烧蚀线束分开又重新包裹好后，重新测量电机定子 3 组线圈引出线 3 个端子两两之间的电阻值，黄蓝色 2 个端子、黄绿色 2 个端子和绿蓝色 2 个端子间的电阻值均为 0.4Ω，3 个端子与铁心之间不导通，说明 3 组线圈绝缘良好，定子线圈线路短路故障排除。

第七节　电机调速控制系统

电机调速控制装置是为电动汽车变速及变换方向而设置的，其作用是控制电机的电压或电流，完成电机的驱动转矩及旋转方向的控制。直流电机的调速方法，一是调节电枢电压，二是调节励磁电流。而常见的永磁无刷直流电机，其磁场均是固定的，拥有不可调的永磁体，因此只能调节电枢电压。调节电枢电压的方法常用的为晶闸管调压法，另外还有脉宽调制法（PWM）。PWM 只能实现大功率调速，国内的超大功率调速还需依靠晶闸管实现可控整流来达到直流电机的调压调速。此外，还有弱磁调速（通过适当减弱励磁磁场的办法进行调速）。

早期的电动汽车直流电机的调速采用串接电阻或改变电机磁场线圈的匝数来实现，其调速是有级的，且会产生附加的能量消耗并使电机的结构复杂，现在已极少采用。目前电动汽车上应用较广泛的是晶闸管斩波调速，通过均匀地改变电机的端电压，控制电机的电流，来实现电机的无级调速，它也将慢慢被其他电力晶体管斩波调速装置所取代。从技术的发展来看，随着新型驱动电机的使用，电动汽车的调速控制转变为直流逆变技术的应用，将成为必然的趋势。

一、串励直流电机调速控制系统

直流电机具有控制技术简单成熟，转矩、转速特性比较符合理想牵引特性要求等特点，并且因为串励直流电机具有较大的起动转矩和过载能力，可以满足电动汽车快速起动、加速、爬坡、频繁起停等要求，所以目前电动汽车多选用串励直流电机作为驱动源。

在串励直流电机机械负载不变的条件下，人为调节电机转速的操作称为调速。有刷有齿串励直流电机的转速对电枢电流的变化关系，可依据直流电机的电势平衡方程式求得。影响有刷有齿串励直流电机转速的三个因素包括电源电压、串接在电枢回路中的电阻、电机气隙主磁通。改变以上三个因素中的任何一个，均能达到调节有刷有齿串励直流电机转速的目的。

目前，电动汽车用控制器，不管有刷、无刷，都采用 PWM 调速方式。控制器的调速原理通常是将直流电转换成宽度可调的脉冲，改变脉冲宽度即改变了电压的平均值，使得串励直流电机平稳地无级调速。

（1）串励直流电机与速度控制器连接　串励直流电机具有 4 个接线柱，2 个是定子绕组出线接线柱，2 个是转子绕组出线接线柱，分别为 A_1、A_2、D_1和 D_2，这 4 个接线柱中励磁绕组的 2 个接线柱离连接负载的出轴端比较近，此外 2 个是电枢的接线柱。观察电机接线柱旁边的标签，励磁绕组的标签为 D_1、D_2，电枢出线的接线柱为 A_1、A_2。

若把电刷与换向器之间用绝缘体隔开，电枢绕组的接线柱之间是断开的，测量电阻值为无穷大，而励磁绕组的接线柱一直是导通的状态。

速度控制器有 4 根引出线与 3 根转把（加速踏板）插接线，其中一红一黑是电源正负极引线；一根与电动机转子连接，是从控制器输出的电源线；一根和正反转开关连接，与控制器输出负极形成回路。电机的正反转由改变定子绕组的电流方向控制，因此定子绕组的两根线应与正反转开关转动片的 2 个接线柱连接。

用万用表蜂鸣器档测量正反转开关上的 4 根线，2 根相通的是电机定子绕组线，测量有 10kΩ 阻值的是与速度控制器和电动机转子的连接线，定子绕组的 2 根线应与正反转开关的 2 个转动片接线柱相连。

（2）串励直流电机用有刷控制器的工作原理　串励直流电机用有刷控制器的工作原理框图如图 2-45 所示。

速度控制器的工作过程如下：

首先，蓄电池经内部稳压电路得到一个稳定电压，该电压给 PWM 主处理芯片供电，PWM 主处理芯片供电后开始工作，当用户转动转把（踩加速踏板）时，PWM 主处理芯片获得转把（加速踏板）的信号电压后，产生的脉冲信号经 MOS 管驱动电路放大，驱动 MOS

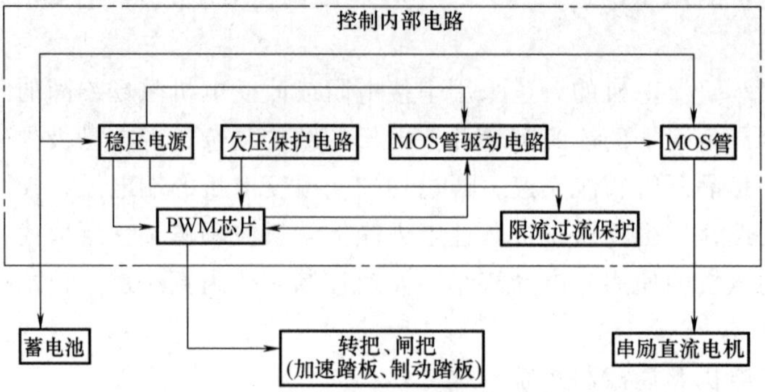

图 2-45　串励直流电机用有刷控制器的工作原理

管工作，MOS 管驱动有刷电动机旋转。限流保护电路用来保护电机绕组，欠压保护电路用于保护蓄电池。

二、交流异步电机调速控制系统

交流异步电机常见的调速方法包括 3 种：变级调速、变频调速、变转差率调速。

采用变级调速，电机转向的改变仅需变换磁场三相电流的相序即可，可使控制电路简化。交流异步电机采用变级调速属于有级的调速方式，调速的机械特性不如直流电机。

采用变频调速控制技术，可使电动汽车的制动能量回收控制更加便捷，控制电路更加简单。

采用变转差率调速，方法有定子调压调速、转子串电阻调速和串级调速等，因其结构复杂，应用较少。

目前，交流调速已经成为满足各种生产工艺要求及节约电能的重要措施。在多种交流调速方法中，变频调速的应用发展最快，虽然变频器的生产成本稍高，但其调速性能和装置效率始终处于各种调速方法之首，因此现在变频调速的应用已成为交流电机调速的主流。

三、开关磁阻电机调速控制系统

开关磁阻电机调速控制系统（SRD）是当今世界最新、性能价格比最高的调速系统。它是一种基于改变供电电源频率的调速方式，即交流变频调速。开关磁阻电机调速控制系统已经实现智能化与模块化，不但调速性能优越，而且各种保护功能也很完善，现已经大量使用。这项技术调速范围宽广，机械特性良好，起动、制动性能卓越，并且具有节能、易维护等优点。

SRD 系统是开关磁阻电机与电力电子技术相结合而产生的一种机电一体化装置，主要由开关磁阻电机、功率变换器、单片机、电流和位置检测器五大部分组成。开关磁阻调速电机的调速功能是由开关磁阻电机转子位置检测器、功率变换器及控制器（即单片机）共同配合实现的。

功率变换器是开关磁阻电机运行时所需能量的提供者，是连接电源与电机绕组的开关部件，它将电源能量反馈给电机，也可以将电机内的磁场储能反馈回电源，其功率变换电路所用的开关部件为快速绝缘栅双极型晶体管。单片机为 SRD 系统的控制核心，只需通过修改软件即可满足用户多种性能要求。

随着科技能力的不断进步，以及半导体集成控制技术水平的提高，SRD 系统必将得到广泛应用。

四、无刷直流电机调速控制系统

（1）无刷直流电机调速控制原理　无刷直流电机（BLDCM）是一种新型的机电一体化产品，它既有异步电机结构简单、运行可靠和维护方便的特点，又有直流电机调速性能好的优点，所以广泛应用于电动汽车。

目前，国外一些公司开发有无刷直流电动汽车控制系统专用集成电路，使得无刷直流电机的控制电路更加简单。这种控制电路具有集成度高、电路简单、抗干扰能力强等特点。无刷直流电机控制系统的工作原理框图如图 2-46 所示。无刷直流电机的工作过程如下：

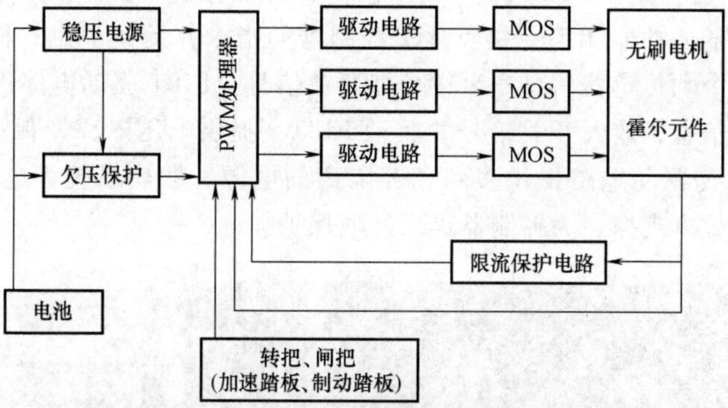

图 2-46　无刷直流电机控制系统的工作原理框图

蓄电池电压经内部稳压电源后作为提供控制器内部电子元器件的工作电压向 PWM 主处理芯片提供电压，PWM 主处理芯片按照无刷电机的霍尔信号对三路 MOS 管驱动电路给出有选择性的打开和关闭信号，以完成对电机的换相。同时，PWM 主处理芯片根据转把（加速踏板）的输入电压大小，将相应脉冲宽度的方波信号和三路 MOS 管导通信号混合，以达到控制电机速度的目的。

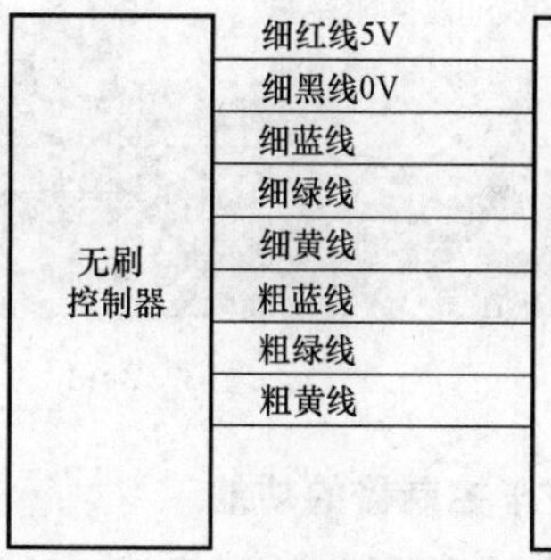

图 2-47　无刷直流电机与控制器的连接

MOS 管是大电流开关元件，其导通和关闭时间受导通信号与 PWM 芯片信号合成的混合信号控制。欠电压保护电路在蓄电池电压降低至控制器设定值以下时，停止 PWM 芯片信号输出，避免蓄电池因过放电而损坏。限流保护电路是对控制器输出的最大电流进行限制，以保证控制器、电机等不会出现允许范围以上的大电流。

（2）无刷直流电机与控制器连接

无刷直流电机与控制器的连接如图 2-47 所示。

第八节　电动汽车电机控制器和整车控制器

一、电机控制器

较好的汽车电机控制器（MCU）将微电子器件和功率器件集成到同一芯片上，变成了功率集成电路（PIC），也叫“智能功率（IPM）”，其目的是进一步减小体积，降低成本，并且改善其可靠性。PIC 包含功率模块、控制、保护、信息传递及制冷等。

PIC 合成存在的主要问题是高电压与低电压器件的绝缘以及冷却问题。在今后的发展中，这种技术是最有希望应用在电动汽车驱动系统中的，关键在于对器件的集成和包装。目前国内电动汽车电机控制器多数采用分立元件制作，功率集成电路形式的汽车电机控制器技术大多掌握在国外的企业中，不过随着中国电动汽车市场的日益成熟，国内企业不久便会掌握这项技术。

如图 2-48 所示为电机控制器安装位置及内部结构。汽车电机控制器主要包括 DSP 电机控制板、IGBT 驱动器电路板、IGBT（IPM）模块、控制电源及散热系统。

DSP 电机控制器的功能如下：接收整车控制器的指令并反馈信息；检测电机系统内传感器信息；根据指令和传感器信息产生逆变器开关信号。IGBT 驱动电路用来接收 DSP 的开关信号并反馈相关信息；放大开关信号并驱动 IGBT；提供电压隔离及保护功能。控制电源为 DSP 提供电源，为驱动电路提供多路相互隔离的电源。散热系统为电力电子模块散热，为控制器组件安装提供支撑，为控制器提供环境保护。

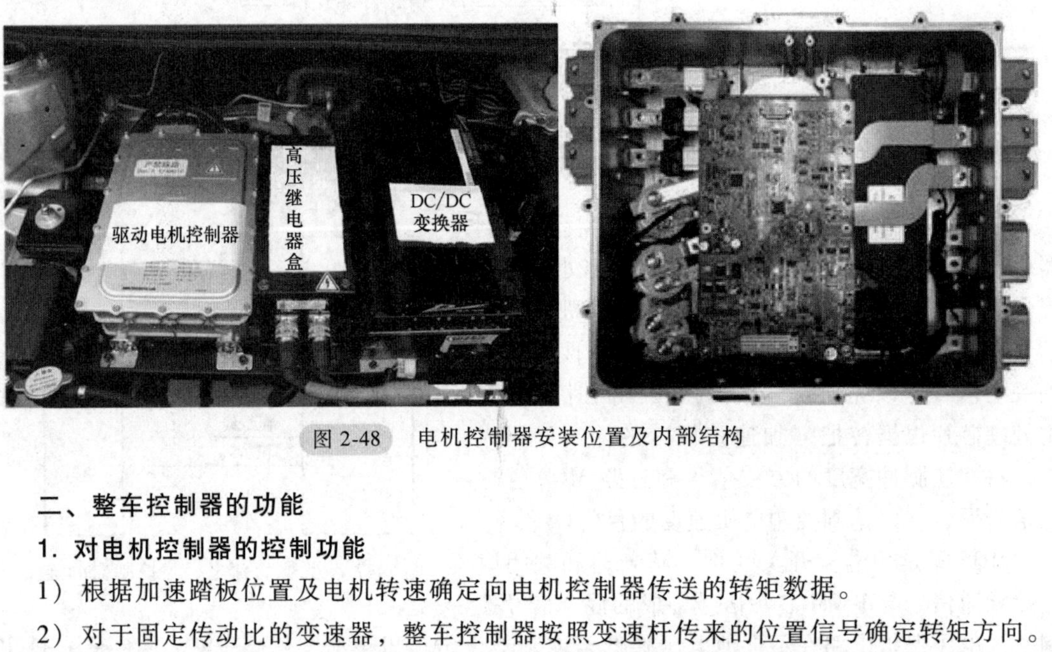

图 2-48　电机控制器安装位置及内部结构

二、整车控制器的功能

1. 对电机控制器的控制功能

1）根据加速踏板位置及电机转速确定向电机控制器传送的转矩数据。

2）对于固定传动比的变速器，整车控制器按照变速杆传来的位置信号确定转矩方向。

3）对于两三个传动比的变速器，整车控制器按照变速杆传来的位置信号确定转矩方向和大小。

4）当驾驶人踩下制动踏板时，整车控制器控制电机控制器关闭逆变桥驱动电路信号，由正信号变成全负信号，并启动再生制动和 ABS 摩擦制动功能，主要是控制制动效果。

2. 电源管理功能

无整车控制器的电动汽车在停车时需手动断开直流母线，如果恰好行车中人为断开母线，将会有大的电流冲击，同时在修理时会产生安全隐患。有整车控制器时，整车控制器中的软件会对正负直流母线进行有区别的断电。电池箱内布置有熔丝的检修塞或断路器，只有在维修时才用手动插检修塞或断开断路器的方式。直流母线断电继电器位置需设计在蓄电池组的输出近端，尽可能采用减缓电流冲击的三继电器控制方式，除正负母线两个继电器外，另一个是系统主电阻器继电器。

3. 自诊断功能

整车控制器可以对接入自身的传感器、执行器、整车控制器进行监测。整车控制器对检测仪输出数据，包括整车控制器的版本、电机控制器的版本、防盗电子钥匙的版本、整车控制器存储的故障码、数据流。整车控制器对检测仪输入数据，包括单元编码功能、执行元件诊断、自适应功能。检测仪还要有登录上网功能，以利于检测仪的数据更新。

传感器监测包括对电机中冷却液温度、冷却风扇电机继电器线圈电路、水泵电机继电器线圈电路以及电机电源的有无进行监控，有故障生成故障码，必要时点亮故障灯。执行器监测包括继电器是否能工作，原因在线圈还是开关，电磁阀是否能工作，并设计有进行执行元件诊断的程序。

4. 同其他控制节点（ECU）的数据信息共享功能

图 2-49 所示为电动轿车控制单元结构，整车控制器同其他控制节点（ECU）的数据信息共享功能如下：

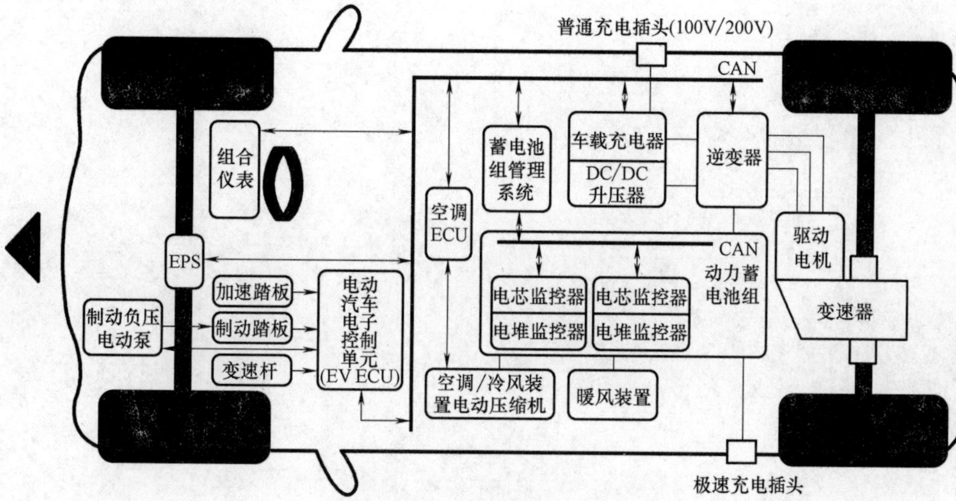

图 2-49 电动轿车控制单元结构

1）接收电机控制器节点传来的电机控制器（如过温、低电压、过电流等）故障，对故障进行存储、分析，有必要则输出到仪表，点亮仪表（ICU）动力系统故障灯。

2）对来自电池管理系统（BMS）的蓄电池总电压、电流以及各蓄电池的电压、电池箱温度、风扇继电器工作情况、烟度传感器信号、内置温度传感器信号、蓄电池的单块温度等信息进行处理，必要时，给仪表输出故障信号，向仪表输出电池箱 BMS 分系统确定电池箱号及蓄电池位置号，这样利于维修中更换蓄电池。

3）整车控制器和空调 ECU 交换信号，控制空调的制热和制冷。

4）从漏电保护器单元接收高压漏电信号，启动高压漏电自动切断主电路开关功能。

5. 防盗器功能

将编码机械钥匙（或感应钥匙）、整车控制器及电机控制器三者联系在一起，采用变码送码防盗技术。

变码送码防盗技术主要有编码机械钥匙（或感应钥匙）和整车控制器无线通信、密码算法 A。此外就是整车控制器和电机控制器实现有线通信、密码算法 B。三者身份认证通过，控制电机控制器就正常工作，否则电机控制器进入控制锁死状态，而不是仅仅不发转矩信号，这样可防止盗贼通过车辆自身动力将车盗走。由于三者出厂时已经通过认证，盗贼盗走的最多是电机控制器与整车控制器，因为没有钥匙这两个控器不能工作，所以可明显减少盗贼偷盗电机控制器和整车控制器。服务修理上一旦钥匙丢失，软件上有可以配制新电子钥匙的程序。防盗控制状态能通过检测仪的数据流功能看到。

第三章

动力电池系统

第一节　动力电池的结构及参数

自电动汽车诞生以来，提高动力电池的功率密度、能量密度、使用寿命以及降低成本一直是电动汽车动力电池技术研发的核心。电池应用的过程是电能输入转变为化学能存储，再以电能形式输出的能量转换过程。

一、动力电池的分类

可用于电动汽车的动力电池根据正负极材料特性、电化学成分的不同，有三种分类方法（图 3-1）。

1. 按电解液种类分类

① 碱性电池：电解质主要以氢氧化钾水溶液为主的电池，如碱性锌锰电池（俗称碱锰电池或碱性电池）、锡镍电池、氢镍电池等。

② 酸性电池：主要以硫酸水溶液为介质的电池，如铅酸电池。

③ 中性电池：以盐溶液为介质的电池，如锌锰干电池、海水激活电池等。

④ 有机电解液电池：主要以有机溶液为介质的电池，如锂离子电池等。

2. 按工作性质和储存方式分类

① 一次电池，又称原电池，即不能再充电使用的电池，如锌锰干电池、锂原电池等。

② 二次电池，即可充电电池，如铅酸电池、镍锡电池、镍氢电池、锂离子电池等。

③ 燃料电池，活性材料在电池工作时才连续不断地从外部加入电池，如氢氧燃料电池、金属燃料电池等。

④ 储备电池，储备电池储存时电极板不直接接触电解液，直到电池使用时，才加入电解液，如镁-氯化银电池，又称海水激活电池。

3. 按电池所用正、负极材料分类

① 锌系列电池，如锌锰电池、锌银电池等。

② 镍系列电池，如镍镉电池、镍氢电池等。

② 铅系列电池，如铅酸电池。

④ 锂系列电池，如锂离子电池、锂聚合物电池和锂硫电池。

⑤ 二氧化锰系列电池，如锌锰电池、碱锰电池等。

⑥ 空气（氧气）系列电池，如锌空气电池、铝空气电池等。

二、化学能与电能转换基本原理

为了理解电池是怎样把化学能转化为电能的，以经典的丹尼尔原理电池单体化学反应为例进行介绍。

$$Cu^{2+}+Zn \longrightarrow Cu+Zn^{2+} \qquad (3\text{-}1)$$

在式（3-1）所示的化学反应中，Cu^{2+}和Zn^{2+}在25℃的标准自由能ΔG是-212kJ/mol。根据热力学的知识（化学反应总是沿着自发的方向进行），如果把Zn加入Cu^{2+}溶液中，Cu就会沉淀出来了。该化学反应就是从含有Zn的矿石中提取出Cu的常用方法。在金属冶金应用中，化学反应包含的化学能是不可利用的，能量以热能的形式被消耗掉。

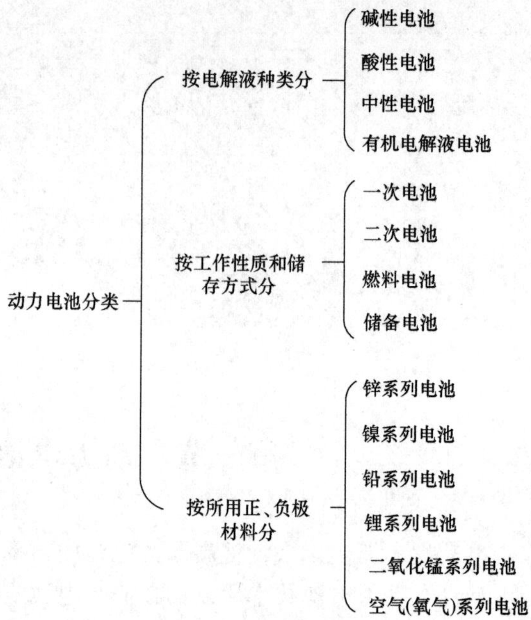

图 3-1 动力电池分类

式（3-1）可以分解为两个电化学反应步骤完成：

$$Cu^{2+}+2e^- \longrightarrow Cu \qquad (3\text{-}2)$$

$$Zn \longrightarrow Zn^{2+}+2e^- \qquad (3\text{-}3)$$

见式（3-1）从电解液提取Cu的反应过程中，两个反应在Zn表面同时发生，然而，如果Zn和Cu处于独立的两个元件中，那么反应式（3-2）和反应式（3-3）就必须在两个不同的位置（电极）发生，而且只有在有电流连接两个电极的情况下反应才能继续进行。在这种情况下，电子的流动是可以利用的。这就是著名的丹尼尔电池单体反应，如图3-2所示，该反应可以通过控制正、负极的连接状态实现有效控制，使化学能按需转化为有用的电能。

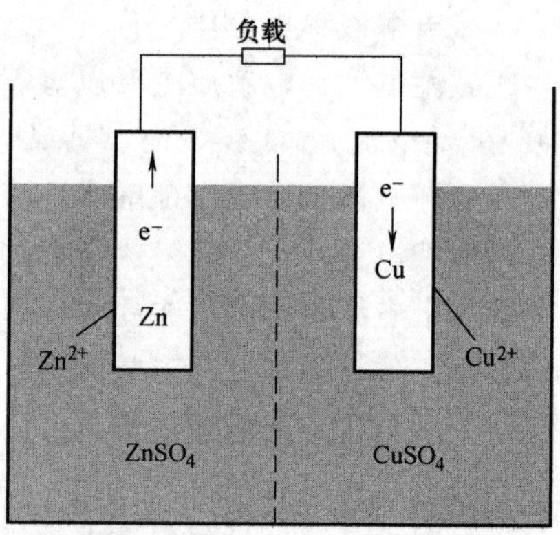

图 3-2 丹尼尔电池单体反应示意图

三、动力电池的基本结构

电池是一种把化学反应所释放的能量直接转变成直流电能的装置。要实现化学能转变成电能的过程，必须满足如下条件：必须让化学反应中失去电子的氧化过程（在负极进行）和得到电子的还原过程（在正极进行）分别在两个区域进行，这与一般的氧化还原反应存在区别；两电极必须是有离子导电性的物质；化学变化过程中电子的传递必须经过外线路。

为了满足构成电池的条件，电池需包含以下基本组成部分：

1. 正极活性物质

它具有较高的电极电位，电池工作即放电时进行还原反应或阴极过程。为了与电解槽的阳极、阴极区别开，在电池中称作正极。

2. 负极活性物质

它具有较低的电极电位，电池工作时进行氧化反应或阳极过程。为了与电解槽的阳极、阴极区别开，在电池中称作负极。

3. 电解质

它拥有很高的、选择性的离子电导率，提供电池内部的离子导电的介质。大多数电解质为无机电解质水溶液，少部分电解质也有固体电解质、熔融盐电解质、非水溶液电解质和有机电解质。有的电解质也参加电极反应而被消耗。电池的基本构成如图 3-3 所示。

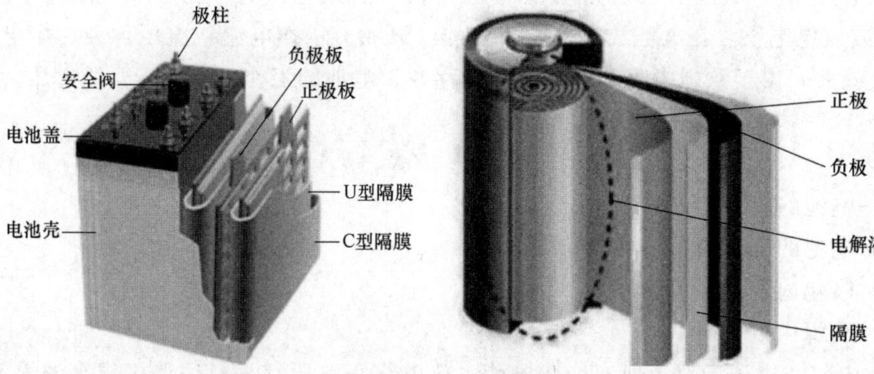

图 3-3 电池的基本构成

四、电池的基本参数

1. 电压参数

（1）电动势 电动势是电池在理论上输出能量大小的度量之一。如果其他条件相同，那么电动势越高，理论上能输出的能量就越大。电池的电动势是热力学的两极平衡电极电位之差。

实际上，电池中两个电极并非处于热力学的可逆状态，因此，电池在开路状态下的端电压理论上并不等于电池的电动势，但由于正极活性物质氧的过电位大，因此稳定电位接近正极活性物质的平衡电位，同理，负极材料氢的过电位大，因此稳定电位接近负极活性物质的平衡电位。结果电池的开路电压在数值上接近电池的电动势，因此在工程应用上，常常认为电池在开路条件下，正负极间的平衡电势之差，即为电池的电动势。

对于某些气体电极，电池的开路电压数值受催化剂的影响很大，与电动势在数值上不一定很接近。如燃料电池，其开路电压常常偏离电动势较大，而且随使用催化剂的品种和数量而变化。

（2）开路电压 开路电压是指在开路状态下（几乎没有电流通过时），电池两极之间的电势差，一般用 U_{oc}表示。电池的开路电压取决于电池正负极材料的活性、电解质和温度条件等，而与电池的几何结构和尺寸大小无关。一般情况下，电池的开路电压均小于它的电动势。

（3）额定电压 额定电压也称公称电压或标称电压，指的是在规定条件下电池工作的标准电压。采用额定电压可以区分电池的化学体系，表 3-1 为常用不同电化学体系电池的单体额定电压值。

表 3-1 常用不同电化学体系电池的单体额定电压值

电流类型	单体额定电压/V	电流类型	单体额定电压/V
铅酸电池(VRLA)	2	铝空气电池(Al/Air)	1.4
镍镉电池(Ni-Cd)	1.2	钠氯化镍电池(Na/$NiCl_2$)	2.5
镍锌电池(Ni-Zn)	1.6	钠硫电池(Na/S)	2.0
镍氢电池(Ni-MH)	1.2	锰酸锂电池($LiMn_2O_4$)	3.7
锌空气电池(Zn/Air)	1.2	磷酸铁锂电池($LiFePO_4$)	3.2

（4）工作电压　工作电压是指电池接通负载后在放电过程中显示的电压，又称负荷（载）电压或放电电压。在电池放电初始时刻的（开始有工作电流）电压称为初始电压。电池在接通负载后，由于欧姆内阻和极化内阻的存在，电池的工作电压低于开路电压，也必然低于电动势。

$$V=E-IR_{内}=E-I(R_{\Omega}+R_{f}) \tag{3-4}$$

式中　I——电池的工作电流；

E——电池的电动势；

R_f——极化内阻；

R_{Ω}——欧姆内阻。

（5）放电终止电压　对于所有二次电池，放电终止电压都是必须严格规定的重要指标。放电终止电压也称为放电截止电压，是指电池放电时，电压下降到不宜再继续放电的最低工作电压值。根据电池的不同类型及不同的放电条件，对电池的容量和寿命的要求也不同，由此所规定的放电终止电压也不同。一般而言，在低温或大电流放电时，终止电压规定得低些；小电流长时间或间歇放电时，终止电压值规定得高些。

2. 容量参数

电池在一定的放电条件下所能放出的电量称为电池容量，以符号 C 表示。其单位常用 A · h 或 mA · h 表示。

（1）理论容量（C_0）　理论容量是指假定活性物质全部参加电池的成流反应所能提供的电量。理论容量可根据电池反应式中电极活性物质的用量，按法拉第定律计算的活性物质的电化学当量求出。

（2）额定容量（C_g）　额定容量是指按国家或有关部门规定的标准，保证电池在一定的放电条件（如温度、放电率、终止电压等）下应该放出的最低限度的容量。

（3）实际容量（C）　实际容量指在实际工作情况下放电，电池实际放出的电量。它等于放电电流与放电时间的积分，实际放电容量受放电率的影响较大，所以常在字母 C 的右下角以阿拉伯数字标明放电率，如 C_{20} = 50A · h，表明在 20 小时率下的容量为 50A · h。

电池的实际容量与放电电流密切相关，大电流放电时，电极的极化增强，内阻增大，放电电压下降很快，电池的能量效率降低，实际放出的容量较低。相应地，在低倍率放电条件下，放电电压下降缓慢，电池实际放出的容量常常高于额定容量。

（4）剩余容量　剩余容量是指在一定放电倍率下放电后，电池剩余的可用容量。剩余容量的估计和计算受到电池前期应用的放电率、放电时间等因素以及电池老化程度、应用环境等多种因素影响，所以，在准确估算上存在一定的困难。

3. 内阻参数

电流通过电池内部时受到阻力，使电池的工作电压降低，该阻力称为电池内阻，由于电池内阻的作用，电池放电时端电压低于电动势和开路电压。充电时充电的端电压高于电动势和开路电压。电池内阻是化学电源的一个极为重要的参数，它直接影响电池的工作电压、工作电流、输出能量与功率等，对于一个实用的化学电源，其内阻越小越好。

电池内阻不是常数，它在放电过程中随活性物质的组成、电解液浓度和电池温度以及放电时间而变化。电池内阻包括欧姆内阻（R_Ω）和电极在化学反应时所表现出的极化内阻（R_f），两者之和称为电池的全内阻（R_W）。

$$R_W = R_\Omega + R_f \tag{3-5}$$

欧姆内阻主要是由电极材料、电解液、隔膜的内阻及各部分零件的接触电阻组成。它与电池的尺寸、结构、电极的成形方式（如铅酸蓄电池的涂膏式电极与管式电极，碱性蓄电池的有极盒式电极和烧结式电极）以及装配的松紧度有关。欧姆内阻遵守欧姆定律。

极化内阻是指化学电源的正极与负极在电化学反应进行时由于极化所引起的内阻。它是电化学极化和浓差极化所引起的电阻之和。极化内阻与活性物质的本性、电极的结构、电池的制造工艺有关，尤其是与电池的工作条件密切相关，放电电流和温度对其影响很大。在大电流密度下放电时，电化学极化和浓差极化均增加，甚至可能引起负极的钝化，极化内阻增加。低温对电化学极化、离子的扩散均有不利影响，故在低温条件下电池的极化内阻也增加。因此，极化内阻并非是一个常数，而是随放电率、温度等条件的改变而改变。

电池内阻较小，在许多情况下常常忽略不计，但电动汽车用动力电池常常处于大电流、深放电工作状态，内阻引起的压降较大，此时内阻对整个电路的影响不能忽略。

对应于电池内阻的构成，电池产生极化现象有三个方面的原因。

（1）欧姆极化　充放电过程中，为了克服欧姆内阻，外加电压就必须额外施加一定的电压，以克服阻力，推动离子迁移。该电压以热的方式转化给环境，出现所谓的欧姆极化。随着充电电流急剧加大，欧姆极化将造成蓄电池在充电过程中温度升高。

（2）浓差极化　电流流过蓄电池时，为了维持正常的反应，最理想的情况是电极表面的反应物能及时得到补充，生成物能及时离去。实际上，生成物和反应物的扩散速度远远比不上化学反应速度，从而造成极板附近电解质溶液浓度发生变化。也就是说，从电极表面到中部溶液，电解液浓度分布不均匀。这种现象称为浓差极化。

（3）电化学极化　这种极化是由于电极上进行的电化学反应的速度落后于电极上电子运动的速度造成的。例如，电池的负极在放电前，电极表面带有负电荷，其附近溶液带有正电荷，两者处于平衡状态。放电时，立即有电子释放给外电路。电极表面负电荷减少，而金属溶解的氧化反应进行缓慢（$Me-e \rightarrow Me^+$），不能及时补充电极表面电子的减少，电极表面带电状态发生变化。这种表面负电荷减少的状态促进金属中电子离开电极，金属离子 Me^+转入溶液，加速 $Me-e \rightarrow Me^+$反应进行，总有一个时刻达到新的动态平衡。与放电前相比，电极表面所带负电荷数目减少了，与此对应的电极电势变正，也就是电化学极化电压变高，从而严重阻碍了正常的充电电流。同理，电池正极放电时，电极表面所带正电荷数目减少，电极电势变负。

4. 能量与能量密度

电池的能量是指电池在一定放电制度下，电池所能释放出的能量，通常用 W · h 或

kW·h表示。电池的能量分为理论能量和实际能量。

（1）理论能量　假设电池在放电过程中始终处于平衡状态，其放电电压保持电动势（E）的数值，而且活性物质的利用率为100%，即放电容量为理论容量，则在此条件下电池所输出的能量为理论能量 W_0，即

$$W_0 = C_0 E \tag{3-6}$$

（2）实际能量　实际能量是指电池放电时实际输出的能量，数值上等于电池实际放电电压、放电电流与放电时间的积分，即

$$W = \int V(t) I(t) \mathrm{d}t \tag{3-7}$$

电池的能量密度是指单位质量或单位体积的电池所能输出的能量，称为质量能量密度（W·h/kg）或体积能量密度（W·h/L），也称质量比能量或体积比能量。在电动汽车应用方面，蓄电池质量能量密度影响电动汽车的整车质量和续驶里程，而体积能量密度影响到蓄电池的布置空间。因而能量密度是评价动力电池能否满足电动汽车应用需要的重要指标。同时，能量密度也是比较不同种类和类型电池性能的一项重要指标。能量密度也分为理论能量密度（W）和实际能量密度（W'）。

理论能量密度对应于理论能量，是指单位质量或单位体积电池反应物质完全放电时理论上所能输出的能量。

实际能量密度对应于实际能量，是指单位质量或单位体积电池反应物质所能输出的实际能量，由电池实际输出能量与电池质量（或体积）之比来表征。

动力电池在电动汽车的应用过程中，由于电池组安装需要相应的电池箱、连接线、电流电压保护装置等元器件，因此，实际的电池组比能量小于电池比能量，电池组比能量是在电动汽车应用中更加重要的参数之一。电池比能量与电池组比能量之间的差距越小，电池的成组设计水平越高，电池组的集成度越高。因此，电池组的质量比能量常常成为电池组性能的重要衡量指标。一般而言，电池组的质量比能量比电池比能量低20%以上。

5. 功率与功率密度

（1）功率　电池的功率是指电池在一定的放电制度下，单位时间内电池输出的能量，单位为瓦（W）或千瓦（kW）。

（2）功率密度　单位质量或单位体积电池输出的功率称为功率密度，又称比功率，单位为kW/kg或W/g。功率密度的大小，表征电池所能承受的工作电流的大小，电池功率密度大，表示它可以承受大电流放电。功率密度是评价电池及电池组是否满足电动汽车加速和爬坡能力的重要指标。

对电化学蓄电池，功率和功率密度与蓄电池的放电深度（Depth of Discharge，DOD）密切相关。因此，在表示蓄电池功率和功率密度时还应该指出蓄电池的放电深度。

6. 荷电状态

电池荷电状态（State of Charge，SOC）描述了电池的剩余电量，是电池使用过程中的重要参数，此参数与电池的充放电历史和充放电电流大小有关。

荷电状态值是个相对量，一般用百分比的方式来表示，SOC的取值为0≤SOC≤100%。目前较统一的是从电量角度定义SOC，如美国先进电池联合会（USABC）在其《电动汽车电池实验手册》中定义SOC为：电池在一定放电倍率下，剩余电量与相同条件下额定容量

的比值。

$$SOC=\frac{C_{\mu}}{C_{额}} \tag{3-8}$$

式中　$C_{额}$——额定容量；

C_{μ}——电池剩余的按额定电流放电的可用容量。

由于 SOC 受充放电倍率、温度、自放电、老化等因素的影响，实际应用中要对 SOC 的定义进行调整。

例如，日本本田公司电动汽车 EV Plus 定义 SOC 为

$$SOC=\frac{剩余容量}{额定容量\times 容量衰减因子} \tag{3-9}$$

式中，剩余容量等于额定容量减去净放电量、自放电量、温度补偿容量后的差值。

动力电池的充放电过程是个复杂的电化学变化过程，从上式也可以看出电池剩余电量受到动力电池的基本特征参数（端电压、工作电流、温度、容量、内部压强、内阻和充放电循环次数）和动力电池使用特性因素的影响，使得对电池组的荷电状态的测定很困难。目前关于电池组电量的研究，较简单的方法是将电池组等效为一个电池单体，通过测量电池组的电流、电压、内阻等外界参数，找出 SOC 与这些参数的关系，间接地测试电池的 SOC 值。

为确保电池组的使用安全和使用寿命，也常使用电池组中性能最差电池单体的 SOC 来定义电池组的 SOC。目前常用的 SOC 估算法有开路电压法、安时累积法、电化学测试法、电池模型法、神经网络法、阻抗频谱法以及卡尔曼滤波法等。

7. 放电深度

DOD 是放电容量与额定容量之比的百分数，与 SOC 之间存在如下数学计算关系

$$DOD=1-SOC$$

放电深度的高低对二次电池的使用寿命有很大的影响，一般情况下，二次电池常用的放电深度越深，其使用寿命就越短，因此在电池使用过程中应尽量避免二次电池深度放电。

8. 使用寿命

（1）使用寿命的概念　动力电池单体在充放电循环使用过程中，由于一些不可避免的副反应的存在，电池可用活性物质逐步减少，性能逐步退化。其退化程度随着充放电循环次数的增加而加剧，其退化速度与动力电池单体充放电的工作状态和环境有着直接的联系。

循环寿命是评价蓄电池使用技术经济性的重要参数。蓄电池经历一次充电和放电，称为一次循环，或者一个周期。在一定放电制度下，二次电池的容量降至某一规定值之前，电池所能耐受的循环次数，称为蓄电池的循环寿命或使用周期。各类二次电池的循环寿命都有差异，即使同一系列、同一规格的产品，循环寿命也可能有很大差异，目前常用的蓄电池中，锌银蓄电池的循环寿命最短，一般只有 30~100 次；铅酸蓄电池的循环寿命为 300~500 次；锂离子电池的使用周期较长，循环寿命可达 1000 次以上。

（2）电池使用中的不可逆过程　随着充放电循环次数的增加，二次电池容量衰减是个必然的过程。这是因为在充放电循环过程中，电池内部会发生一些不可逆的过程，引起电池放电容量的衰减。这些不可逆的过程主要包括：

1）电极活性表面积在充放电循环过程中不断减小，使工作电流密度上升，极化增大。

2）电极上活性物质脱落或转移。

3）在电池工作过程中，某些电极材料发生腐蚀。

4）在循环过程中电极上生成枝晶，造成电池内部微短路。

5）隔膜的老化和损耗。

6）活性物质在充放电过程中发生不可逆晶形改变，因而使活性降低。

（3）电池使用寿命的影响因素　影响动力电池寿命的因素主要包括充放电速率、充放电深度、环境温度、存储条件、电池维护过程、电流波纹以及过充电量和过充频度等。电池成组应用中，动力电池单体不一致性、单体所处温区不同、车辆的振动环境等都会对电池寿命产生影响。

1）充电截止电压。动力电池在充电过程中一般都伴随有副反应，提高充电截止电压，甚至超过电池电化学电位后进行充电，一般会加剧副反应的发生，并导致电池使用寿命缩短，甚至可能导致内部短路、电池损坏、着火、爆炸等危险工况。

2）放电深度。深度放电会加速动力电池的衰退。循环寿命受蓄电池 DOD 影响，因此，循环寿命的表示还要同时指出 DOD。比如，蓄电池循环寿命 400 次/100%DOD 或 1000 次/50%DOD。

3）充放电倍率。动力电池单体的充放电倍率是其在使用工况下最直接的外界环境特征参数，其大小直接影响着动力电池单体的衰减速度。充放电倍率越高，动力电池单体的容量衰减越快。动力电池单体大倍率的充放电都会加快其容量的退化速度，如果充放电倍率过大，动力电池单体还可能会出现直接损坏，甚至过热、短路起火等极端现象。

4）环境温度。不同的动力电池均有最佳的工作温度范围，过高或过低的温度都将对电池的使用寿命产生影响。

5）存储条件。在存储过程中，由于电池的自放电、正负极材料钝化、电解液分解蒸发、电化学副反应等因素，将导致电池产生不可逆的容量损失。

6）即使电动汽车行驶距离相同，因容量不同，电池的放电深度也不同。在大多数电池还属于浅放电情况下，容量不足的电池已经进入深放电阶段，并且在其他电池深放电时，低容量电池可能已经没有电量可以放出，成为电路中的负载。容量不一致会导致放电深度差异。

7）同一种电池都有相同的最佳放电率，容量不同，最佳放电电流就不同。在串联组中电流相同，所以有的电池在最佳放电电流工作，而有的电池达不到或超过了最佳放电电流。即容量不一致性会导致在工作过程中的放电率差异。

8）在充电过程中，小容量电池将提前充满，为使电池组中其他电池充满，小容量电池必将过充电，充电后期充电电压偏高，甚至超出电池电压最高限，形成安全隐患，影响整个电池组充电过程，并且过充电将严重影响电池的使用寿命。

即容量不一致会导致安全隐患和影响电池的使用寿命。由于各电池单体间的不一致性和串联动力电池组的短板效应，在动力电池组的使用过程中，电池组的最大可用容量与单体的可用容量下降速度不同步，也将导致各单体的 SOC 状态各不相同，使得电池组寿命和电池单体相比，明显降低。过充电或过放电都会对电池造成额外的损伤，致使动力电池的容量衰减加剧，此时的动力电池组寿命降低更加明显。

9. 自放电率

自放电率是电池在存放时间内，在没有负荷的条件下自身放电，使得电池的容量损失的速度，自放电率采用单位时间（月或年）内电池容量下降的百分数来表示。

$$自放电率=\frac{Ah_a-Ah_b}{Ah_a t}\times 100\% \tag{3-10}$$

式中　Ah_a——电池储存时的容量（A·h）；

Ah_b——电池储存以后的容量（A·h）；

t——电池储存的时间（天或月）。

自放电率通常与时间和环境温度有关，环境温度越高自放电现象越明显，所以电池久置时要定期补电，并在适宜的温度和湿度下储存。

10. 不一致性

（1）电池不一致性的概念　电池不一致性是指同一规格、同一型号的单体电池组成电池组后，在电压、内阻及其变化率、荷电量、容量、充电接受能力、循环寿命、温度影响、自放电率等参数方面存在的差别。在现有的电池技术水平下，电动汽车必须使用多块单体电池构成的电池组来满足使用要求。由于不一致性的影响，动力电池组在电动汽车上使用的性能指标往往达不到单体电池原有水平，使用寿命可能缩短数倍甚至十几倍，严重影响电动汽车的性能和应用。

（2）电池不一致性产生的原因

1）在制造过程中，由于工艺上的问题和材质的不均匀，使得电池极板活性物质的活化程度和厚度、微孔率、连条、隔板等存在很微小差别，这种电池内部结构和材质上的不完全一致性，就会使同一批次出厂的同一型号电池的容量、内阻等参数不可能完全一致。

2）在装车使用时，由于电池组中各个电池的温度、通风条件、自放电程度、电解液密度等差别的影响，在一定程度上增加了电池电压、内阻及容量等参数的不一致性。

（3）电池不一致性的分类　根据使用中电池组不一致性扩大的原因和对电池组性能的影响方式，可以把电池的不一致性分为容量不一致性、电压不一致性和电阻不一致性。

1）容量不一致性。容量不一致性主要包含起始容量不一致性和实际容量不一致性两个方面。起始容量不一致性是指电池组在出厂前的分选试验后单体初始容量不一致性。实际容量不一致性是指电池在放电过程中所剩余的电量不相等。起始容量不一致可以在使用过程中通过电池单体单独充放电来调整单体起始容量，使之差异性减小。而实际容量不一致则有可能与电池单体内阻等参数有关。

电池起始容量受电池循环工作次数影响显著，越接近电池寿命周期后期，实际容量不一致就越明显。同时，电池起始容量还与电池容量衰减特性有关，受到电池储存温度、电池荷电状态等因素影响。电池组实际放电容量不一致性还与电池放电电流有关。所以，在电池组实际使用过程中，容量不一致主要是电池起始容量不一致和放电电流不一致综合影响的结果。

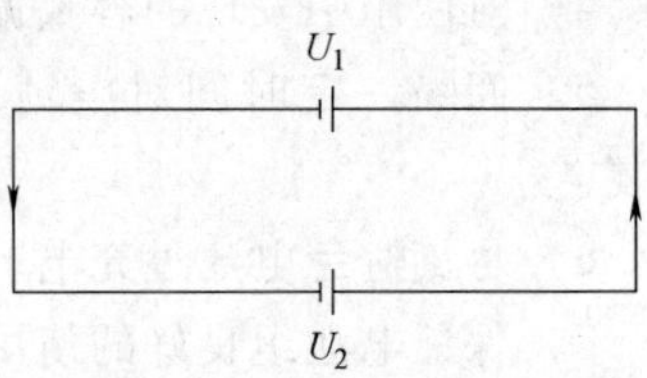

图 3-4　并联电压不一致性

2）电压不一致性。电压不一致性的主要影响因素在于并联组中电池的互充电（图 3-4）。当并联组中一节电池电压低时，其他电池将给此电池充电。低压电池容量小幅增加的同时高压电池容量急剧降低，能量将损耗在互充电过程中而达不到预期的对外输出。若低压电池和正常电池一起使用，将成为电池组的负载，影响其他电池的工作，进而影响整个电池组的寿命。所以，在电池组不一致明显增加的深放电阶段，不能再继续行车，否则会造成低容量电池过放电，影响电池组使用寿命。

3）内阻不一致性。电池内阻不一致使得电池组中每个单体在放电过程中热损失的能量各不一样，最终会影响电池单体能量状态。

串联组中电流相同，内阻大的电池，能量损失大，产生热量多，温度升高快。若电池组的散热条件不好，热量不能及时散失，电池温度将持续升高，可能导致电池变形甚至爆炸的严重后果。在充电过程中，由于内阻不同，分配到串联组每个电池的充电电压不同，将使电池充电电压不一致（图 3-5）。随充电过程的进行，内阻大的电池电压可能提前到达充电的最高电压极限，因此，为了防止内阻大的电池过充电和保证充电安全，不得不在大多数电池还未充满的情况下停止充电。

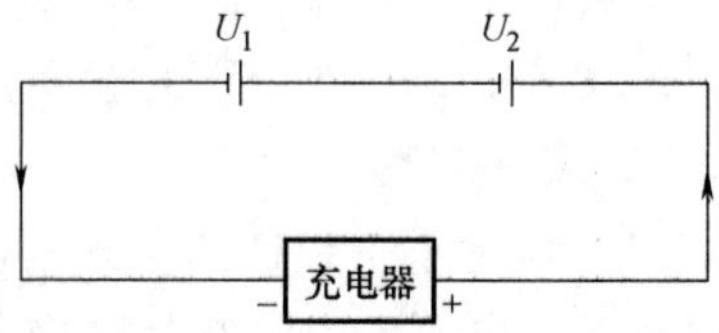

图 3-5　串联电阻不一致性

在并联组放电过程中，内阻大的电池，电流小；反之，内阻小的电池，电流大。从而使电池在不同的放电率下工作，影响电池组的寿命。与此同时，在电流不等的情况下，电池放出的能量不同，致使在相同工作条件下，电池放电深度不同。

充电过程中，由于内阻不同，分配到并联组的充电电流不同，所以相同时间内充电量不同，即电池的充电速度不同，从而影响整个充电过程。在实际充电过程中，只能在防止充电快的电池过充电和防充电慢的电池不满之间采取折中的方案。

（4）提高电池一致性的措施　电池组的一致性是相对的，不一致性是绝对的。电池的不一致性在生产阶段就已经产生了，在应用过程中，需要采取一定的措施来减缓电池不一致性扩大的趋势或速度。根据动力电池应用经验和试验研究，常采用如下八项措施，保证电池组寿命逐步趋于单体电池的使用寿命。

1）提高电池制造工艺水平，保证电池出厂质量，尤其是初始电压的一致性。同一批次电池出厂前，以电压、内阻及电池化成数据为标准进行参数相关性分析，筛选相关性良好的电池，以此来保证同批电池的性能尽可能一致。

2）在动力电池成组时，务必保证电池组采用同一类型、同一规格、同一型号的电池。

3）在电池组使用过程中检测单体电池参数，尤其是动、静态情况下（电动汽车停驶或行驶过程中）电压分布情况，掌握电池组中单体电池不一致性发展规律，对极端参数电池及时进行调整或更换，以保证电池组参数不一致性不随使用时间增加而增大。

4）对使用中发现的容量偏低的电池，进行单独维护性充电，使其性能恢复。

5）间隔一定时间对电池组进行小电流维护性充电，促进电池组自身的均衡和性能恢复。

6）尽量避免电池过充电，尽量防止电池深度放电。

7）保证电池组良好的使用环境、尽量保证电池组温度场均匀，减小振动，避免水、尘土等污染电池极柱。

8）采用电池组均衡系统，对电池组充放电进行智能管理。

11．成本

电池的成本与电池的技术含量、材料、制作方法和生产规模有关，目前新开发的高比能量、高比功率的电池，如锂离子电池成本较高，使得电动汽车的造价也较高。开发和研制高效、低成本的电池是电动汽车发展的关键。

电池成本一般以电池单位容量或能量的成本进行表示，单位为元/A·h或元/kW·h，以方便对于不同类型或同类型不同生产厂家、不同型号的电池进行比较。

12. 放电制度

放电制度就是电池放电时所规定的各种条件，主要包括放电速率（电流）、终止电压和温度等。

（1）放电电流　放电电流是指电池放电时的电流大小。放电电流的大小直接影响到电池的各项性能指标，因此，介绍电池的容量或能量时，必须说明放电电流的大小，指出放电的条件。放电电流通常用放电率表示。放电率是指电池放电时的速率，有时率和倍率两种表示形式。

时率是以放电时间（h）表示的放电速率，即以一定的放电电流放完额定容量所需的时间（h），常用C/n来表示，其中，C为额定容量，n为一定的放电电流。时率也叫做小时率，例如，电池的额定容量为50A·h，以5A电流放电，则时率为50A·h/5A = 10h，称电池以10小时率放电。从计算方法可见，放电率所表示的时间越短，所用的放电电流越大；放电率所表示的时间越长，所用的放电电流越小。

倍率实际上是指电池在规定的时间内放出其额定容量所输出的电流值，它在数值上等于额定容量的倍数。例如，3倍率（3C）放电，其表示放电电流的数值是额定容量数值的3倍，若电池的容量为15A·h，那么放电电流应为45A。

习惯上称放电率在$\frac{1}{3}$C以下为低倍率，$\frac{1}{3}$C~3C为中倍率，3C以上则为高倍率。

（2）放电终止电压　终止电压值与电池材料直接相关，并受到电池结构、放电率、环境温度等多种因素影响。一般来说，由于低温大电流放电时，电极的极化大，活性物质不能充分利用，电池的电压下降较快。因此，在低温或大电流（高倍率）放电时，终止电压可规定得低些。

小电流放电时，电极的极化小，活性物质能够得到充分利用，终止电压可规定得高些。

除上述主要性能指标外，还要求电池无毒性，不对周围环境造成污染或腐蚀，使用安全，有良好的充电性能，充电操作方便，耐振动，无记忆性，对环境温度变化不敏感，易于调整和维护等。

五、案例：江淮同悦电动汽车行驶时突然掉电

【故障现象】　一辆2011年11月出厂的江淮同悦电动汽车，行驶里程：2052km。行驶途中该车仪表板上的动力电池警告灯亮（图3-6），同时动力电池组突然掉电，汽车动力消失无法行驶。

该车动力电池组为磷酸铁锂动力电池，额定电压为320V，电池组容量为50A·h，总能量为15.2kW·h。动力电池组一共由95个电池模块串联而成，它是由两个电池包组成，分为上电池包和下电池包，上电池包安装在汽车的行李舱，下电池包安装在传统车油箱的位置。上电池包由40个电池模块组成，下电池包由55个电池模块组成。电池模块是由五个单体电池并联组成。电池模块的技术指标如图3-7所示。

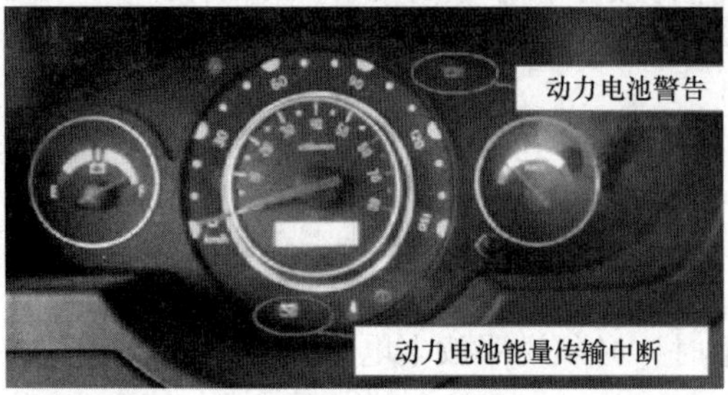

图 3-6　仪表板上显示动力电池警告灯亮

项目	参数
规格型号	IFP1865140A
标称电压	3.3V
额定容量	10A·h
内阻	<9mΩ
放电下限电压	2.50V
充电上限电压	3.90V
	恒流恒压 2.0A恒流充电3.90V后恒压充电(0.5C)，直至充电电流小于0.2A
最大连续放电电流	20.0A(2C)
尺寸	18mm×65mm×140mm
质量	(330±10)g
工作环境	充电0~45℃，放电-20~45℃
储存温度	1个月-20~40℃，3个月-20~35℃

图 3-7　江淮电动汽车电池模块技术指标

【故障诊断】　根据故障现象判断，在行驶途中突然掉电的故障原因可能有：低压电池故障；高压电池组故障；动力电池高压继电器损坏；驱动电机故障；驱动电机控制器故障；档位故障；线路故障。读取该车的故障码如图 3-8 所示。

图 3-8　液晶屏上显示的故障码

液晶显示屏显示的故障码为“210005”，查询故障表得知含义为“电机母线欠压”。起动车辆，变速杆置于前进档，准备行驶时，动力电池突然掉电，由此判断可能是低压电源的故障（电动汽车上低压电源的主要作用是：即使当主能源如主电池完全放电或设备不能正常工作时，仍能为电动汽车的动力电池管理系统、中央控制器、显示仪表和基本辅助子系统提供稳定的动力）。低压电源工作电压的范围 9~16V，超出此范围低压系统就不能正常工作，会处于欠压或过压状态。检测低压电源的电压低于 9V，更换低压电源，起动车辆，车辆行驶了 10min 后，又突然掉电。排除低压电源、电机、电机驱动器的故障和线路故障。车辆能正常行驶，排除档位的故障，同时动力电池高压继电器能正常闭合和开启，它的故障也排除。现在只有动力电池的故障。

动力电池是不是亏电呢？将车拖回到厂里，首先给动力电池充电，在充满电以后，将车辆开到举升机上，支起车辆的两个驱动轮，然后加速运行。行驶一会儿后，用仪器读取动力电池组的数据流。发现在 95 个电池模块中有一个电池模块即 35 号电池模块电压过低，为 2.45V（图 3-9），标准电压应为 2.5~3.6V。每当 35 号电池模块电压降到 2.45V 时动力电池组就突然掉电，动力消失。

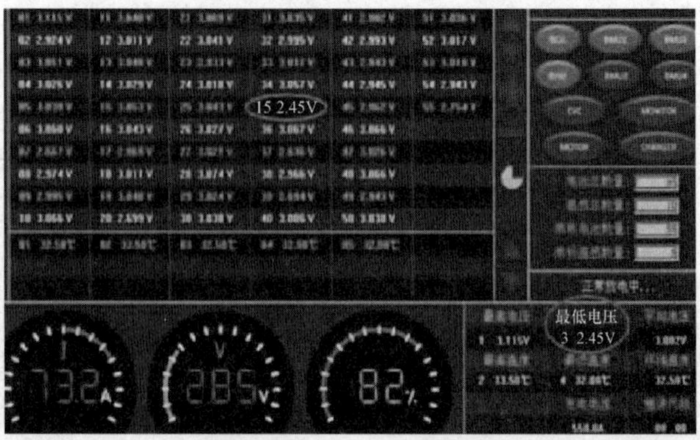

图 3-9　动力电池数据流

【故障排除】　将 35 号电池模块

更换，同时对整车的电池系统进行均衡性充电。充电完成后，装车试车，故障排除。

【故障总结】 为什么一个电池模块电压过低会使动力电池组整个系统输出能量也变低呢？江淮电动汽车的动力电池组是由95个电池模块串联组成。由于电池组存在“木桶效应”，即电池组特性是由最差的电池决定的，而电池模块放电下限电压为2.5V，当电池管理系统采样到某一个电池模块电压过低，为了保护整个动力电池组，延长其使用寿命，故电池管理系统会切断整个动力电池组的能量输出（即欠压保护）。

第二节　动力电池的充电方法

一、动力电池充电功能

电池充电通常应该具备三个功能：

1）尽快使电池恢复额定容量，即在恢复电池容量的前提下，充电时间越短越好。

2）消除电池在放电使用过程中引起的不良后果，即修复由于深放电、极化等导致的电池性能被破坏。

3）对电池补充充电，克服电池自放电引起的不良影响。

二、典型的动力电池充电方法

1. 常规充电方法

（1）恒流充电法　恒流充电法是通过调整充电装置输出电压或改变与蓄电池串联电阻的方式使充电电流强度保持不变的充电方法。该方法控制简单，但由于电池的可接受电流能力是随着充电过程的进行而逐渐下降的，到充电后期，充电电流多用于电解水，产生气体，此时电能不能有效转化为化学能，多变为热能消耗掉了。恒流充电曲线如图3-10所示。

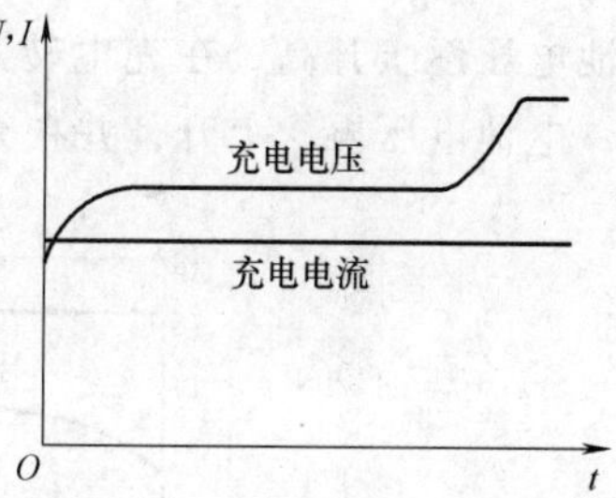

图3-10　恒流充电曲线

（2）恒压充电法　在蓄电池充电过程中，充电电源电压始终保持一定，叫做恒压充电。

$$I=\frac{U-E}{R} \tag{3-11}$$

式中　U——电池的端电压；

E——电池电动势；

I——充电电流；

R——充电电路中内阻。

由式（3-11）可知，充电开始时，电池电动势小，所以充电电流很大，对蓄电池的寿命造成很大影响，且容易使蓄电池极板弯曲，造成电池报废；充电中期和后期，受电池极化作用的影响，正极电位变得更高，负极电位变得更低，所以电动势增大，充电电流过小，形成长期充电不足，影响电池的使用寿命。鉴于这种缺点，恒压充电很少使用，只有在充电电源电压低、工作电流大时才采用。

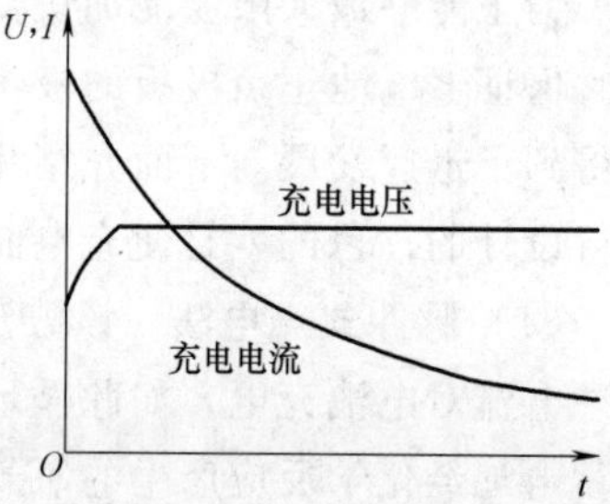

图3-11　恒压充电曲线

恒压充电曲线如图 3-11 所示。

（3）阶段充电法　该方法包含多种充电方法的组合，如先恒流后恒压充电法、多段恒流充电法、先恒流再恒压最后恒流充电法等。常用的为先恒流再恒压的充电方式，如铅酸电池、锂离子电池常采用该种方式充电。下面举例对该种充电方法进行介绍。

某额定容量为 150A · h 的铅酸电池，其参数见表 3-2。

表 3-2　铅酸电池参数表

额定电压/V	12	额定容量/A · h	150
最大放电电流/A	4C	最佳充电电流/A	0.4C
外形尺寸/mm×mm×mm	503×180×257	质量/kg	48.0±1.0

此电池组充电采取两阶段恒流。第一阶段恒流 60A，第二阶段恒流 14A，如图 3-12 所示，曲线为该铅酸电池充电参数变化情况。第一阶段充电结束，充电终止电压随温度调整按下式进行

$$U=14.7-0.03(T-T_r) \tag{3-12}$$

式中　U——单电池电压；

T——环境温度；

T_r——室温，一般采用 20℃。

第二阶段终止采用时间和电池电压两方面独立控制：①单电池电压超过 17.0V；②此阶段充电时间超过 6h。从图 3-12 所示的电池组中单体电池充电曲线可以看出，在第一阶段，电池电压逐步升高，在充电转入第二阶段时，电池电压有所下降，但之后随充电过程的进行，电池电压再次上升，并在充电后期升高到 15.5V 以上。

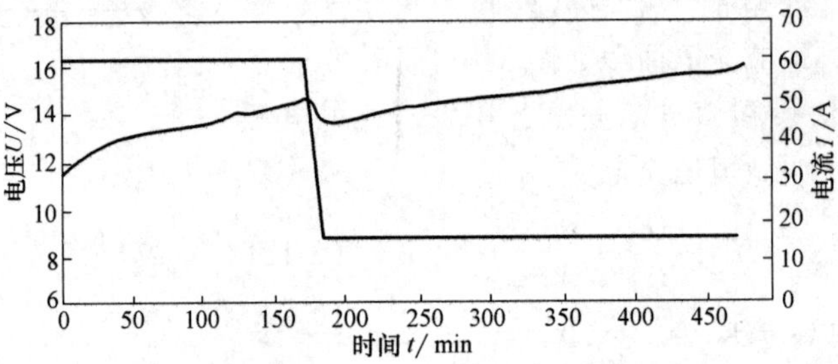

图 3-12　单体电池充电曲线

2. 快速充电方法

为了能够最大限度地加快蓄电池的化学反应速度，缩短蓄电池达到充满电状态的时间，同时保证蓄电池正负极板的极化现象尽量少或轻，提高蓄电池使用效率，快速充电技术近年来得到了迅速发展。下面介绍几种常用的快速充电方法，这些方法都是围绕着最佳充电曲线进行设计的，目的就是使充电曲线尽可能地逼近最佳充电曲线。

（1）脉冲式充电法　该方法是首先用脉冲电流对电池充电，然后停充一段时间，再用脉冲电流对电池充电，如此循环，如图 3-13 所示。充电脉冲使蓄电池充满电量，而间歇期使蓄电池经化学反应产生的氧气和氢气有时间重新化合而被吸收掉，使浓差极化和欧姆极化自然而然地得到消除，从而减轻了蓄电池的内压，使下一轮的恒流充电能够更加顺利地进

行，使蓄电池可以吸收更多的电量。间歇脉冲使蓄电池有较充分的反应时间，减少了析气量，提高了蓄电池的充电电流接受率。

（2）Reflex TM 快速充电法　这种技术是美国的一项专利技术，早期主要面对的充电对象是镍镉电池。这种充电方法缓解了镍镉电池的记忆效应问题，并大大降低了蓄电池快速充电的时间。如图 3-14 所示，Reflex TM 充电法的一个工作周期包括正向充电脉冲、反向瞬间放电脉冲和停充维持三个阶段。与脉冲式充电相比，加入了负脉冲的思想。近年来这种充电方法在其他类型电池上的应用也大量开展，用于提高充电速度并降低充电过程中的极化。

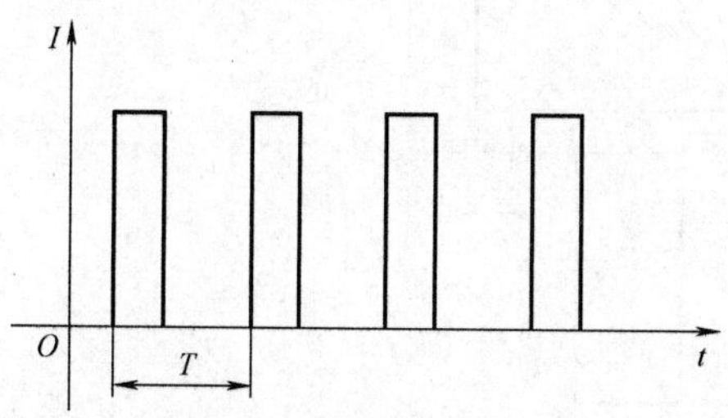

图 3-13　脉冲式充电曲线

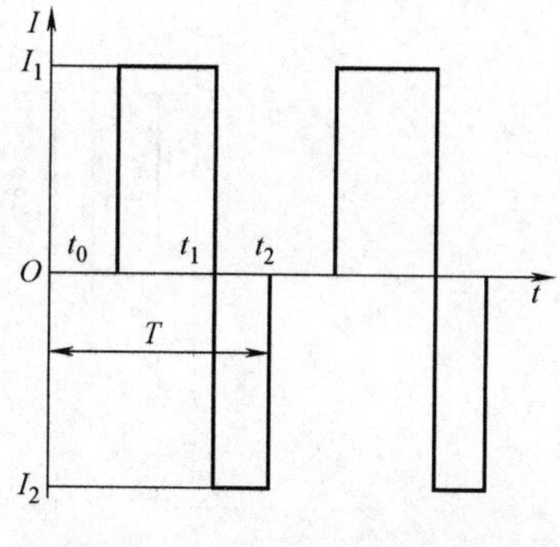

图 3-14　Reflex TM 快速充电曲线

（3）变电流间歇充电法　这种充电方法建立在恒流充电和脉冲充电的基础上，如图 3-15 所示。其特点是将恒流充电段改为限压变电流间歇充电段。充电前期的各段采用变电流间歇充电的方法，保证加大充电电流，获得绝大部分充电量。充电后期采用定电压充电段，获得过充电量，将电池恢复至完全充电状态。通过间歇停充，使蓄电池经化学反应产生的氧气和氢气有时间重新化合而被吸收掉，使浓差极化和欧姆极化自然而然地得到消除，从而减轻了蓄电池的内压，使下一轮的恒流充电能够更加顺利地进行，使蓄电池可以吸收更多的电量。

（4）变电压间歇充电法　在变电流间歇充电法的基础上又提出了变电压间歇充电法，如图 3-16 所示。变电压间歇充电法与变电流间歇充电法不同之处在于第一阶段的不是间歇恒流，而是间歇恒压。

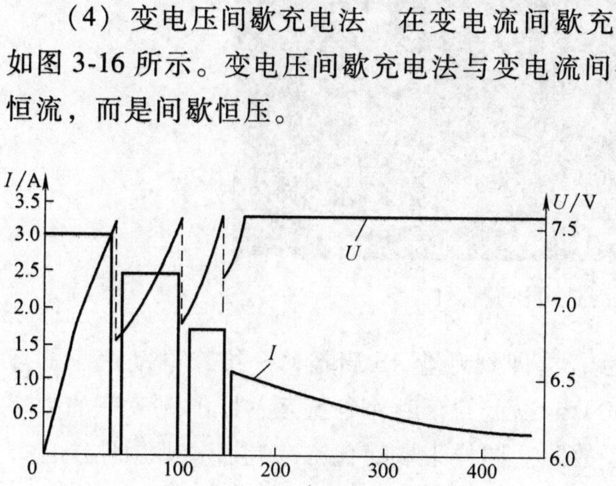

图 3-15　变电流间歇充电曲线

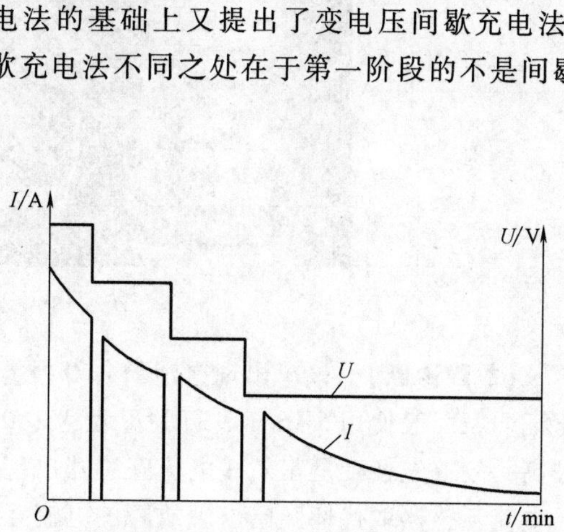

图 3-16　变电压间歇充电曲线

比较图 3-15 和图 3-16 可以看出，图 3-16 更加符合最佳充电的充电曲线；在每个恒电压充电阶段，充电电流自然按照指数规律下降，符合电池电流可接受率随着充电过程逐渐下降的特点。

（5）变电压、变电流波浪式间歇正负零脉冲快速充电法　该方法综合了脉冲充电法、

Reflex TM 快速充电法、变电流间歇充电法及变电压间歇充电法的优点，变电压、变电流波浪式间歇正负零脉冲快速充电法得到发展应用。脉冲充电法充电电路的控制一般有两种：

1）脉冲电流的幅值可变，而驱动充放电开关管（PWM）信号的频率是固定的。

2）脉冲电流幅值固定不变，PWM 信号的频率可调。

图 3-17 采用了一种不同于这两者的控制模式，脉冲电流幅值和 PWM 信号的频率均固定，PWM 占空比可调，在此基础上加入间歇停充阶段，能够在较短的时间内充进更多的电量，提高蓄电池的充电接受能力。

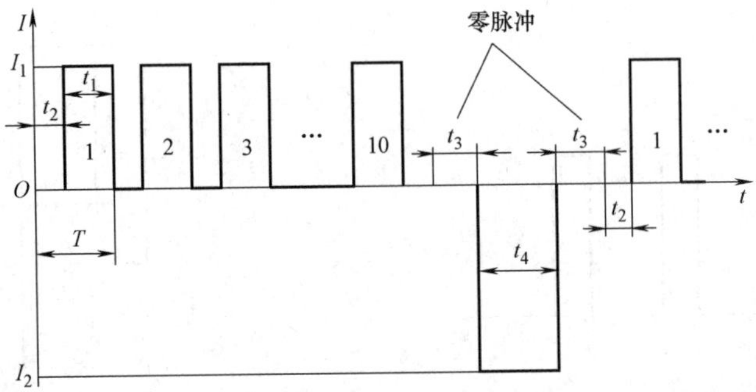

图 3-17　波浪式间歇正负零脉冲快速充电曲线

三、案例：比亚迪 F3DM 混合动力汽车红色电池灯报警

【故障现象】 一辆 2010 年购买的比亚迪 F3DM 混合动力汽车，已正常行驶五年，超过 100000km，在一次高速公路行驶途中，突然发现该车仪表板的显示屏有红色警告灯（图 3-18）。

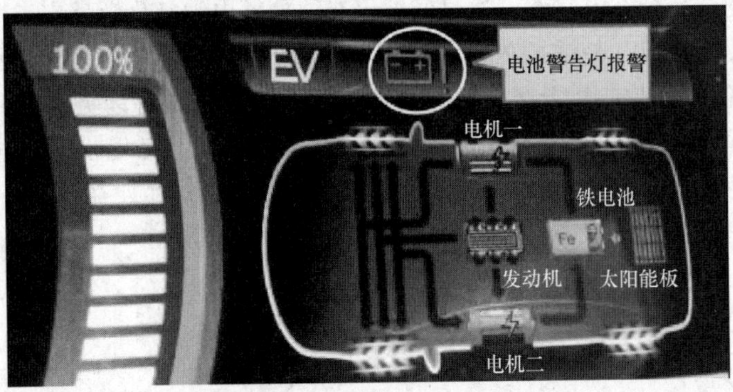

图 3-18　比亚迪电池警告灯

【故障诊断】 该车出现电池警告灯报警后，立即到专业 4S 店报修。维修电动汽车的经验证明，一般使用 5~6 年、行驶里程达 100000km 以上的车辆，电流互感器出现故障的频率较高，故首先怀疑是霍尔式电流互感器出现了故障。同样采取对比法来判断，即用性能良好的电流互感器取代怀疑已出现故障的电流互感器。

【故障排除】 将电动汽车上电后，动力电池就可给驱动电机正常供电，再没有出现电池警告灯报警，故障得以排除，车辆恢复正常，表示此故障是电流互感器损坏造成的。

【故障总结】 该车使用的直流电流互感器是霍尔式的，利用霍尔片状晶体按安培定律原理制成，是一种可直接检测动力电池工作电流的器件。检测电流对高压电池是极其重要的，电动汽车上多采取“磁平衡补偿式”霍尔电流传感器（图 3-19）。通过对比法和具体检测分析后，证实此传感器的运算放大器已损坏。这种传感器采用非接触式检测主电流，检测时不会影响被测电流的大小，也不消耗被测电源的功率，只需将被测的主电流导线空心穿过传感器磁环即可进行测量。

“磁平衡补偿式”霍尔电流传感器的工作原理如图 3-20 所示。传感器有一个带缺口的圆形磁心，所谓“磁平衡补偿式”是被测的主电流穿过圆形磁心时会在磁环上产生磁场。再利用绕在磁心上的多匝线圈，当补偿线圈通电电流 I_s 通过时会产生补偿线圈磁场。当主电流磁场与补偿线圈磁场这两个磁场大小相等方向相反时，在铁心的缺口处形成的合成磁场将相互抵消，结果合成磁场为零，可见次级的补偿电流安匝数在任何时间都与初级被测电流的安匝数相等。这时补偿绕组中的电流 I_s 正比于被测主电流 I_p，即可利用 I_s 检测 I_p 的大小。图中的运算放大器用于自动调节 I_s 大小。当补偿电流通过电阻 R 时，则会产生信号电压，这个信号电压能检测出主电流 I_p 的大小。

图 3-19　霍尔磁平衡式电流传感器

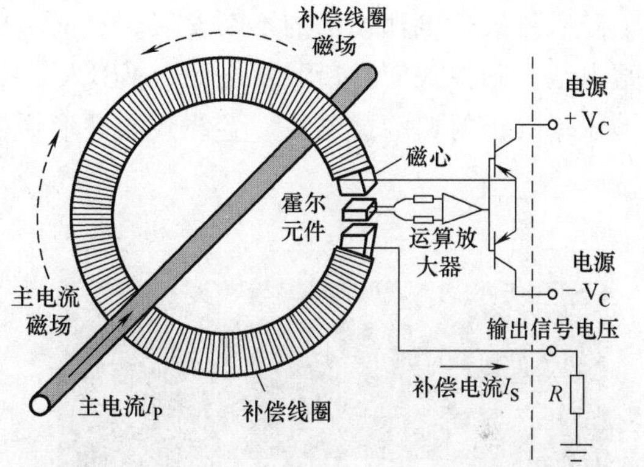

图 3-20　“磁平衡补偿式”霍尔电流传感器原理图

霍尔电流传感器能快速、精准地检测主电流的变化。电动汽车的起步或运行时，是依靠高压电池提供电能，向驱动电机输出电流以使汽车产生动力。当电动汽车工况不同时，行驶阻力会发生变化，车辆行驶时的电流常为 100～200A，起步瞬间可高达 1000A。与此同时，动力电池输出的主电流 I_p 也会快速变化，一旦“磁平衡补偿式”霍尔电流传感器的磁场平衡受到破坏，霍尔传感器立即有信号输出，会重新进行自动调节补偿，以达到新的平衡。这个平衡过程是极快的，从磁场失衡到再次平衡，所需的时间只需 1μs，完全可满足车辆行驶的快速变化对精准检测的要求。

霍尔式电流传感器与普通的传感器不同，需要输入一定的工作电压才能反映出所检测的工作电流值。所以霍尔式电流互感器上共有四条线：$+V_C$ 和 $-V_C$ 分别为+15V 及-15V，另有传感信号输出线和搭铁线。

第三节　铅酸动力电池

一、铅酸蓄电池的类型

根据铅酸蓄电池的作用可将其分为三种类型：起动式铅酸蓄电池（Starter Batteries）、牵引式铅酸蓄电池（Traction Batteries）、固定式铅酸蓄电池（Stationary Batteries）。这三类电池的性能差异见表 3-3。

表 3-3　三类电池性能差异

类型	常用容量/A·h	正极板	负极板	特　点
起动式铅酸蓄电池	5~200	涂膏式	涂膏式	比功率高、比能量高
牵引式铅酸蓄电池	40~1200	管状	涂膏式	可深度充放电
固定式铅酸蓄电池	40~5000	板状	涂膏式	比能量较低、自放电率小

上述三类铅酸蓄电池中，起动式铅酸蓄电池由于不能深度充放电，不能用于电动汽车的主电源，一般仅作为低压辅助电源使用；而固定式铅酸蓄电池虽然容量可以做到很大，但是比能量较低，体积和质量很大，不适合车用，一般仅用于不间断电源等位置相对固定的场合。牵引式铅酸蓄电池容量相对较大，可深度充放电，比能量较高，可用于电动汽车主动力电源。

随着铅酸蓄电池技术的不断发展，目前牵引式铅酸动力电池已有多种类型，如开口式铅酸蓄电池、阀控式密封铅酸蓄电池（VRLA）（图 3-21）、胶体蓄电池、双极性密封铅酸蓄电池、水平式密封铅酸蓄电池、卷绕式圆柱形铅酸蓄电池（图 3-22）、超级蓄电池等。

图 3-21　阀控式密封铅酸蓄电池

图 3-22　卷绕式圆柱形铅酸蓄电池

铅酸蓄电池作为电动汽车的动力源，虽有许多不足，但由于其技术成熟，可大电流放电，适用温度范围宽和无记忆效应等性能上的优点，以及原材料的易于获取和价格远低于镍氢和锂离子等高能电池，目前仍然是电动汽车中非常实用的动力电池。电动车辆上应用的铅酸蓄电池主要是 VRLA。

二、铅酸蓄电池的储能原理

铅酸蓄电池放电时的电化学反应被称为双硫化反应，正极成流反应为

$$PbO_2+3H^++HSO_4^-+2e^-\longrightarrow PbSO_4+2H_2O \tag{3-13}$$

负极成流反应为

$$Pb+HSO_4^-\longrightarrow PbSO_4+2e^-+H^+ \tag{3-14}$$

电池总反应

$$PbSO_4+Pb+2H_2SO_4\longrightarrow 2PbSO_4+2H_2O \tag{3-15}$$

在充电时，铅酸电池内部发生如下反应

$$PbSO_4-2e^-+2H_2O \longrightarrow PbO_2+2H^++H_2SO_4 \tag{3-16}$$

正极：

$$H_2O \longrightarrow 2H^++\frac{1}{2}O_2+2e^- \tag{3-17}$$

负极：

$$PbSO_4+2e^-+2H^+ \longrightarrow Pb+H_2SO_4 \tag{3-18}$$

$$2H^++2e^- \longrightarrow H_2 \tag{3-19}$$

其中，式（3-16）和式（3-18）是蓄电池的充电反应，而式（3-17）和式（3-19）则是电解水的副反应，图 3-23 为铅酸蓄电池反应原理。在充电过程中，可以根据两种反应的激烈程度将充电分为三个阶段：高效阶段、混合阶段和气体析出阶段。

（1）高效阶段　高效阶段的主要反应是 $PbSO_4$ 转换成为 Pb 和 PbO_2，充电接受率约为 100%。充电接受率是转化为电化学储备的电能与来自充电机输出端电能之比。这一阶段在电池电压达到 2.39V/单元（取决于温度和充电率）时结束。

（2）混合阶段　水的电解反应与主反应同时发生，充电接受率逐渐下降。当电池电压和酸液的浓度不再上升时，电池单元被认为是充满了。

（3）气体析出阶段　电池已充满，电池中进行水的电解和自放电反应。由于在密封的阀控免维护铅酸蓄电池中，具有氧循环的设计，即正极板上析出的氧在负极板上被还原重新生成水而消失，因此析气量很小，不需要补充水。

铅酸蓄电池的放电反应为上述过程的逆反应，在此不再赘述。

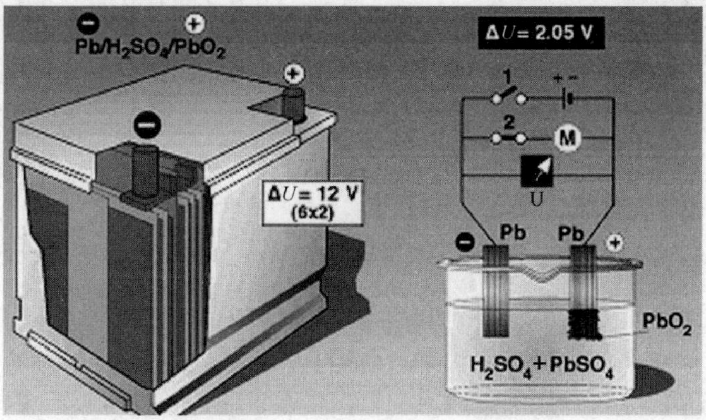

图 3-23　铅酸蓄电池反应原理

三、铅酸蓄电池的结构

铅酸蓄电池在外形上各异，但主要构成部件相似。阀控式密封铅酸蓄电池构造如图 3-24 所示。

正负极板是蓄电池的核心部件，是蓄电池的“心脏”，分为正极和负极。正极活性物质主要成分为二氧化铅，负极活性物质主要成分为铅。

隔板是由微孔橡胶、玻璃纤维等材料制成的，新型隔板由聚丙烯、聚乙烯等制成，其主要作用是防止正、负极板短路，使电解液中正、负离子顺利通过，延缓正、负极板活性物质的脱落，防止正、负极板因振动而损伤。因此，要求隔板孔率高、孔径小、耐酸、不分泌有害物质、在电解液中电阻小、具有化学稳定性。

电解液是蓄电池的重要组成部分，是由浓硫酸和净化水配置而成的，它的作用是传导电流和参加电化学反应。电解液的纯度和密度对电池容量和寿命有重要影响。

电池壳、盖是安装正、负极板和电解液的容器，应该耐酸、耐热、耐振。壳体多采用硬橡胶或聚丙烯塑料材料制成，为整体式结构，底部有凸起的肋条以搁置极板组。

排气栓一般由塑料材料制成，对电池起密封作用，阻止空气进入，防止极板氧化。同时可以将充电时电池内产生的气体排出电池，避免电池产生危险。

除上述部件外，铅酸蓄电池单体内还有连接条、极柱、液面指示器等零部件。

上述电池构造构成一个电池单体（Cell)。为了增加铅酸电池的容量，一般由多块极板组成极群，即多块正极板和多块负极板分别用连接条（汇流排）焊接在一起，共同组成电池（Battery)。传统内燃机汽车用的 12V 铅酸起动电池就是由六个独立的铅酸电池单体组成的。

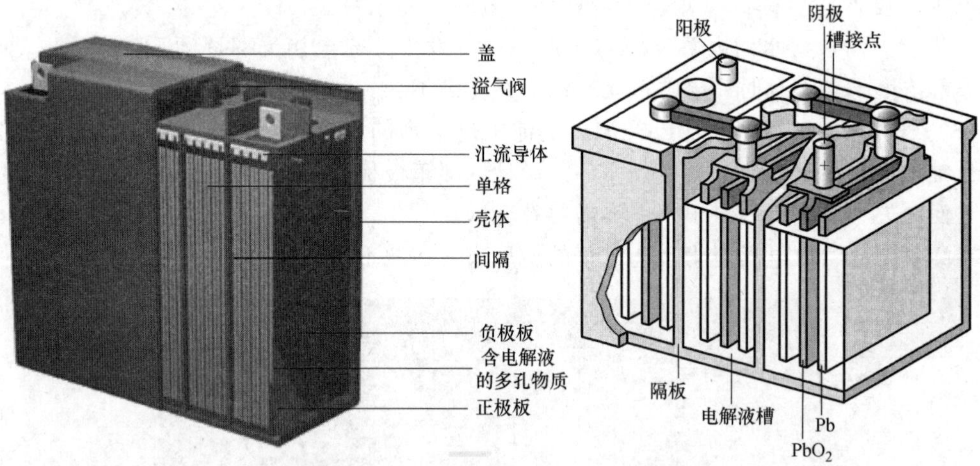

图 3-24　阀控式密封铅酸蓄电池构造

四、铅酸动力电池应用

铅酸蓄电池发明 100 多年来，广泛应用于人类生产和生活的各个方面。作为起动、点火、照明用电池，主要用于汽车、摩托车、内燃机车和电力机车；作为工业用铅酸蓄电池，主要用于邮电、通信、发电厂和变电所开关控制设备以及计算机备用电源等；阀控密封式铅酸蓄电池可用于应急灯、UPS、电信、广电、铁路和航标等；作为动力电池，主要用于电动汽车、高尔夫车、电动叉车等。

1. 电动自行车

铅酸电池尤其 VRLA 电池以其价格低、安全、铅的回收率高等优势，成为电动自行车和低速短途纯电动车的首选。

电动自行车应用 VRLA 电池在我国已经有十多年了，电池的制造技术和产品质量都有了巨大的提高。图 3-25 为采用 VRLA 电池的电动摩托车和电动自行车。

2. 电动牵引车

电动牵引车是制造工厂、物流中心等搬运产品的常用运输工具，主要采用富液管式铅酸蓄电池或胶体 VRLA 电池作为动力电源，具有无污染、无噪声的优点，尤其是在需要举升重

a)　　　　b)

图 3-25　采用 VRLA 电池的电动摩托车和电动自行车

a）电动摩托车　b）电动自行车

物时，铅酸动力电池还可以起到配重的作用。如图 3-26 所示为采用胶体铅酸蓄电池的电动牵引车。

图 3-26　胶体铅酸蓄电池及电动牵引车

3. 低速纯电动车

如图 3-27 所示的山东时风电动汽车，采用铅酸电池作为动力电源，所用的铅酸蓄电池容量为 260A · h，额定电压为 60V，由十块 GD04B 铅酸动力电池串联组成。

图 3-27　时风电动汽车

4. 纯电动乘用车

总部设在美国的先进铅酸电池联合会（ALABC）一直致力于铅酸蓄电池在 EV 和 HEV 上的应用研究，并取得突破性进展。采用铅酸动力电池作为电源的纯电动乘用车的典型代表是风靡一时的美国通用汽车公司（GM）的纯电动汽车 EV-1，该车在 1997 年推出，到 1999 年共制造 1117 辆。当时的 EV-1 的时速为 100km/h，一次充电的续驶里程为 112km，电池质量为 500kg，电池容量为 60A · h，售价为 33995 美元。1999 年还推出了第二代 EV-1，但由于种种原因，到 2004 年 GM 公司终止了 EV-1 计划。图 3-28 为 EV-1 电动车。

5. 电动大客车

株洲时代集团公司研发的 TEG6120EV-2 型电动大客车（图 3-29）采用水平铅酸蓄电池为动力电源，工作电压为 384V。该车最高车速为 70km/h，实际工况续驶里程达 90km，可承载 64 名乘客。

图 3-28 EV-1 电动车

图 3-29 TEG6120EV-2 型电动大客车

五、铅酸蓄电池的回收

随着社会各界对环境问题的重视，铅酸蓄电池中的硫酸以及铅、锑、砷、镍等重金属会对环境产生污染，这成为限制其发展和应用的一个重要因素。如铅主要作用于神经系统、造血系统、消化系统和肝、肾等器官，能抑制血红蛋白的合成代谢，还能直接作用于成熟红细胞，对婴幼儿的毒害很大，它将导致儿童身体发育迟缓，慢性铅中毒的儿童智力低下。

在铅酸蓄电池回收方面已经形成了完善的工艺，常用的有火法冶金、湿法冶炼、固相电解还原等方法。现在铅酸蓄电池处理中的核心问题是铅酸蓄电池的回收网络问题，需要建立从用户到回收厂的物流体系，使散落在用户的废旧铅酸蓄电池回流到回收厂。

第四节 碱性动力电池

碱性蓄电池是以氢氧化钾（KOH）等碱性水溶液为电解液的二次电池的总称。根据极板活性物质的材料不同，可分为锌银蓄电池、铁镍蓄电池、镍镉蓄电池等系列。一般情况下，电解液中的 KOH 不直接参与电极反应，这是碱性蓄电池有别于铅酸蓄电池的一大特点。相对于铅酸蓄电池，碱性蓄电池具有能量密度高、机械强度高、工作电压平稳、功率密度大的特点。

一、镍镉电池结构及储能原理

镍镉电池（Ni-Cd，Nickel-Cadmiun Battery）因其碱性氢氧化物中含有金属镍和镉而得名。镍镉电池结构及外形示意图如图 3-30 所示。

镍镉蓄电池的正极材料为球形氢氧化镍，充电时为 NiOOH，放电时为 Ni（$OH)_2$。负极材料为海绵状金属镉或氧化镉粉以及氧化铁粉，氧化铁粉的作用是使氧化镉粉有较高的扩散性，增加极板的容量。电解液通常为氢氧化钠或氢氧化钾溶液，为了增加蓄电池的容量和循环寿命，通常在电解液中加入少量的氢氧化锂（大约每升电解液加 15~20g）。充放电过程的反应如下：

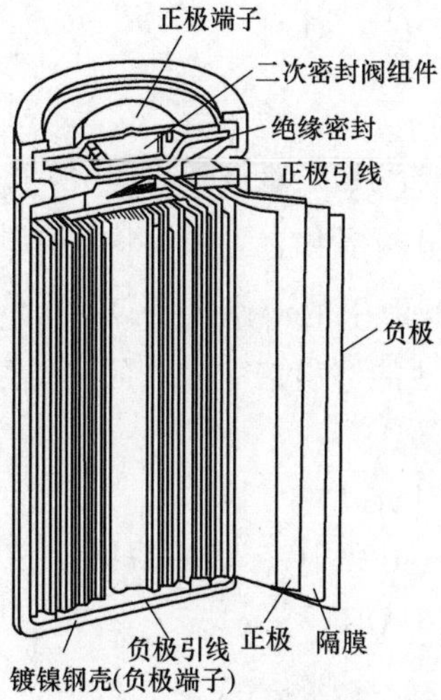

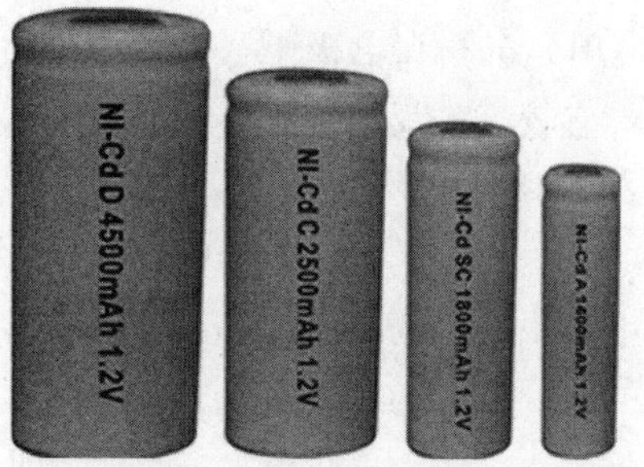

图 3-30 镍镉电池结构及外形示意图

正极充放电反应为

$$NiOOH+H_2O+e^- \underset{\text{充电}}{\overset{\text{放电}}{\rightleftharpoons}} Ni(OH)_2+OH^- \tag{3-20}$$

负极充放电反应为

$$Cd+2OH^- -2e^- \underset{\text{充电}}{\overset{\text{放电}}{\rightleftharpoons}} Cd(OH)_2 \tag{3-21}$$

电池总反应为

$$Cd+2NiOOH+2H_2O \underset{\text{充电}}{\overset{\text{放电}}{\rightleftharpoons}} Cd(OH)_2+2Ni(OH)_2 \tag{3-22}$$

1. 镍电极反应机理

镍电极充电时，首先是电极中 Ni（OH）$_2$颗粒表面的 Ni^{2+}失去电子成为 Ni^{3+}，电子通过正极中的导电网络和集流体向外电路转移；同时 Ni（OH）$_2$颗粒表面晶格 OH^-中的 H^+通过界面双电层进入溶液，与溶液中的 OH^-结合生成 H_2O。上述反应先是发生在 Ni（OH）$_2$颗粒的表面层，使得表面层中质子 H^+浓度降低，而颗粒内部仍保持较高浓度的 H^+。由于浓度梯度，H^+从颗粒内部向表面层扩散。

镍电极充电时，由于质子 H^+在 NiOOH/Ni（OH）$_2$，颗粒中扩散系数小，颗粒表面的质子浓度降低，在极限情况下会降低到零，这时表面层中的 NiOOH 几乎全部转化为 NiO_2。电极电势不断升高，反应如下：

$$NiOOH+OH^- \longrightarrow NiO_2+H_2O+e^- \tag{3-23}$$

由于电极电势的升高，导致溶液中的 OH^-被氧化，发生如下反应：

$$4OH^- -4e^- \longrightarrow O_2\uparrow +2H_2O \tag{3-24}$$

因此，在充电过程中，镍电极上会有 O_2 析出，但这并不表示充电过程已全部完成。通常情况下，在充电不久时镍电极就会开始析氧，这是镍电极的一个特点。在极限情况下，表面层中生成的 NiO_2 并非以单独的结构存在于电极中，而是掺杂在 NiOOH 晶格中。NiO_2 不稳定，会发生分解，析出氧气。

$$2NiO_2+H_2O \longrightarrow 2NiOOH+\frac{1}{2}O_2\uparrow \tag{3-25}$$

2. 镉电极的反应机理

镍镉电池的负极活性物质是海绵状金属镉，放电产物是难溶于 KOH 溶液的 $Cd(OH)_2$。镉电极的放电反应机理是溶解-沉积机理，放电时 Cd 被氧化，生成 $Cd(OH)_3^-$ 进入溶液，然后再形成 $Cd(OH)_2$ 沉积在电极上。$Cd(OH)_3^-$ 在碱液中的溶解度为 9×10^{-5} mol/L，该浓度可以使镉电极具有较高的反应速率，这也是镍镉电池能够高倍率放电的主要原因。电极的放电机理为首先发生 OH^- 的吸附：

$$Cd+OH^- \longrightarrow Cd\text{-}OH_{吸附}+e^- \tag{3-26}$$

随着电板电势不断升高，镉进一步氧化，生成 $Cd(OH)_3^-$ 进入溶液：

$$Cd\text{-}OH_{吸附}+2OH^- \longrightarrow Cd(OH)_3^-+2e^- \tag{3-27}$$

当界面溶液中 $Cd(OH)_3^-$ 过饱和时，$Cd(OH)_2$ 就沉积析出：

$$Cd(OH)_3^- \longrightarrow Cd(OH)_2\downarrow+OH^- \tag{3-28}$$

生成的 $Cd(OH)_2$ 附着在电极表面上，形成疏松多孔的 $Cd(OH)_2$，有利于溶液中的 OH^- 继续向电极内部扩散，使内部的海绵状镉也通过溶解沉积过程转化为 $Cd(OH)_2$，实现内部活性物质的放电。

二、镍氢电池结构及储能原理

镍氢（MH-Ni）电池是在 Ni-Cd 电池的基础上发展起来的，相对于镍镉电池，其最大的优点是环境友好，不存在重金属污染。民用镍氢电池又是以航天用高压镍氢电池为基础，由于高压镍氢电池采用高压氢，而且还需要用贵金属作催化剂，这就很难为民用所接受。自 20 世纪 70 年代中期，研究者开始探索民用的低压氢镍电池。镍氢电池于 1988 年进入实用化阶段，1990 年在日本开始规模生产。

目前，以储氢合金为负极材料的镍氢电池能满足混合动力电动汽车所要求的高能量、高功率、长寿命和足够宽的工作温度范围要求，成为电动汽车动力电池市场的主流产品，同时该类电池也已经广泛地应用在电子工具、电动自行车等日常生活用品上。

1. 镍氢电池结构

镍氢电池由如图 3-31 所示的几个部分构成，包括以镍的储氢合金为主要材料的负极板、具有保液能力和良好透气性的隔膜、碱性电解液、金属壳体、具有自动密封功能的安全阀及其他部件。图示的圆柱形电池，采用被隔膜相互隔离开的正、负极板，它们呈螺旋状卷绕在壳体内，壳体用盖帽进行密封，在壳体和盖帽之间用绝缘材质的密封圈隔开。

作为镍氢电池负极板的储氢合金，顾名思义就是可以储存氢气的合金。氢是化学周期表内最小、最活泼的元素，不同的金属元素与氢有着不同的亲和力，将与氢之间有强亲和力的 A 金属元素与另一与氢有弱亲和力的 B 金属元素依一定比例熔成 A_xB_y 合金，若 A_xB_y 合金内 A 原子与 B 原子排列得非常规则，且介于 A 原子与 B 原子间的空隙也排列得很规则，则这些空隙很容易让氢原子进出。当氢原子进入后形成 $A_xB_yH_z$ 的三元合金，也就是 A_xB_y 的氢化物，此 A_xB_y 合金（主要包括 AB、A_2B、AB_2、AB_3、AB_5、A_2B_7）即称为储氢合金。

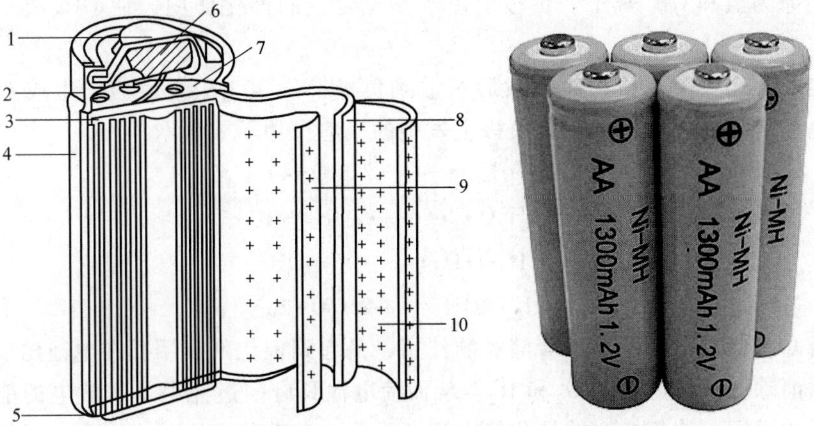

图 3-31　镍氢电池结构及外形

1—正极盖帽（+）　2—胶圈　3—集流体　4—电池钢壳（-）　5—底部绝缘片　6—安全防爆孔　7—顶部绝缘片　8—隔膜纸　9—镍正极片　10—金属氢化物负极片

储氢合金在进行吸氢/放氢化学反应（可逆反应）的过程中，也伴随着放热/吸热的热反应（可逆反应），同时也产生充电/放电的电化学反应（可逆反应）。具有实用价值的储氢合金应该具有储氢量大、容易活化、吸氢/放氢的化学反应速率快、使用寿命长及成本低廉等特性。目前常见的储氢合金主要为 AB_5 型（如 $NaNi_5$、$CaNi_5$）、AB_2 型（如 $MgZn_2$、$ZrNi_2$）、AB 型（如 TiNi、TiFe）、A_2B 型（如 Mg_2Ni、Ca_2Fe）几种。

2. 镍氢电池工作原理

镍氢电池正极的活性物质为 NiOOH（放电时）和 $Ni(OH)_2$（充电时），负极板的活性物质为 H_2（放电时）和 H_2O（充电时），电解液采用 30% 的氢氧化钾溶液，电化学反应如下：

负极反应式
$$xH_2O+M+xe^- \underset{放电}{\overset{充电}{\rightleftharpoons}} xOH^-+MH_x \tag{3-29}$$

正极反应式
$$Ni(OH)_2+OH^- \underset{放电}{\overset{充电}{\rightleftharpoons}} NiOOH+H_2O+e^- \tag{3-30}$$

电池反应式
$$xNi(OH)_2+M \underset{放电}{\overset{充电}{\rightleftharpoons}} xNiOOH+MH_x \tag{3-31}$$

从反应式也可以看出，镍氢电池的反应与镍镉电池相似，只是负极充、放电过程中生成物不同。从反应式也可以看出，镍氢电池在充、放电过程中，正、负极上在进行电化学反应时不生成任何中间态的可溶性金属离子，也没有电解液中的任何组分消耗和生成，因而镍氢电池可以做成密封型结构。镍氢电池的电解液多采用 KOH 水溶液，并加入少量的 LiOH。隔膜采用多孔维尼龙无纺布或尼龙无纺布等。

为了防止充电过程后期电池内压过高，电池中装有防爆装置。圆柱形密封镍氢电池的结构如图 3-31 所示。当镍氢电池过充电时，金属壳内的气体压力将逐渐上升。当该压力达到一定数值后，顶盖上的限压安全排气孔打开，因此，可以避免电池因气体压力过大而爆炸。

镍氢电池放电时，正极上 NiOOH 得到电子还原成为 $Ni(OH)_2$，负极金属氢化物

（MH_x）内部的氢原子扩散到表面形成吸附态氢原子，接着再发生电化学反应生成水和储氢合金。在镍氢电池出现过放电时，正极活性物质中的 NiOOH 已经消耗完了，这时正极上的水分子被还原为氢和 OH^- 离子。负极上由于储氢合金的催化作用，使 OH^- 离子与氢反应又生成水。

过充电时，正极上会析出氧，然后扩散到负极上发生去极化反应，生成 OH^- 离子。在电池过充电和过放电过程中，正、负极上发生的反应可用下式表示

正极：过充电析出氧　　$4OH^- \longrightarrow O_2+2H_2O+4e^-$　　(3-32)

　　　过放电析出氢　　$2H_2O+2e^- \longrightarrow 2OH^-+H_2$　　(3-33)

负极：过充电消耗氧　　$2H_2O+O_2+4e^- \longrightarrow 4OH^-$　　(3-34)

　　　过放电消耗氢　　$H_2+2OH^- \longrightarrow 2H_2O+2e^-$　　(3-35)

由此可知，储氢合金既承担着储氢的作用，又起到催化剂作用，在电池出现过充和过放电时，可以消除由正极产生的 O_2 和 H_2。从而使电池具有耐过充电、过放电的能力。但随着充放电循环的进行，储氢合金的催化能力逐渐退化，电池的内压就会上升，最终导致电池漏液失效。

三、碱性动力电池的应用

最早的碱性蓄电池是瑞典的 W · Jungner 于 1899 年发明的镍镉电池（Cd-Ni）和爱迪生 1901 年发明的镍铁电池（Fe-Ni）。20 世纪 70~80 年代，碱性蓄电池中的镍镉蓄电池曾用作电动车辆的动力电池。但随着新技术的发展以及人们对金属镉造成的环境危害和人体健康危害的认识，其使用量逐年减少，以欧盟、美国为主的工业国家，已经出台法规或相关法律禁止镍镉电池的生产和应用。1984 年，荷兰飞利浦公司成功研制出 $LaNi_5$ 储氢合金用于制造镍氢电池（MH-Ni），随后，镍氢电池的研究取得了丰硕成果。镍氢电池与镍镉电池电压平台相同，在充放电特性方面相似，并且对环境友好，因此镍氢电池成为取代镍镉电池的理想产品。20 世纪 90 年代开始，镍氢电池成为二次电池市场的主流产品，在多种电子产品上广泛应用，并成为混合动力电池汽车的主流动力电源。目前，丰田公司的 Prius 混合动力汽车和本田公司的 Civic 混合动力汽车就是采用镍氢动力电池。

四、镍氢动力电池在电动汽车上的应用

由于镍氢电池满足混合动力电动汽车高功率密度的要求，该类电池目前在混合动力电动汽车尤其是在日系车型中应用广泛，如丰田凯美瑞混合动力车、普锐斯、雷克萨斯 CT200、本田思域等。福特公司推出的 Escape 混合动力汽车也采用了额定电压在 300V 左右的镍氢电池组。

如图 3-32 所示，丰田普锐斯混合动力汽车采用镍氢电池作为动力电源。普锐斯的 HV 蓄电池采用的就是 288V、6.5A · h 的镍氢动力电池，如图 3-32 中的数字“1”所指的位置。该电池组可以通过发电机和电动机实现充放电，且输出功率大、质量轻、寿命长、耐久性好。丰田凯美瑞混合

图 3-32　普锐斯混合动力汽车内部结构图

1—HV 蓄电池　2—无级变速系统

3—发动机　4—动力控制单元

动力汽车的镍氢电池组在整车的布置如图 3-33 所示。

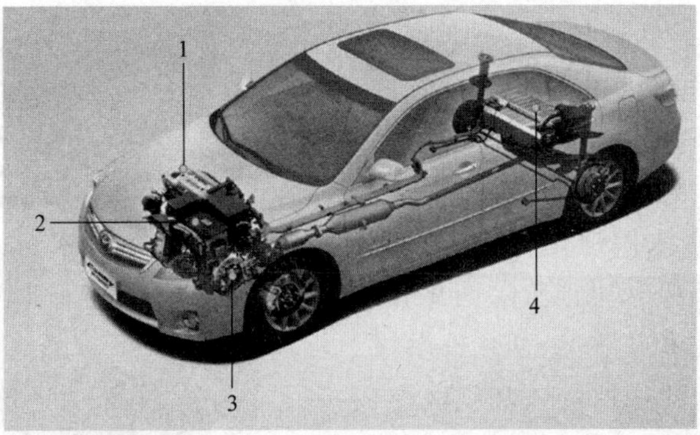

图 3-33　丰田凯美瑞混合动力汽车的镍氢电池组在车内的布置示意图

1—阿特金森循环发动机　2—可变电压控制系统 & 直流/交流逆变器系统

3—同步交流永磁式电动机 & 同步交流型发电机　4—高功率 HV 镍氢蓄电池

新途锐混合动力汽车采用镍氢电池作为动力电源，如图 3-34 所示。新途锐混合动力车型是大众汽车旗下第一款采用了电驱动技术的车型。途锐混合动力通过结合电力驱动、车辆滑行、能量回收和起动-停车系统四个方面的技术，使重达 2.3t 的 SUV 在城市路况的燃油效率较同级别车型提高了 25%，在城市、高速公路和乡间的综合路况，平均油耗则降低了 17%。

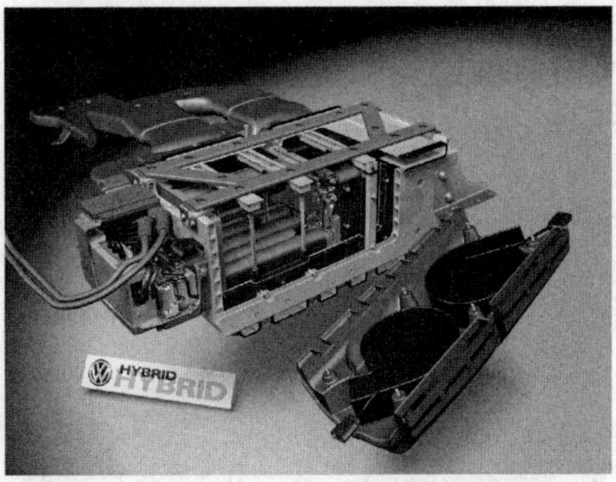

图 3-34　新途锐混合动力汽车采用的镍氢电池

电驱动：发动机关闭，车辆完全以电力驱动前行（最高时速 50km/h），实现了零排放，并且不消耗燃油。

车辆滑行：驾驶人完全放开加速踏板，在离合装置的控制下，V6 TSI 发动机与变速器完全脱离，避免了不必要的摩擦损耗，以最小的能耗使车辆滑行距离更长。

能量回收：在制动或减速过程中，电机转换为发电机，将多余能量回收，存储于高压蓄电池中。

起动-停车：车辆制动停止，发动机自动关闭；再次踩踏加速踏板，车辆起动前行。在拥堵的城市路况，节油效果明显。

第五节　锂离子动力电池

一、锂离子动力电池的类型

根据锂离子电池所用电解质材料不同，锂离子电池可以分为液态锂离子电池（Liquefied Lithium-Ion Battery，LIB）和聚合物锂离子电池（Polymer Lithium-Ion Battery，PLB）两大类。主要区别在于电解质不同，液态锂离子电池使用的是液体电解质，而聚合物锂离子电池则以聚合物电解质来代替。不论是液态锂离子电池还是聚合物锂离子电池，它们所用的正负极材料都是相同的，工作原理也基本一致，其外形如图 3-35 所示。

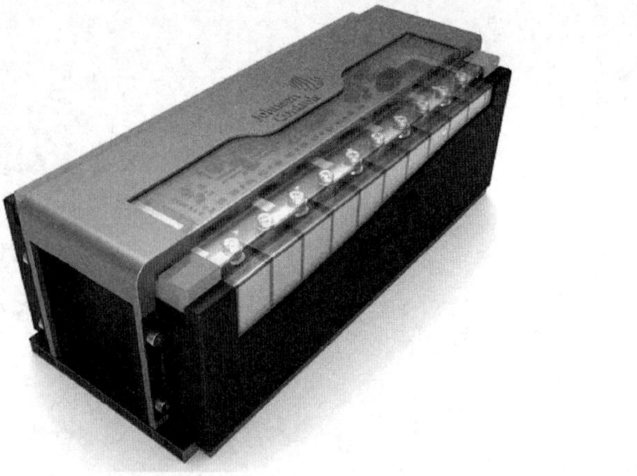

图 3-35 锂离子动力电池外形

二、锂离子动力电池的工作原理

在原理上锂离子电池实际是一种锂离子浓差电池，正、负电极由两种不同的锂离子嵌入化合物组成，正极采用锂化合物 $LiCoO_2$、$LiNiO_2$ 或 $LiMn_2O_4$，负极采用锂碳层间化合物 LiC_6，电解质为 $LiPF_6$ 和 $LiAsF_6$ 等有机溶液。经过 Li^+ 在正负电极间的往返嵌入和脱嵌形成电池的充电和放电过程。充电时，Li^+ 从正极脱嵌经过电解质嵌入负极，负极处于富锂态，正极处于贫锂态，同时电子的补偿电荷从外电路供给到碳负极，保持负极的电平衡。放电时则相反，Li^+ 从负极脱嵌，经过电解质嵌入到正极，正极处于富锂态，负极处于贫锂态。正常充放电情况下，锂离子在层状结构的碳材料和层状结构氧化物的层间嵌入和脱出，一般只引起层面间距的变化，不破坏晶体结构；在放电过程中，负极材料的化学结构基本不变。因此，从充放电的可逆性看，锂离子电池反应是一种理想的可逆反应。锂离子电池的电极反应表达式如下。

正极反应式：

$$LiMO_2 \longrightarrow Li_{1-x}MO_2 + xLi^+ + xe \tag{3-36}$$

负极反应式：

$$nC + xLi^+ + xe \longrightarrow Li_xC_n \tag{3-37}$$

电池反应式：

$$LiMO_2 + nC \longrightarrow Li_{1-x}MO_2 + Li_xC_n \tag{3-38}$$

式中 M——Co、Ni、W、Mn 等金属元素。

图 3-36 是钴酸锂离子电池工作原理，其他类型锂离子电池与此类似。

三、锂离子电池正极材料

锂离子二次电池正极材料是具有能使锂离子较为容易地嵌入和脱出，并能同时保持结构稳定的一类化合物——嵌入式化合物。目前，被用来作为电极材料的嵌入式化合物均为过渡金属氧化物。充放电循环过程中，锂离子会在金属氧化物的电极上进行反复的嵌入和脱出反应，因此，金属氧化物结构内氧的排列和其稳定性是电极材料的一个重要指标。

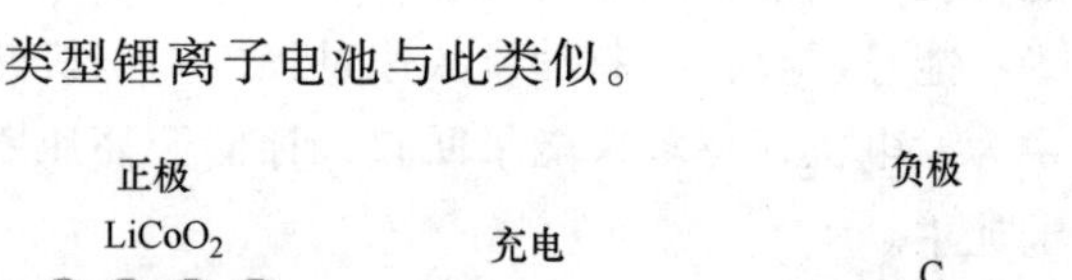

图 3-36 钴酸锂离子电池工作原理

作为嵌入式电极材料的金属氧化物，依其空间结构的不同可分为以下三种类型。

1. 层状化合物

层状正极材料中研究比较成熟的是钴酸锂（$LiCoO_2$）和镍酸锂（$LiNiO_2$）。层状 $LiCoO_2$ 结构示意图如图 3-37 所示。

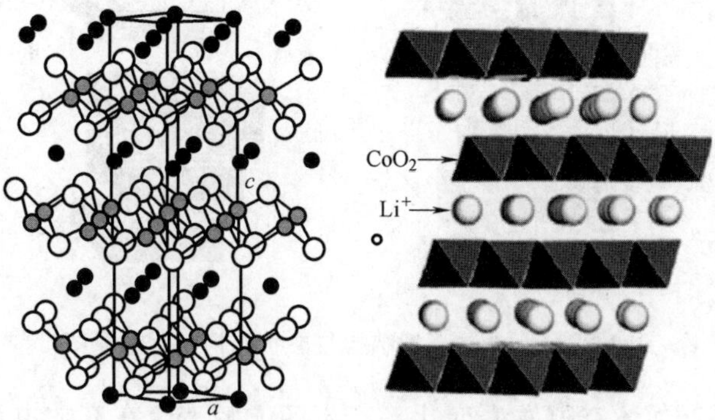

图 3-37 层状 $LiCoO_2$ 的结构示意图

（1）$LiCoO_2$ $LiCoO_2$是最早用于商品化二次锂离子电池的正极材料。在充放电过程中，$LiCoO_2$发生从三方晶系到单斜晶系的可逆相变，但这种变化只伴随很少的晶胞参数变化，因此，$LiCoO_2$具有良好的可逆性和循环充放性能。

尽管 $LiCoO_2$具有放电电压高、性能稳定、易于合成等优点。但钴资源稀少，价格较高，并且有毒，污染环境。目前主要应用在手机、笔记本等中小容量消费类电子产品中。

（2）$LiNiO_2$ 镍与钴的性质非常相近，而价格却比钴低很多，并且对环境污染较小。$LiNiO_2$比较常用的制备方法也是高温固相法，即锂盐与镍盐混合在 700~850℃经固相反应而成。目前 $LiNiO_2$电池的最大放电容量为 150mA · h/g，比 $LiCoO_2$的最大放电容量稍大，工作电压范围为 2.5~4.1V，因此，$LiNiO_2$被视为锂离子电池中最有前途的正极材料之一。

尽管 $LiNiO_2$作为锂离子电池的正极材料有较多优点，但仍有不足之处。主要是由于在制备三方晶系 $LiNiO_2$ 时容易产生立方晶系的 $LiNiO_2$，特别是当反应温度大于 900℃ 时，$LiNiO_2$将由三方晶系全部转化为立方晶系，而在非水电解质溶液中，立方晶系的 $LiNiO_2$没有电化学活性。此缺点可以通过改进 $LiNiO_2$的制备方法来解决，如通过软化学合成方法来降低反应温度，以抑制立方 $LiNiO_2$的生成。同时，可采用掺杂的方法（常用的掺杂元素有 Ti、Al、Co、Ca 等）进行改性，抑制在充放电过程中发生的相转变，以进一步提高 $LiNiO_2$的热稳定性和电化学性能。

2. 尖晶石型结构

$LiMn_2O_4$是尖晶石型嵌锂化合物中的典型代表。Mn 元素在自然界中含量丰富，价格便宜，毒性远小于过渡金属 Co、Ni 等。理论放电容量 148mA · h/g，实际放电容量是 110~120mA · h/g。尖晶石型 $LiMn_2O_4$常用的制备方法是熔融浸渍法。此法是把锂盐与锰盐混合均匀，然后加热至锂盐的熔点，利用 MnO_2 的微孔毛细作用使熔融的锂盐充分渗透到 MnO_2 的微孔中，这样反应物之间的接触面积大大增加，提高了产物的均匀性，并加快了固相反应的反应速率。尖晶石型结构与层状的结构对比示意图如图 3-38 所示。

$LiMn_2O_4$的主要缺点是电极的循环容量容易迅速衰减，造成循环容量衰减的原因主要如下：

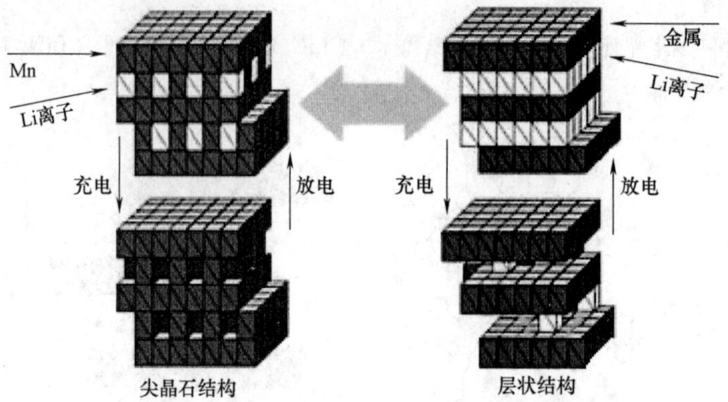

图 3-38 尖晶石型结构与层状结构对比示意图

1）$LiMn_2O_4$的正八面体空隙发生变化，产生四方畸变，在充放电过程中，在电极表面易形成稳定性较差的四方相 $LiMn_2O_4$。

2）$LiMn_2O_4$中的锰易溶解于电解液中而造成流失。

3）电极极化引起内阻增大等，如何克服 $LiMn_2O_4$电极循环容量下降是目前研究 $LiMn_2O_4$中的焦点。利用掺杂金属离子（如 Cr、Fe、Zn、Mg 等）来稳定 $LiMn_2O_4$的尖晶石结构是目前解决其循环容量衰减的最有效方法之一。

目前，锰酸锂离子电池已经大量应用在示范运营的电动汽车上。2008 年北京奥运期间运行的纯电动客车、2010 年上海世博会的部分电动客车就采用了单体 90A · h 的锰酸锂锂离子电池。日产公司推出的 Leaf 纯电动汽车（图 3-39）、三菱公司推出的 i-MiEV 纯电动汽车均采用了该类型锂离子动力电池。

3. 橄榄石型结构

$LiFePO_4$在自然界以磷铁锂矿的形式存在，属于橄榄石型结构（图 3-40）。$LiFePO_4$实际最大放电容量可高达 165mA · h/g，非常接近其理论容量，工作电压范围为 3.2V 左右。并且 $LiFePO_4$中的强共价键作用使其在充放电过程中能保持晶体结构的高度稳定性，因此具有比其他正极材料更高的安全性能和更长的循环寿命。另外，$LiFePO_4$有原材料来源广泛、价格低廉、无环境污染、比容量高等优点，使其成为现阶段各国竞相研究的热点之一。

图 3-39 日产 Leaf

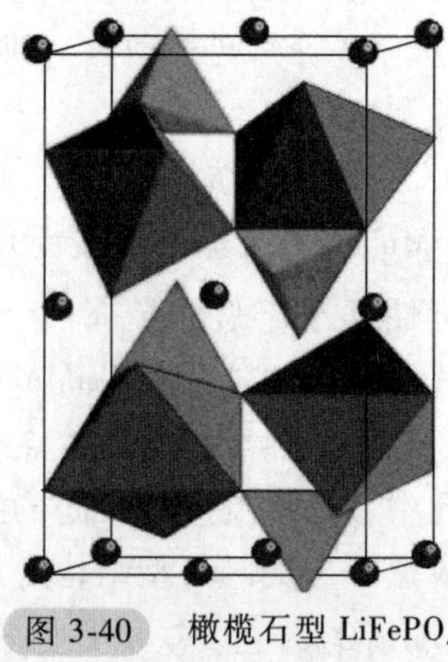

图 3-40 橄榄石型 $LiFePO_4$ 的结构示意图

$LiFePO_4$正极材料常用的合成方法有高温固相法和水热法等。高温固相法工艺简单，易实现产业化，但产物粒径不易控制，形貌也不规则，并且在合成过程中需要惰性气体保护。水热法可以在水热条件下直接合成 $LiFePO_4$，由于氧气在水热体系中的溶解度很小，所以水热合成不再需要惰性气体保护，而且产物的粒径和形貌易于控制。目前，$LiFePO_4$正极材料的缺点主要是低电导率问题，有效的改进方法主要有表面包覆碳膜法和掺杂法。$LiFePO_4$磷酸铁锂电池的内部结构示意如图 3-41 所示。

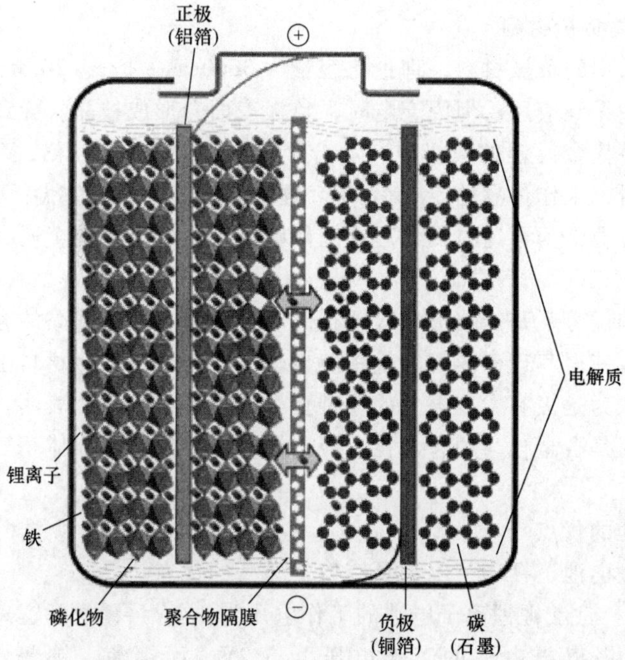

图 3-41　$LiFePO_4$磷酸铁锂电池的内部结构示意

现在，国内建设的大型锂离子动力电池生产厂，如杭州万向、天津力神等，均以该类型电池的产业化为主要目标。在国内装车示范的电动汽车中，该类型电池也已经成为主流产品之一。

四、锂离子电池负极材料

负极材料是决定锂离子电池综合性能优劣的关键因素之一，比容量高、容量衰减率小、安全性能好是对负极材料的基本要求。

1. 碳材料

碳材料是目前商品化的锂离子电池应用最为广泛的负极材料。碳负极材料包括石墨材料、无定型碳。其中石墨又分为天然石墨、人造石墨和石墨化碳；无定型碳分为硬碳和软碳。石墨是锂离子电池碳材料中应用最早、研究最多的一种，其具有完整的层状晶体结构。石墨的层状结构，有利于锂离子的脱嵌，能与锂形成锂-石墨层间化合物，其理论最大放电容量为 372mA · h/g，充放电效率通常在 90% 以上。锂在石墨中的脱嵌反应主要发生在 0 ~ 0.25V（相对于 Li^+/Li），具有良好的充放电电压平台，与提供锂源的正极材料匹配性较好，所组成的电池平均输出电压高，是一种性能较好的锂离子电池负极材料。

2. 氧化物负极材料

氧化物是当前人们研究的另一种负极材料体系，包括金属氧化物、金属基复合氧化物和其他氧化物。前两者虽具有较高理论比容量，但因从氧化物中置换金属单质消耗了大量锂而导致巨大容量损失，抵消了高容量的优点；$Li_4Ti_5O_{12}$具有尖晶石结构，充放电曲线平坦，放电容量为150mA·h/g，具有非常好的耐过充、过放特征，充放电过程中晶体结构几乎无变化（零应变材料），循环寿命长，充放电效率近100%，目前在储能型锂离子电池中有所应用。

3. 金属及合金类负极材料

金属锂是最先采用的负极材料，理论比容量为3860mA·h/g。20世纪70年代中期，金属锂在商业化电池中得到应用。但因充电时，负极表面会形成枝晶，导致电池短路，于是人们开始寻找一种能替代金属锂的负极材料。合金负极材料是研究得较多的新型负极材料体系，有关锂合金的研究工作最早始于1958年。锂能与许多金属在室温下形成金属间化合物，由于锂合金形成反应通常为可逆，因此理论上能够与锂形成合金的金属都能够作为锂离子电池的负极材料。

金属合金最大的优势就是能够形成含锂很高的锂合金，具有很高的容量密度，相比碳材料，合金较大的密度使得其理论体积容量密度也较大。同时，合金材料由于加工性能好、导电性好等优点，被认为是极有发展潜力的一种负极材料。目前研究表明，锂合金负极材料的充放电机理实质上就是合金化与脱合金化反应，该过程导致的巨大体积变化是目前亟待解决的问题。

五、锂离子电池的优点

相对于其他类型电池，锂离子电池具有以下显著的优点。

1）工作电压高。钴酸锂锂离子电池的工作电压为3.6V，锰酸锂锂离子电池的工作电压为3.7V，磷酸铁锂锂离子电池的工作电压为3.2V，而镍氢、镍镉电池的工作电压仅为1.2V。

2）能量密度高。锂离子电池正极材料的理论能量密度可达200W·h/kg以上，实际应用中由于不可逆容量损失，能量密度通常低于这个数值，但也可达140W·h/kg，该数值仍为镍镉电池的三倍，镍氢电池的1.5倍。

3）循环寿命长。目前，锂离子电池在深度放电情况下，循环次数可达1000次以上；在低放电深度条件下，循环次数可达上万次，其性能远远优于其他同类电池。

4）自放电小。锂离子电池自放电率仅为总电容量的5%~9%，大大缓解了传统的二次电池放置时由自放电所引起的电能损失问题。

5）无记忆效应。

6）环保性高。传统的铅酸电池、镍镉电池甚至镍氢电池废弃可能造成环境污染，而锂离子电池中不包含汞、铅、镉等有害元素，是真正意义上的绿色电池。

六、锂离子动力电池的应用状况

随着移动电子设备的迅速发展和能源需求的不断增大，人们对锂离子电池的需求也越来越大。锂离子电池的高容量、适中的电压、广泛的来源以及其循环寿命长、成本低、性能好、对环境无污染等特点，决定了它不仅可以应用于移动通信工具，还可能成为现在正迅速发展的电动汽车的动力电源。锂离子电池的使用类别见表3-4。

表 3-4 锂离子电池的使用类别

电池类别	应用领域	特点	电池性能要求
便携式电器电池(高能量)	小型电器、信息、通信、办公、教学、数字娱乐	电器更新快、2~3 年寿命周期、恒功率工作,对电池倍率性能、工作温度、成本、循环性能要求不高	电池能量密度高于 150W·h/kg,100% DOD 200~300 次
储能电池(长寿命)	小型储能电源、UPS、太阳能、燃料电池、风力发电等分散式独立电源系统储能	对电池功率和能量密度要求不高,体积和质量要求相对较低	0~20 年使用寿命,免维护,性能稳定,价格低,较好的温度特性和较低的自放电率
动力电池(高功率)	各种电动车辆、电动工具、大功率器具	高功率密度、高安全性、低成本,对温度特性、自放电方面也有较高要求	目前水平:800~1500W/kg,目标 2000W/kg 以上
微型电器	无线传感器、微型无人机、植入式医疗装置、智能芯片、微型机器人、集成电路	电器维护困难,对稳定性、寿命要求很高	要求寿命长,稳定性好

(1) 在便携式电器方面的应用 目前移动电话、笔记本电脑、微型摄像机等需要便携式电源的用电器已经成为人们生活中不可缺少的一部分。其电源，无一例外地选择锂离子电池作为市场的主流。据统计，手机产量每年近 21 亿部，每年生产笔记本电脑约 1.5 亿台，形成了庞大的锂离子电池应用市场。在此领域，钴酸锂、锰酸锂锂离子电池占有主导地位。

(2) 在交通行业的应用 随着社会文明的进步，人们环保意识提高并对环境要求日益高涨，环保的交通工具已经进入人们的视野。目前，我国以电动自行车为主的电动轻型车呈现出蓬勃发展的趋势，锂离子动力电池已开始在部分高端车型应用，在电动汽车开发方面，锂离子动力电池已经成为主流。在国内，众多汽车研制和生产企业开发的电动汽车半数以上车型采用了锂离子电池，并有逐步扩大的趋势。国际上，已经宣布进入市场销售的纯电动汽车和插电式混合动力汽车，如日产公司的 Leaf、三菱公司的 i-MiEV 以及通用公司的 Volt 均采用了锂离子电池系统。

(3) 在军事装备及航空航天事业中的应用 在军事装备中，锂离子电池主要用做动力起动电源、无线通信电台电源、微型无人驾驶侦察飞机动力电源等，此外，诸如激光瞄准器、夜视器、飞行员救生电台电源、船示位标电源等现在也普遍采用锂离子电池。在航天领域，锂离子电池已经用于地球同步轨道卫星和低轨道通信卫星，作为发射和飞行中校正、地面操作的动力。

(4) 在其他行业中锂离子电池的应用 由于自身的结构特点和特殊的工作原理，决定了其原材料丰富、环保、比容量高、循环性能和安全性能好等特点，在医疗行业（例如，助听器、心脏起搏器等）、石化行业（例如，采油动力负荷调整）、电力行业（例如，储能电源）等均具有广阔的应用前景。在追求能源绿色化的今天，具有更加重要的意义。

七、锂离子电池在电动汽车上的应用实例

1. 日产 Leaf

2009 年 8 月 2 日，日产汽车公司日前首次公开展示了世界第一款经济型零排放汽车——日产 Leaf（图 3-42）。日产 Leaf 是一款五座掀背两厢电动汽车，配备了先进的由锂离子电池驱动的车辆底盘，其巡航里程 160km 以上，可以充分满足消费者在实际生活中的驾驶需求。

该车采用层叠式紧凑型锂离子电池供电，电池容量为 24kW · h，位于车辆底部、座椅下方，输出功率为 90kW（以上），能量密度为 140W · h/kg，功率密度为 2.5kW/kg，电池单元数量为 48 个，50kW 直流快速充电（0~80%）只需不到 30min，家庭 200V 交流充电则需 8h。该车最高车速为 120km/h，续驶里程为 230km。

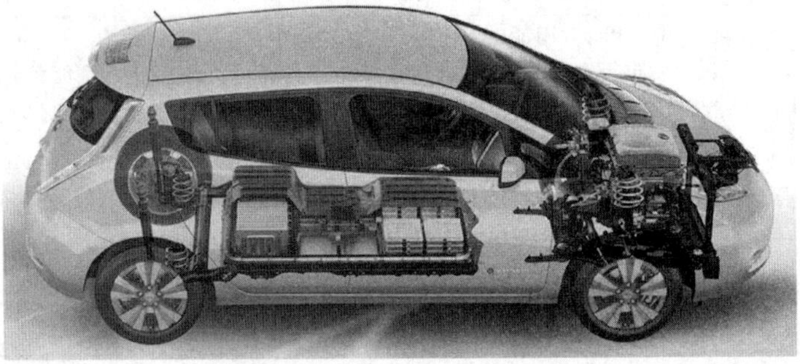

图 3-42 日产 Leaf 电动汽车

2. 三菱 i-MiEV

三菱汽车公司的 i-MiEV 电动汽车于 2010 年开始销售，其结构如图 3-43 所示。三菱 i-MiEV搭载一台 47kW 的电动机，由一组 330V/16kW · h 锂电池提供动力，最高车速为 130km/h，续驶里程可达为 130km 以上。这组锂电池可以利用家用电源进行充电，每次充电时间约为 7h，为了缩短过长的充电时间，电力公司推出了一个快充套装，只需 35min 就可以充满电池 80%的电量。

3. 雪佛兰沃蓝达（VOLT）

雪佛兰沃蓝达（VOLT）（图 3-44）被称为 Extended-Range Electric Vehicle，即增程式电动汽车。它通过一个质量为 181.4kg（400lb）的 16kW · h 的 T 型锂离子电池组来储存电能，该电池组由多个相连的电池模块构成，总共包含 200 多个电池单元。仅使用电力来驱动车轮时，最多可以行驶 40mile。在发动机带动发电机发电并给蓄电池充电的情况下，该车可以行驶数百英里，在家庭中可以用 120V 或 240V 的电源为其充电。

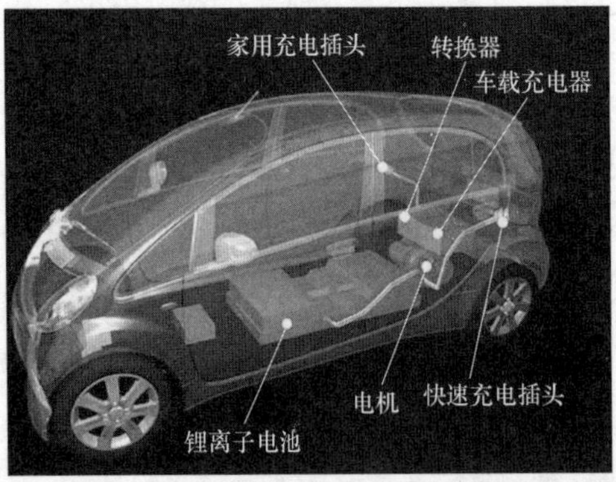

图 3-43 三菱 i-MiEV 电动汽车结构

图 3-44 雪佛兰沃蓝达（VOLT）

八、锂离子电池的失效机理

理想的锂离子电池，除了锂离子在正负极之间嵌入和脱出外，不发生其他副反应，不出现锂离子的不可逆消耗。实际上，锂离子电池中每时每刻都有副反应存在，也有活性物质不可逆的消耗。如电解液分解、活性物质溶解、金属锂沉积等，只不过程度不同而已。实际电池系统的每次循环中，任何能够产生或消耗锂离子或电子的副反应，都可能导致电池容量平衡的改变。一旦电池的容量平衡发生改变，这种改变就是不可逆的，并且可以通过多次循环进行累积，对电池性能产生严重影响。造成锂离子电池容量衰退的原因主要如下：

1）正极材料的溶解。以尖晶石 $LiMn_2O_4$为例，Mn 的溶解是引起 $LiMn_2O_4$可逆容量衰减的主要原因。Mn 的溶解沉积造成正极活性物质减少；溶解的 Mn 游离到负极时会造成负极 SEI 膜的不稳定，被破坏的 SEI 膜再形成时会消耗锂离子，造成锂离子的减少。Mn 的溶解是尖晶石 $LiMn_2O_4$锂离子电池容量衰减的重要原因，这一点学术界已经基本达成共识，但是对于 Mn 的溶解机理却存在多种不同的解释。

2）正极材料的相变化。一般认为，锂离子的正常脱嵌反应总是伴随着宿主结构摩尔体积的变化，引起结构的膨胀与收缩，导致氧八面体偏离球对称性并成为变形的八面体构型。这种现象叫做 Jahn-Teller 效应（或 J-T 效应）。在 $LiMn_2O_4$电池中，J-T 效应所导致的尖晶石型结构不可逆转变，也是容量衰减的主要原因之一。J-T 效应多发生在过放电阶段，在起始材料中加入过量的锂、掺杂 Ni、Co、Al 等阳离子或者 S 等阴离子可以有效地抑制 J-T 效应。

3）电解液的分解。锂离子电池中常用的电解液主要包括由各种有机碳酸酯（如 PC、EC、DMC、DEC 等）的混合物组成的溶剂，以及由锂盐（如 $LiPF_6$、$LiClO_4$、$LiAsF_6$等）组成的电解质。在充电的条件下，电解液对含碳电极具有不稳定性，故会发生还原反应，电解液还原消耗了电解质及其溶剂，对电池容量及循环寿命产生不良影响。

4）过充电造成的容量损失。电池若过充电，会造成负极锂的沉积、电解液的氧化以及正极氧的损失。这些副反应或者消耗了活性物质，或者产生不溶物质堵塞电极孔隙，或者正极氧损失导致高电压区的 J-T 效应，这些都会导致电池容量衰减。

5）自放电。锂离子电池的自放电所导致的容量损失大部分是可逆的，只有一小部分是不可逆的。造成不可逆自放电的原因主要有锂离子的损失（形成不可溶的 Li_2CO_3等物质），电解液氧化产物堵塞电极微孔，造成内阻增大等。

6）界面膜（SEI）的形成。因界面膜的形成而损失的锂离子将导致两极间容量平衡的改变，在最初的几次循环中就会使电池的容量下降。另外，界面膜的形成使得部分石墨粒子和整个电极发生隔离而失去活性，也会造成容量的损失。

7）集流体。锂离子电池中的集流体材料常用铜和铝，两者都容易发生腐蚀，集流体的腐蚀会导致电内阻增加，从而造成容量损失。

第四章

电动汽车电池管理系统

电池管理系统（Battery Management System，BMS）是用来对蓄电池组进行安全监控及有效管理，提高蓄电池使用效率的装置。对于电动车辆而言，通过该系统对电池组充放电的有效控制，可以达到增加续驶里程，延长使用寿命，降低运行成本的目的，并保证动力电池组应用的安全性和可靠性。电池管理系统已经成为电动汽车不可缺少的核心部件之一。

第一节　电池管理系统功能及参数采集

一、电池管理系统的功能

早期的电池管理系统仅仅进行电池一次参数（电压、电流、温度等）的测量采集，之后发展到二次参数（SOC、内阻）的测量和预测，并根据极端参数进行电池状态预警。现阶段，电池管理系统除完成数据测量和预警功能外，还通过数据总线直接参与车辆状态的控制。

在功能上，电池管理系统主要包括：数据采集、电池状态计算、能量管理、安全管理、热管理、均衡控制、通信功能和人机接口。图 4-1 为电池管理系统功能示意。

（1）数据采集　电池管理系统的所有算法都是以采集的动力电池数据作为输入，采样速率、精度和前置滤波特性是影响电池系统性能的重要指标。电动汽车电池管理系统的采样速率一般要求大于 200Hz（50ms）。

（2）电池状态计算　电池状态计算包括电池组荷电状态（State Of Charge，SOC）和电池组健康状态（State Of Health，SOH）两方面。SOC 是用来提示动力电池组剩余电量，是计算和估计电动汽车续驶里程的基础。SOH 是用来提示电池技术状态，预计可用寿命等健康状态的参数。

（3）能量管理　能量管理主要包括以电流、电压、温度、SOC 和 SOH 为输入进行充电过程控制，以 SOC、SOH 和温度等参数为条件进行放电功率控制两个部分。

（4）安全管理　监视电池电压、电流、温度是否超过正常范围，防止电池组过充电、过放电。现在，在对电池组进行整组监控的同时，多数电池管理系统已经发展到对极端单体电池进行过充电、过放电、过热等安全状态管理。

（5）热管理　在电池工作温度超高时进行冷却，低于适宜工作温度下限时进行电池加热，使电池处于适宜的工作温度范围内，并在电池工作过程中总保持电池单体间温度均衡。对于大功率放电和高温条件下使用的电池，电池的热管理尤为必要。

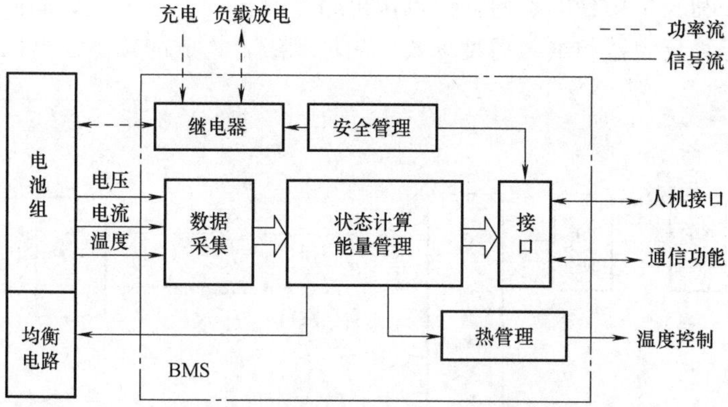

图 4-1　电池管理系统功能示意

（6）均衡控制　由于电池的一致性差异导致电池组的工作状态是由最差电池单体决定的。在电池组各个电池之间设置均衡电路，实施均衡控制是为了使各单体电池充放电的工作情况尽量一致，提高整体电池组的工作性能。

（7）通信功能　通过电池管理系统实现电池参数和信息与车载设备或非车载设备的通信，为充放电控制、整车控制提供数据依据是电池管理系统的重要功能之一，根据应用需要，数据交换可采用不同的通信接口，如模拟信号、PWM 信号、CAN 总线或 I^2C 串行接口。

（8）人机接口　根据设计的需要设置显示信息以及控制按键、旋钮等。

电池管理系统的主要工作原理可简单归纳为，数据采集电路采集电池状态信息数据后，由电子控制单元（ECU）进行数据处理和分析，然后电池管理系统根据分析结果对系统内的相关功能模块发出控制指令，并向外界传递参数信息。

二、单体电压采集方法

采集方法中电池单体电压采集是动力电池组管理系统中的重要一环，其性能好坏或精度高低决定了系统对电池状态信息判断的准确程度，并进一步影响了后续的控制策略能否有效实施。常用的单体电压采集方法有五种。

（1）继电器阵列法　图 4-2 所示为基于继电器阵列法的电池电压采集电路原理框图，由继电器阵列、A/D 转换芯片、光耦、多路模拟开关等组成。如果需要测量 n 块串联成组电池的端电压，就需要将 $n+1$ 根导线引入电池组中各节点。当测量第 m 块电池的端电压时，单片机发出相应的控制信号，通过多路模拟开关、光耦和继电器驱动电路选择相应的继电器，将第 m 和 $m+1$ 根导线引入到 A/D 转换芯片。通常开关器件的电阻都比较小，配合分压电路之后，由于开关器件的电阻所引起的误差几乎可以忽略不计，而且整个电路结构简单，只有分压电阻和模数转换芯片还有电压基准的精度能够影响最终结果的精度，通常电阻和芯片的误差都可以做得很小。所以，在所需要测量的电池单体电压较高而且对精度要求也高的场合最适合使用继电器阵列法。

（2）恒流源法　恒流源电路进行电池电压采集的基本原理是，在不使用转换电阻的前提下，将电池端电压转化为与之呈线性变化关系的电流信号，以此提高系统的抗干扰能力。在串联电池组中，由于电池端电压（电池组相邻两节点间的电压差）存在，故要求恒流源电路具有很好的共模抑制能力，一般在设计过程中多选用集成运算放大器来达到此种目的。

出于设计思路和应用场合的不同，恒流源电路会有多种不同形式，如图 4-3 所示即为其中一种，它是由运算放大器和绝缘栅型场效应晶体管组合构成的减法运算恒流源电路。

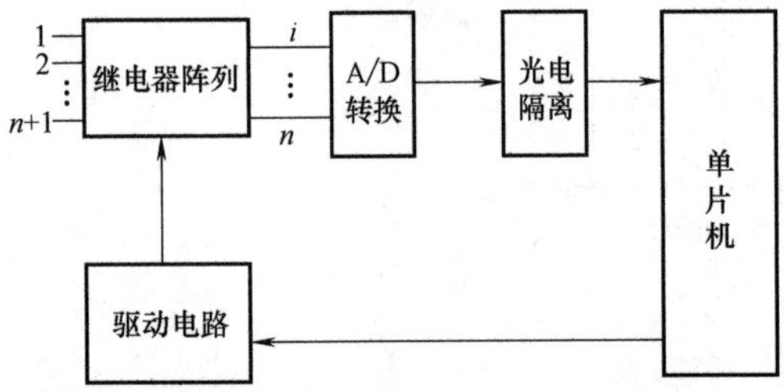

图 4-2　基于继电器阵列法的电池电压采集电路原理框图

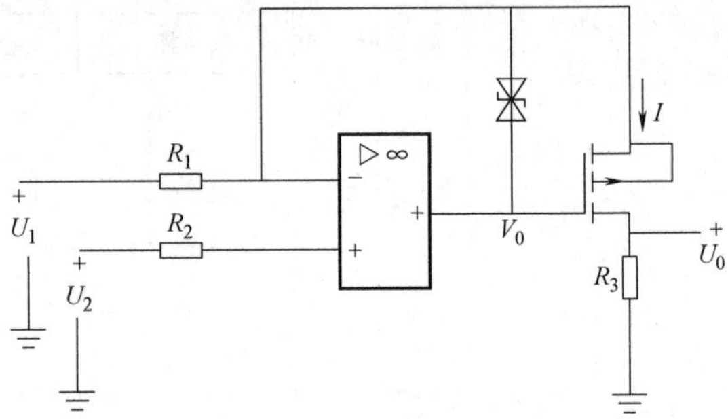

图 4-3　运算放大器和场效应晶体管组合构成的减法运算恒流源电路

由运算放大器的结构可知，该电路是具有高开环放大倍数并带有深度负反馈的多级直接耦合放大电路，其输入级采用差动放大电路，并集成在同一硅片上，故两者的性能匹配非常好，且中间级具有很高的放大能力。由差动电路原理可知，这种电路具有很强的共模信号抑制能力，所以在用运算放大器对电池组的单体电压进行测量时，由于高的共模抑制性和放大能力，测量精度将会得到提高。

绝缘栅型场效应晶体管是利用输入回路的电场效应来控制输出回路电流的一种半导体器件，当其工作在可变电阻区时，输出量漏极电流 I 与输入量漏源电压 U_{dS} 呈线性关系，且管子的栅源间阻抗很高，造成的漏电流很小，而漏源间导通电阻很小，造成的导通压降很低。

（3）隔离运放采集法　隔离运算放大器是一种能够对模拟信号进行电气隔离的电子元件，广泛用作工业过程控制中的隔离器和各种电源设备中的隔离介质。一般由输入和输出两部分组成，二者单独供电，并以隔离层划分，信号经输入部分调制处理后经过隔离层，再由输出部分解调复现。隔离运算放大器非常适合应用于电池单体电压采集电路中，它能将输入的电池端电压信号与电路隔离，从而避免了外界干扰而使系统采集精度提高，可靠性增强。

（4）压/频转换电路采集法　当利用压频（U/f）转换电路实现电池单体电压采集功能时，压/频变换器的应用是关键，它是把电压信号转换为频率信号的元件，具有良好的精度、线性度和积分输入等特点。

如图 4-4 所示为压/频转换器 LM331 用作高精度压/频转换的电路原理图，LM331 是美国 FS 公司生产的高性价比集成 U/f 芯片，它采用了新的温度补偿能隙基准电路，在整个工作温度范围以内和电源电压低到 4.0V 都有极高的精度。

该采集方法中，电压信号直接被转换为频率信号，随即就可以进入单片机的计数器端口进行处理，而不需 A/D 转换。此外，为了配合压/频转换电路在电池单体电压采集系统中的应用，相应选择电路和运算放大电路也需加以设计，以实现多路采集的功能。这种方法所涉及的元件比较少，但是压控振荡器中含有电容器，而电容器的相对误差一般都比较大，而且电容越大相对误差也越大。

（5）线性光耦合放大电路采集法　基于线性光耦合器件的电池单体电压采集电路实现了信号采集端和处理端之间的隔离，从而提高了电路的稳定性与抗干扰能力。

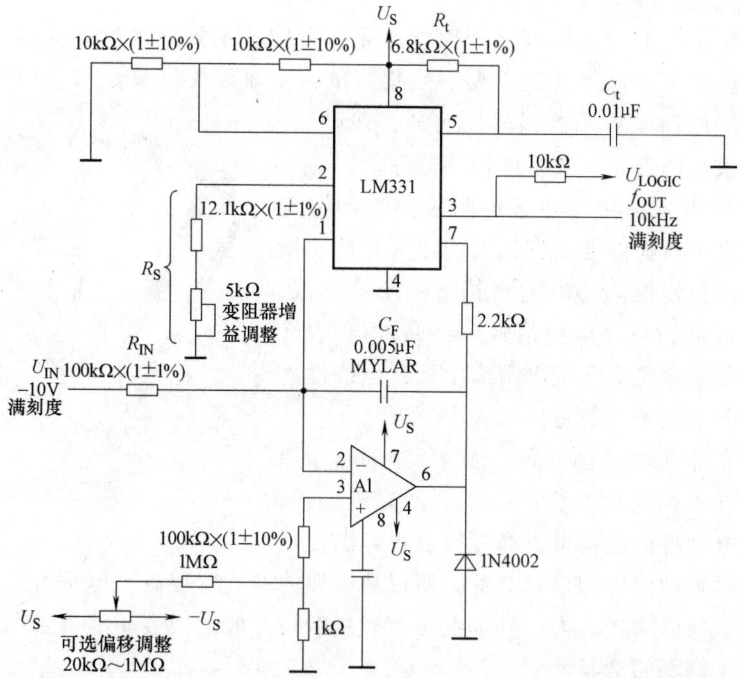

$$f_{OUT}=\frac{-U_{IN}}{2.09V}\cdot\frac{R_S}{R_{IN}}\cdot\frac{1}{R_tC_t}$$

图 4-4　压/频转换器 LM331 用作高精度压/频转换的电路原理图

图 4-5 中线性光耦 TIL300 由一个利用红外 LED 照射而分叉配置的隔离反馈光二极管和一个输出光二极管组成，并采用特殊工艺技术来补偿 LED 时间和温度特性的非线性，使输出信号与 LED 发出的伺服光通量呈线性比例。TIL300 具有 3500V 的峰值隔离度，带宽大于 200kHz，适合直流与交流信号的隔离放大，并且输出增益稳定度为±0.05%/℃。从图中不难看出，电池单体电压值（即 U_1与 U_2之差）经运算放大器 A_1后被转化为电流信号 I_{P1}并流过线性光耦 TIL300，经光电隔离后输出与 I_{P1}呈线性关系的电流量 I_{P2}，再由运算放大器 A_2转化为电压值得以进行 A/D 转换并完成采集。值得注意的是，线性光耦两端需要使用不同的独立电源，在图中分别标示为 $1V_{CC+}$和 $2V_{CC+}$。可见，线性光耦合放大电路不仅具有很强的隔离能力和抗干扰能力，还使模拟信号在传输过程中保持了较好的线性度，因此可以与继电器阵列或选通电路配合应用于多路采集系统中，但其电路相对较复杂，影响精度的因素较多。

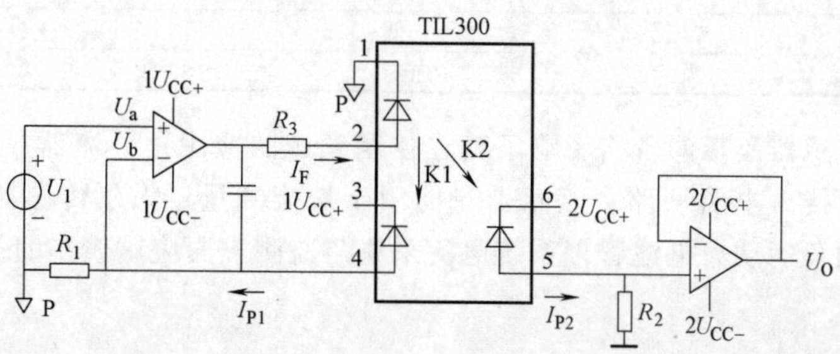

图 4-5　基于线性光耦合元件 TIL300 的电池单体电压采集电路原理图

三、电池温度采集方法

电池的工作温度不仅影响电池的性能，而且直接关系到电动汽车使用的安全问题，因此，准确采集温度参数显得尤为重要。采集温度并不难，关键是如何选择合适的温度传感器。目前，使用的温度传感器很多，比如，热电偶、热敏电阻、热敏晶体管、集成温度传感器等。

(1) 热敏电阻采集法　热敏电阻采集法的原理是利用热敏电阻阻值随温度的变化而变化的特性，用一个定值电阻和热敏电阻串联起来构成一个分压器，从而把温度的高低转化为电压信号，再通过模/数转换得到温度的数字信息。热敏电阻成本低，但线性度不好，而且，制造误差一般也比较大。

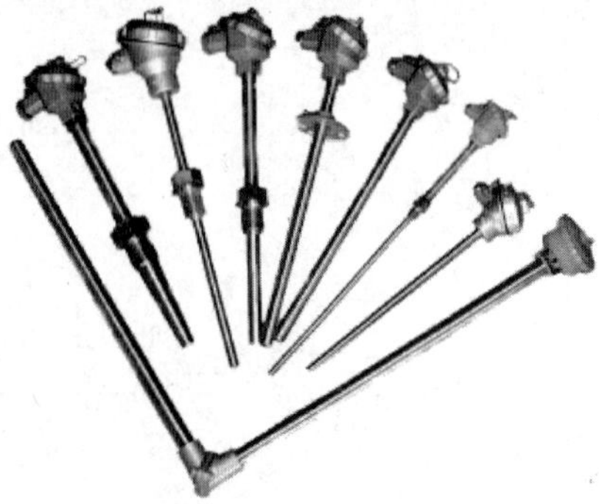

图 4-6　热电偶

(2) 热电偶采集法　热电偶（图 4-6）的作用原理是双金属体在不同温度下会产生不同的热电动势，通过采集这个电动势的值就可以通过查表得到温度的值。由于热电动势的值仅和材料有关，所以热电偶的准确度很高。但是由于热电动势都是毫伏等级的信号，所以需要放大，外部电路比较复杂。一般来说金属的熔点都比较高，所以热电偶一般都用于高温的测量。

(3) 集成温度传感器采集法　由于温度的测量在日常生产、生活中用得越来越多，所以半导体生产商们都推出了很多集成温度传感器。这些温度传感器虽然很多都是基于热敏电阻式的，但都在生产的过程中进行校正后，精度可以媲美热电偶，而且直接输出数字量，很适合在数字系统中使用。

四、电池工作电流采集方法

常用的电流检测方式有分流器、互感器、霍尔元件电流传感器和光纤传感器等，各种方式的特点见表 4-1。

表 4-1　各种电流检测方式特点

项目	分流器	互感器	霍尔元件电流传感器	光纤传感器
插入损耗	有	无	无	无
布置形式	需插入主电路	开孔、导线传入	开孔、导线传入	—
测量对象	直流、交流、脉冲	交流	直流、交流、脉冲	直流、交流
电气隔离	无隔离	隔离	隔离	隔离
使用方便性	小信号放大、需控制处理	使用较简单	使用简单	—
使用场合	小电流、控制测量	交流测量、电网监控	控制测量	高压测量，电力系统常用
价格	较低	低	较高	高
普及程度	普及	普及	较普及	未普及

其中，光纤传感器昂贵的价格影响了其在控制领域的应用；分流器成本低、频响应好，但使用麻烦，必须接入电流回路；互感器只能用于交流测量；霍尔传感器性能好，使用方便。目前，在电动车辆动力电池管理系统电流采集与监测方面应用较多的是分流器和霍尔传感器。

五、烟雾采集方法

在车辆行驶过程中，由于路况复杂及电池本身的工艺问题，可能由于过热、挤压和碰撞等原因而导致电池出现冒烟或着火等极端恶劣的事故，若不能及时发现并得到有效处理，势必导致事故的进一步扩大，对周围电池、车辆以及车上人员构成威胁，严重影响车辆运行的安全性。为防患于未然，近年来烟雾检测被引入电池管理系统的监测中，并越来越受到重视。

烟雾传感器种类繁多，从检测原理上可以分为三大类：

① 利用物理、化学性质的烟雾传感器，如半导体烟雾传感器、接触燃烧烟雾传感器等。

② 利用物理性质的烟雾传感器，如热导烟雾传感器、光干涉烟雾传感器、红外传感器等。

③ 利用电化学性质的烟雾传感器，如电流型烟雾传感器、电势型气体传感器等。

由于烟雾的种类繁多，一种类型的烟雾传感器不可能检测所有的气体，通常只能检测某一种或两种特定性质的烟雾。例如，氧化物半导体烟雾传感器主要检测各种还原性烟雾，如 CO、H_2、C_2H_5OH、CH_3OH 等；固体电解质烟雾传感器主要用于检测无机烟雾，如 O_2、CO_2、H_2、Cl_2、SO_2等。

在动力电池上应用，需要在了解电池燃烧产生的烟雾构成的基础上进行传感器的选择。一般电池燃烧产生大量的 CO 和 CO_2，因此，可以选择对这两种气体敏感的传感器。在传感器的结构上，需要适应于车辆长期的振动工况，防止由于路面灰尘、振动引起的传感器误动作。

动力电池管理系统中烟雾报警的报警装置应安装于驾驶人控制台，在接收到报警信号时，迅速发出声光报警和故障定位，保证驾驶人能够及时发现，能接收报警器发出的报警信号。

例如，以北京理工大学为主开发的奥运电动客车中应用的电池系统烟雾报警系统，报警传感器采用 9V 碱性或碳性电池供电，保证其 24 小时都能正常工作。报警信号采用车上 24V 蓄电池电源，该路电源单独供应，保证了报警系统工作的独立性。分散的报警器通过内部的烟尘传感器检测烟尘浓度。当烟尘浓度未达到限量时，报警器内部控制器控制继电器输出为开路；当烟尘浓度超过限量时，报警器内部控制器控制继电器输出为短路，将+24V 电源迅速引入显示板，与显示板上的−24V 电源形成报警回路，发出声光报警信号。该系统结构如图 4-7 所示。

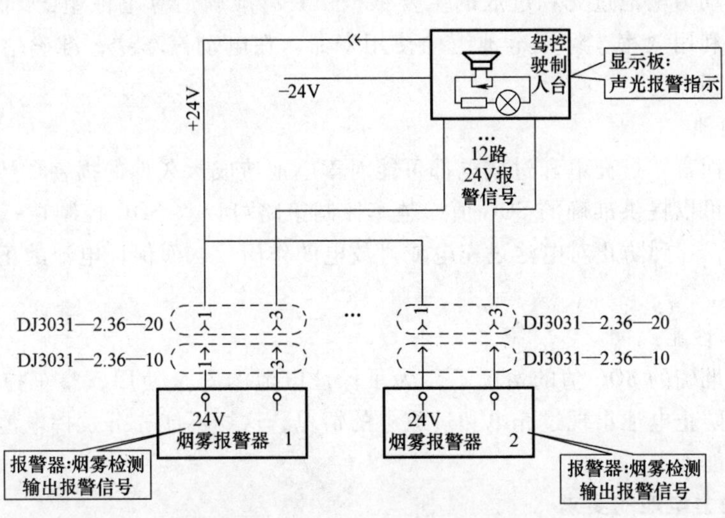

图 4-7　车载烟尘报警系统的结构

第二节　动力电池电量管理系统

一、电池荷电状态（SOC）估算精度的影响因素

电池电量管理是电池管理的核心内容之一，对于整个电池状态的控制，电动车辆续驶里程的预测和估计具有重要的意义。同时，由于 SOC 的非线性，并且受到多种因素的影响，导致电池电量估计和预测方法复杂，准确估计 SOC 比较困难。SOC 估算精度的影响因素定性规律如下：

1. 充放电电流

相对于额定充放电工况，动力电池一般表现为大电流可充放电容量低于额定容量，小电流可充放电容量大于额定容量。

2. 温度

不同温度下电池组的容量存在着一定的变化，温度段的选择及校正因素直接影响到电池性能和可用电量。

3. 电池容量衰减

电池的容量在循环过程中会逐渐减少，因此，对电量的校正条件就需要不断地改变，这也是影响模型精度的一个重要因素。

4. 自放电

电池内部的化学反应，产生自放电现象，使其在放置时，电量发生损失。自放电大小主要与环境温度有关，需要按实验数据进行修正。

5. 一致性

电池组的建模和容量估算与单体电池有一定的区别，电池组的一致性差别对电量的估算有重要的影响。电池组的电量是按照总体电池的电压来估算和校正的，如果电池差异较大，将导致估算的精度误差很大。

二、精确估计 SOC 的作用

SOC 是防止动力电池过充和过放的主要依据，只有准确估算电池组的 SOC 才能有效提高动力电池组的利用效率，保证电池组的使用寿命。在电动汽车中，准确估算蓄电池 SOC 的作用包括以下四点。

1. 保护蓄电池

对于蓄电池而言，过充电和过放电都可能对蓄电池造成永久性的损害，严重缩短电池的使用寿命。如果可以提供准确的 SOC 值，整车控制策略可以将 SOC 控制在一定的范围之内（如 20%~80%），起到防止对电池过充电或过放电的作用，从而保证电池的正常使用，延长电池的使用寿命。

2. 提高整车性能

在没有提供准确的 SOC 值的情况下，为了保证电池的安全使用，整车控制策略需要保守地使用电池，防止电池出现过充电和过放电的情况，这样不能充分发挥电池的性能，因而降低了整车的性能。

3. 降低对动力电池的要求

在准确估算 SOC 的前提下，电池的性能可以被充分使用。选用电池时，针对电池性能

设计的余量可以大大减小。例如，在准确估算 SOC 的前提下，只需要使用容量为 40A · h 的动力电池组。如果不能提供准确的 SOC 值，为了保证整车的性能和可靠性，可能需要选择 60A · h 甚至更高容量的动力电池组。

4. 提高经济性

选择较低容量的动力蓄电池组可以降低整车的制造成本。同时，由于提高了系统的可靠性，后期的维护成本也大大降低。

三、SOC 估计常用的算法

1. 开路电压法

开路电压法是最简单的测量方法，主要根据电池组开路电压判断 SOC 的大小。由电池的工作特性可知，电池组的开路电压和电池的剩余容量存在着一定的对应关系。某动力电池组的电压与容量的对应关系如图 4-8 所示。随着电池放电容量的增加，电池的开路电压降低。由此，可以根据一定的充放电倍率时电池组的开路电压和 SOC 的对应曲线，通过测量电池组开路电压的大小，采用插值法估算出电池 SOC 的值。

该方法简单易行，但由于不同充放电倍率时电池组的电压不一致，因此，在电流波动比较大的场合，这种方式的计量将失去意义。另外，不同应用工况下电池组的内阻大小不一样，导致了同样充放电倍率下不同时期的电池组的电压不一致，使得该测量方式的测量精度很低。同时，温度对电池组的放电平台影响也较大，因此，单靠电压来估算 SOC 的方法难以满足实际需求。

还有一种是在电池组充放电状态转换时通过电压对电池组的容量进行估算，根据经验模型，在充放电状态改变时用模型来估计容量。相当于引入电池的内阻进行校正，比普通的电压和容量相对应的方式精确度稍高一些。

开路电压法对单体电池的估计要优于电池组，当电池组中出现单体电池不均衡，会导致电池组的可用容量降低时电压仍很高，因此，该方法不适合个体差异大的电池组。

2. 容量积分法

容量积分法（电流积分法）是通过对单位时间内，流入流出电池组的电流进行累积，从而获得电池组每一轮放电能够放出的电量，确定电池 SOC 的变化。

电流积分法存在着一定的误差，多次循环之后会出现一些误差积累，使该误差越来越大，因此需要校正。目前的方法大多利用电池组电压来校正因电流积分导致的累积误差。通过电池组放电到放电终止电压时，无论 SOC 值为多少都置为 0，这样可以避免长时间积分的累积误差。有的在电池组静态时采用电压法来校正 SOC，而在工作时采用电流积分的方法。然而由于电压和容量的对应关系，受到了温度、放电电流、电池组均衡性的影响，因此，仅仅通过电压法校正 SOC 的精度仍然较低，需要作进一步的改进。

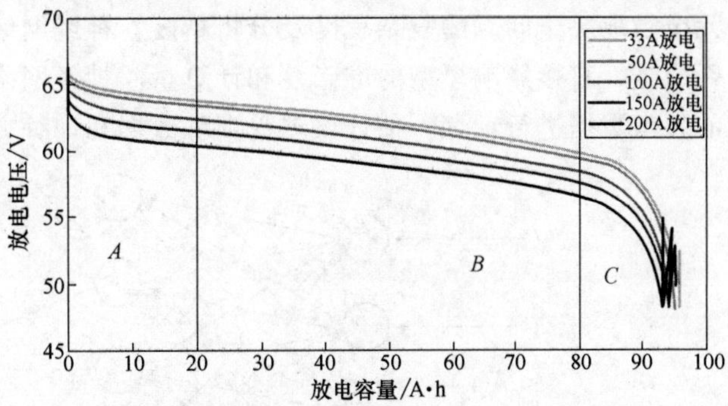

图 4-8 某动力电池组电压与容量的对应关系

3. 电池内阻法

电池内阻有交流内阻（常称交流阻抗）和直流内阻之分，它们都与 SOC 有密切关系。电池交流阻抗为电池电压与电流之间的传递函数，是一个复数变量，表示电池对交流电的反抗能力，要用交流阻抗仪来测量。电池交流阻抗受温度影响大，是对电池处于静置后的开路状态，还是对电池在充放电过程中进行交流阻抗测量，存在争议，所以很少在实车测量中使用。

直流内阻表示电池对直流电的反抗能力，等于在同一很短的时间段内，电池电压变化量与电流变化量的比值。实际测量中，将电池从开路状态开始恒流充电或放电，相同时间里负载电压和开路电压的差值除以电流值就是直流内阻。直流内阻随 SOC 的变化规律如图 4-9 所示。

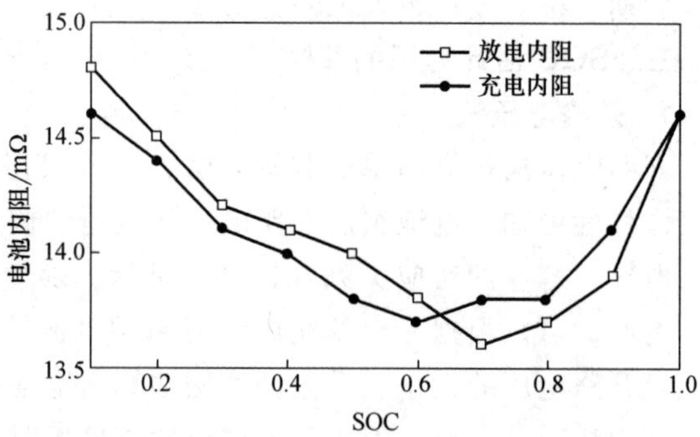

图 4-9　某电池直流内阻随 SOC 的变化规律

直流内阻的大小受计算时间段影响，若时间段短于 10ms，只有欧姆内阻能够检测到；若时间段较长，内阻将变得复杂。准确测量电池单体内阻比较困难，这是直流内阻法的缺点。在某些电池管理系统中，内阻法与容量积分法组合使用来提高 SOC 估算的精度。

4. 模糊逻辑推理和神经网络法

模糊逻辑推理和神经网络是人工智能领域的两个分支，模糊逻辑接近人的形象思维方式，擅长定性分析和推理，具有较强的自然语言处理能力；神经网络采用分布式存储信息，具有很好的自组织、自学习能力。它们共同的特点是均采用并行处理结构，可从系统的输入、输出样本中获得系统输入、输出关系。电池是高度非线性的系统，可利用模糊推理和神经网络的并行结构和学习能力估算 SOC。

采用神经网络预测 SOC 的典型结构如图 4-10 所示。网络结构为多输入单输出的三层前馈网络。输入量为电流、电压、温度、充放电容量、内阻等，输出量为 SOC 值。中间层神经元个数取决于问题的复杂程度及分析精度。神经网络输入变量的选择是否合适，变量数量是否恰当，直接影响模型的准确性和计算量。神经网络法适用于各种电池，其缺点是需要大量的参考数据进行训练，估计误差受训练数据和训练方法的影响很大。

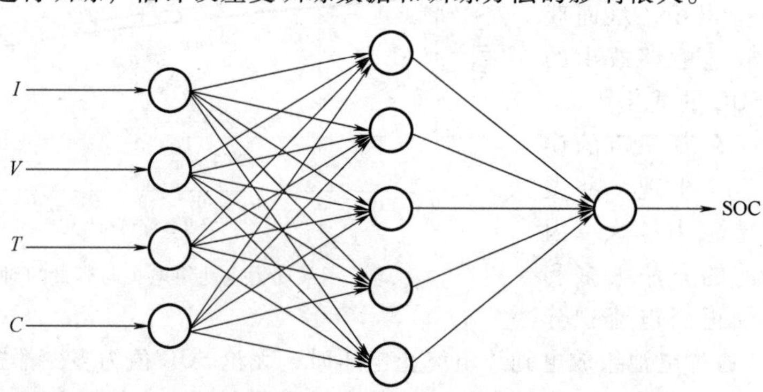

图 4-10　估算 SOC 神经网络结构图

5. 卡尔曼滤波法

卡尔曼滤波理论的核心思想是对动力系统的状态做出最小方差意义上的最优估算。卡尔曼滤波法应用于电池 SOC 估算，电池被称为动力系统，SOC 是系统的一个内部状态。

卡尔曼滤波方法适用于各种电池，与其他方法相比，尤其适合于电流波动比较剧烈的混合动力汽车电池 SOC 的估计。该方法的缺点是要求电池 SOC 估计精度越高，电池模型越复杂，涉及矩阵运算的量越大，工程上越难以实现，且该方法对于温度、自放电率以及放电倍率对容量的影响考虑得不够全面。

第三节 动力电池的均衡管理

为了平衡电池组中单体电池的容量和能量差异，提高电池组的能量利用率，在电池组的充放电过程中需要使用均衡电路。

根据均衡过程中对所传递能量的处理方式不同，均衡电路可以分为能量耗散型均衡和非能量耗散型均衡（即无损均衡），国外有些文献又分别称之为被动均衡（Passive Balancing）和主动均衡（Active Balancing）。

能量耗散型均衡主要通过电池组中能量较高的电池利用其旁路电阻进行放电的方式损耗部分能量，以期达到电池组能量状态的一致。这种均衡结构以损耗电池组能量为代价，并且由于生热问题导致均衡电流不能过大，适用于小容量电池系统以及能量能够及时得到补充的系统，如混合动力汽车。宝马公司 Active E 电动汽车（图 4-11）采用了带有能量耗散式均衡系统的 BMS。

图 4-11 宝马 Active E 电动汽车

1—锂离子电池 2—电机发动机 3—动力电子

非能量耗散式均衡电路拓扑结构目前已出现很多种，本质上均是利用储能元件和均衡旁路构建能量传递通道，将其从能量较高的电池直接或间接转移至能量较低的电池。

一、能量耗散型均衡管理

能量耗散型是通过单体电池的并联电阻进行分流从而实现均衡的，如图 4-12 所示。这种电路结构简单，均衡一般在充电过程中完成，对容量低的单体电池不能补充电量，存在能量浪费和增加热管理系统负荷的问题。能量耗散型一般有两类：

1. 恒定分流电阻均衡充电电路

每个电池单体上都始终并联一个分流电阻。这种方式的特点是可靠性高，分流电阻的阻值大，通过固定分流来减小由于自放电导致的单体电池差异。其缺点在于无论电池充电还是放电过程，分流电阻始终消耗功率，能量损失大，一般在能够及时补充能量的场合适用。

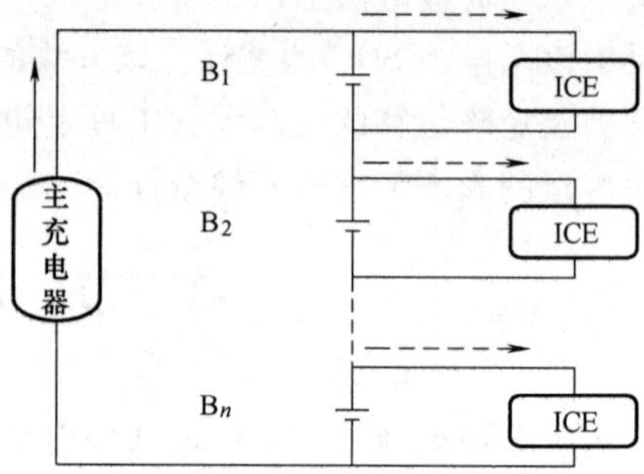

图 4-12 能量耗散型均衡管理

2. 开关控制分流电阻均衡充电电路

分流电阻通过开关控制，在充电过程中，当单体电池电压达到截止电压时，均衡装置能阻止其过充电并将多余的能量转化成热能。在充电期间，这种均衡电路可以对单体电池电压偏高者进行分流。其缺点是由于均衡时间的限制，导致分流时产生的大量热量需要及时通过热管理系统耗散，尤其在容量比较大的电池组中更加明显。例如，10A · h 的电池组，100mV 的电压差异，最大可达 500mA · h 以上的容量差异，如果以 2h 的均衡时间，分流电流为 250mA，分流电阻值约为 14Ω，则产生的热量为 2W · h 左右。

能量耗散型电路结构简单，但是均衡电阻在分流的过程中，不仅消耗了能量，而且还会由于电阻的发热引起电路的热管理问题。其实质是通过能量消耗的办法限制单体电池出现过高或过低的端电压，因此只适合在静态均衡中使用，其高温升等特点降低了系统的可靠性，不适用于动态均衡。该方式仅适合小型电池组或者容量较小的电池组。

二、非能量耗散型均衡管理

非能量耗散型电路的耗能相对于能量耗散型电路小很多，但电路结构相对复杂，可分为能量转换式均衡和能量转移式均衡两种方式。

1. 能量转换式均衡

能量转换式均衡是通过开关信号，将电池组整体能量对单体电池进行能量补充，或者将单体电池能量向整体电池组进行能量转换。其中单体能量向整体能量转换，一般都是在电池组充电过程中进行，电路如图 4-13 所示。该电路的原理是，当检测到单体电池电压达到一定值时，均衡模块开始工作。把单体电池中的充电电流进行分流从而降低充电电压，分出的电流经模块转换把能量反馈回充电总线，达到均衡的目的。还有的能量转换式均衡可以通过续流电感，完成单体到电池组的能量转换。

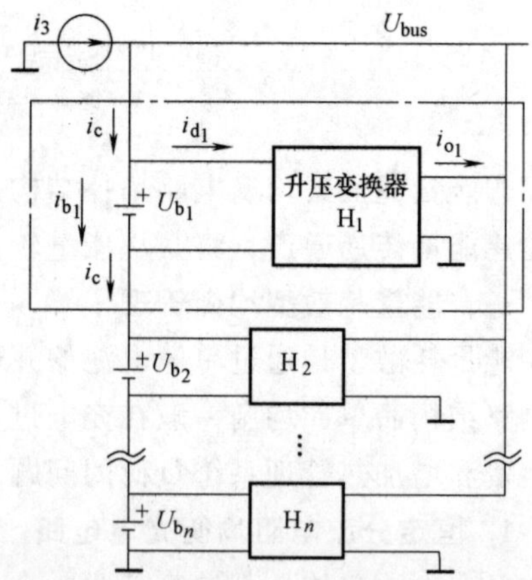

图 4-13 单体电压向整体电压转换方式

电池组整体能量向单体转换，电路如图 4-14 所示。这种方式也称为补充式均衡，即在充电过程中，首先通过主充电模块对电池组进行充电，电压检测电路对每个单体电池进行监控。当任一单体电池的电压过高，主充电电路就会关闭，然后补充式均衡充电模块开始对电池组充电。通过优化设计，均衡模块中充电电压经过一个独立的 DC/DC 变换器和一个同轴线圈变压器，给每个单体电池上增加相同的次级绕组。

这样，单体电压高的电池从辅助充电电路上得到的能量少，而单体电压低的电池从辅助充电器上得到的能量多，从而达到均衡的目的。此方式的问题在于次级绕组的一致性难以控制，即使次级绕组匝数完全相同，考虑到变压器漏感以及次级绕组之间的互感，单体电池也不一定获得相同的充电电压。同时，同轴线圈也存在一定的能量耗散，并且这种方式的均衡只有充电均衡，对于放电状态的不均衡无法起作用。

能量转换式电路是一种通过开关电源来实现能量变换的电路。相对于能量转移式均衡电路来说，它的电路复杂程度降低了很多，成本也降低了。但对同轴线圈，由于绕组到各单体之间的导线长度和形状不同，变压比有差异，导致对每个单体电池均衡的不一致，有均衡误差。另外同轴线圈本身由于电磁泄漏等问题，也消耗了一定的能量。

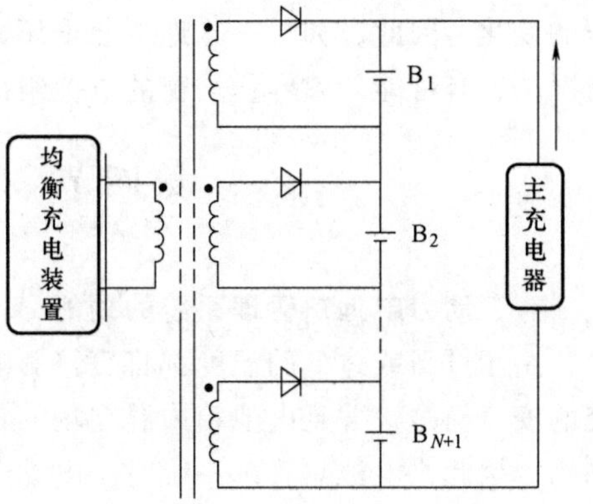

图 4-14　补充式均衡示意图

2. 能量转移式均衡

能量转移式均衡是利用电感或电容等储能元件，把能量从电池组中容量高的单体电池，通过储能元件转移到容量比较低的电池上，如图 4-15 所示。该电路是通过切换电容开关传递相邻电池间的能量，从而达到均衡的目的。另外，也可以通过电感储能的方式，对相邻电池间进行双向传递。此电路的能量损耗很小，但是均衡过程中必须有多次传输，均衡时间长，不适于多串的电池组。改进的电容开关均衡方式，可通过选择最高电压单体与最低电压单体电池间进行能量转移，从而使均衡速度增快。能量转移式均衡中能量的判断以及开关电路的实现较困难。

能量转移式均衡是一种电池容量补偿的方法，就是从容量高的电池取出一些电量来补偿容量低的电池。这个方法虽然可行，但是由于在实际电路中需要对各个单体电池电压进行检测判断，电路会很复杂，且体积大、成本高。另外，能量的转移是通过一个储能媒介来实现的，存在一定的消耗及控制问题。该均衡方式一般应用于中大型电池组中。

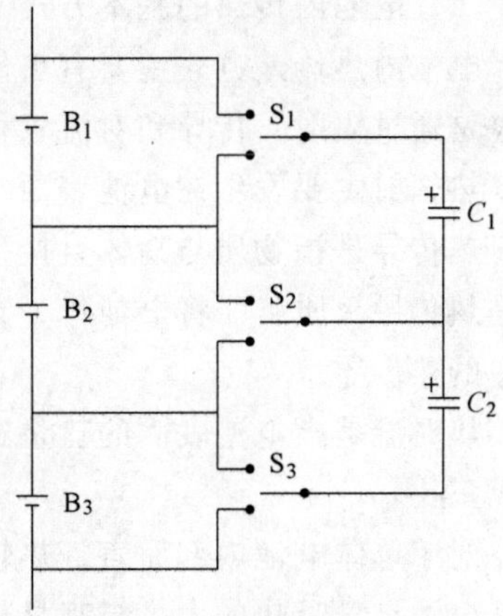

图 4-15　能量转移式均衡

除上述均衡方法外，在充电应用过程中，还可采用涓流充电的方式实现电池的均衡。这是最简单的方法，不需要外加任何辅助电路。其方法是对串联电池组持续用小电流充电。由于充电电流很小，这时的过充电对满充电池所带来的影响并不严重。由于已经充饱的电池没办法将更多的电能转换成化学能，多余的能量将会转化成热量。而对于没有充饱的电池，却能继续接收电能，直至到达满充点。这样，经过较长的周期，所有的电池都将会达到满充状态，从而实现了容量均衡。但这种方法需要很长的均衡充电时间，且消耗相当大的能量来达到均衡。另外，在放电均衡管理上，这种方法是不能起任何作用的。

三、电池均衡管理系统应用中存在的问题

现有的电池均衡方案中，基本上是以电池组的电压来判断电池的容量，是一种电压均衡

方式。要达到对电池组均衡的目的，对电压检测的准确性和精度要求很高，而电压检测电路漏电流的大小，直接影响了电池组的一致性。因此，设计出简单、高效的电压检测电路是均衡电路需要解决的一个问题。

同时，电压不是电池容量的唯一量度，电池内阻及连接方式的接触电阻也会导致电池电压的变化，因此，如果一味地按照电压进行均衡，将会导致过度均衡，从而浪费能量。极端情况下，有可能导致容量均衡的电池组出现不均衡。

第四节　动力电池的热管理

一、动力电池热管理系统的功能

由于过高或过低的温度都将直接影响动力电池的使用寿命和性能，并有可能导致电池系统的安全问题，并且电池箱内温度场的长久不均匀分布将造成各电池模块、单体间性能的不均衡，因此，电池热管理系统对于电动车辆动力电池系统而言是必需的。可靠、高效的热管理系统对于电动车辆的可靠安全应用意义重大。

电池组热管理系统有如下5项主要功能：

① 电池温度的准确测量和监控。

② 电池组温度过高时的有效散热和通风。

③ 低温条件下的快速加热。

④ 有害气体产生时的有效通风。

⑤ 保证电池组温度场的均匀分布。

二、电池内传热的基本方式

电池内热传递方式主要有热传导、对流换热和辐射换热三种方式。电池和环境交换的热量也是通过辐射、传导和对流三种方式进行。

热辐射主要发生在电池表面，与电池表面材料的性质相关。

热传导是指物质与物体直接接触而产生的热传递。电池内部的电极、电解液、集流体等都是热传导介质，而将电池作为整体，电池和环境界面层的温度和环境热传导性质决定了环境中的热传导。

热对流是指电池表面的热量通过环境介质（一般为流体）的流动交换热量，它也和温差成正比。

对于单体电池内部而言，热辐射和热对流的影响很小，热量的传递主要是由热传导决定的。电池自身吸热的大小与其材料的比热有关，比热越大，散热越多，电池的温升越小。如果散热量大于或等于产生的热量，则电池温度不会升高。如果散热量小于所产生的热量，热量将会在电池体内产生热积累，电池温度升高。

三、电池组热管理系统设计实现

按照传热介质不同，可将电池组热管理系统分为空冷、液冷和相变材料冷却三种。考虑到材料的研发以及制造成本等问题，目前最有效且最常用的散热系统是采用空气作为散热介质。按照散热风道结构，空冷系统又可分为串行通风方式和并行通风方式两种，分别如图4-16和图4-17所示。

串行情况下一般是使空气从电池包一侧流往另外一侧，从而达到带走热量的效果。这

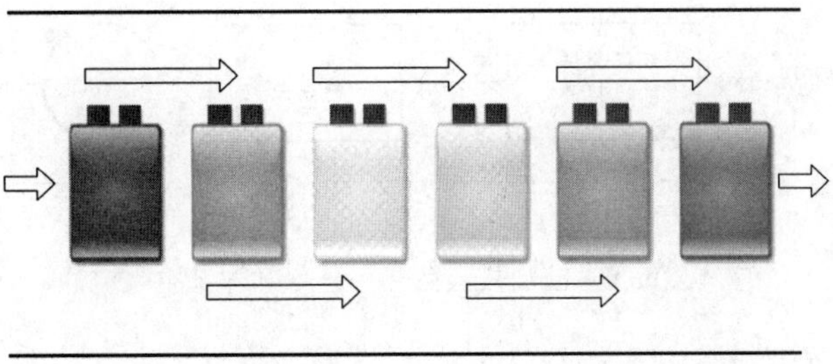

图 4-16　串行通风方式

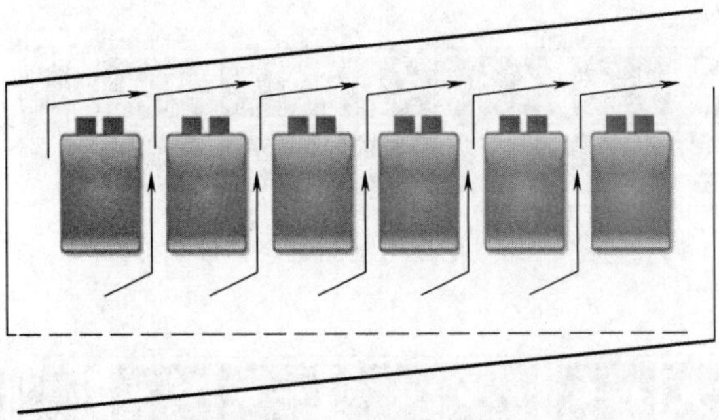

图 4-17　并行通风方式

时，气流会将热量从先流过的地方带到后流过的地方，从而导致两处温度不一致且温差较大。而并行情况下模块间空气都是直立上升气流。这样能够更均匀地分配气流，从而保证电池包中各处的散热一致性。

热管理系统按照是否有内部加热或制冷装置可分为被动式和主动式两种。被动系统成本较低，采取的设施相对简单；主动系统相对复杂，并且需要更大的附加功率，但效果较为理想。图 4-18～图 4-20 为空气加热与散热内、外部空气流通示意图。

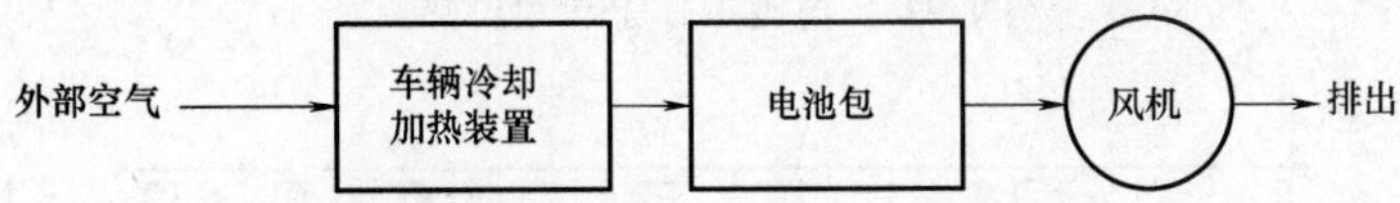

图 4-18　被动加热与散热—外部空气流通

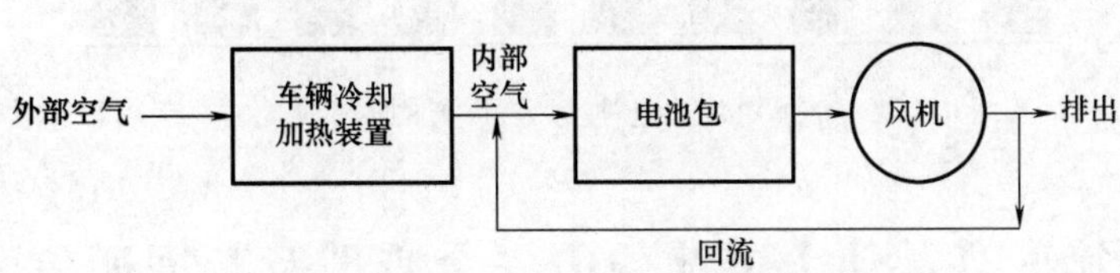

图 4-19　被动加热与散热—内部空气流通

图 4-18 和图 4-19 中，尽管空气是经过汽车空调或供暖系统冷却和加热的，但它仍然被认为是一种被动系统。运用这种被动系统，由于引入环境空气的温度的不一致性，环境空气必须在一定温度范围（10～35℃）中才能正常进行热管理，在环境极冷或极热条件下运行电

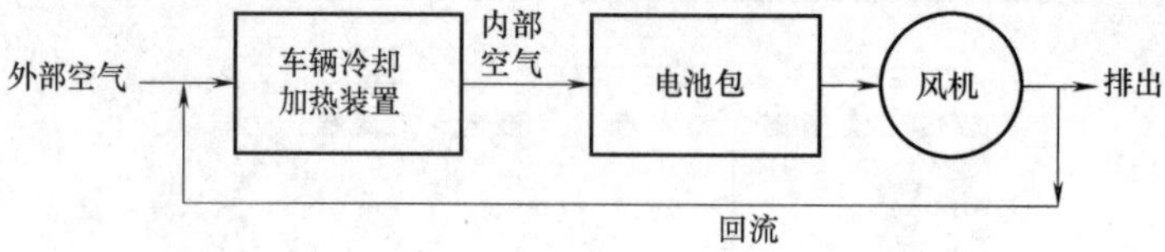

图 4-20 主动加热与散热—外部和内部空气流通

池包可能会产生更大的不均匀。

加热系统中，除了采用将热空气引入电池包中的方式外，还可以采用其他方式，如图 4-21~图 4-24 所示（方形电池）。

图 4-21 电池列前后缠绕硅胶加热线

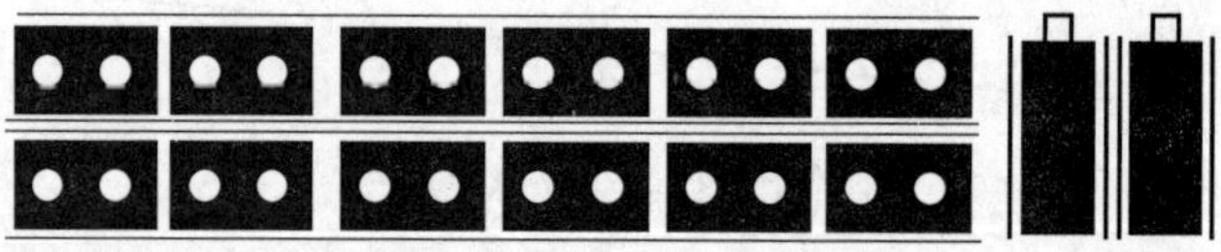

图 4-22 电池列间添加电热膜

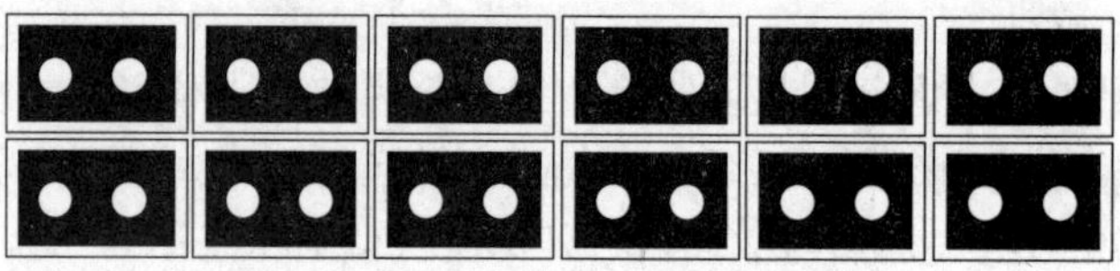

图 4-23 电池本体上包覆电热膜

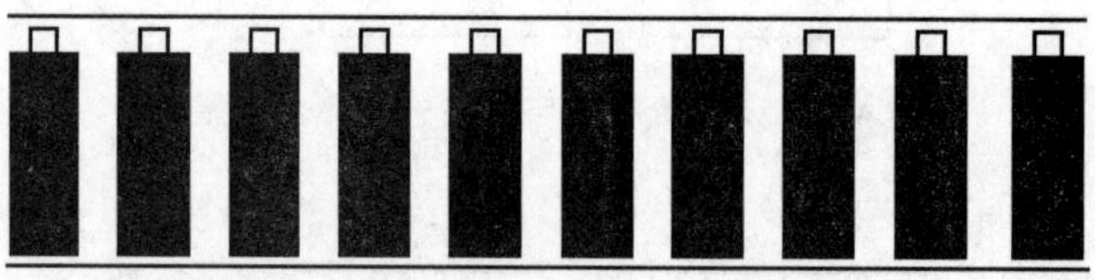

图 4-24 电池上、下添加加热板

第五节 动力电池的电安全管理及数据通信

一、动力电池电安全管理系统的功能

电安全管理系统主要包括烟雾报警、绝缘检测、自动灭火、过电压和过电流控制、过放电控制、防止温度过高、在发生碰撞的情况下关闭电源等功能。

电动车辆动力电池系统电压常用的有288V、336V、384V以及544V等，已经大大超过了人体可以承受的安全电压，因此，电气绝缘性能是电安全管理重要的内容，绝缘性能的好坏不仅关系到电气设备和系统能否正常工作，更重要的是还关系到人的生命财产安全。

现阶段电池包外壳多采用金属材料制成，要求在符合表4-2规定的电压条件下，电池包正极、负极与金属外壳之间的绝缘电阻应大于10MΩ。

表4-2　绝缘电阻试验的电压等级

蓄电池包额定工作电压(单箱)U_i/V	绝缘电阻测试仪器的电压等级/V
$U_i \leqslant 60$	250
$60 < U_i \leqslant 300$	500
$300 < U_i \leqslant 750$	1000

在电动车辆上安装动力电池必须满足车辆部件的耐振动、耐冲击、耐跌落、耐烟雾等强度和可靠性要求，保证可靠应用。为满足防水、防尘要求，电池包应满足一定的IP防护等级，根据车辆的总体要求，一般的IP防护等级要求不低于IP55。在极端工况下，通过电池安全管理系统应能实现电池包的高压断电保护、过流断开保护、过放电保护、过充电保护等功能。

二、绝缘检测方法

1. 漏电直测法

在直流系统中，漏电直测法是一种最简单也是最实用的方法。将万用表置于电流档，串在电池组正极与设备外壳（或者地）之间，可检测到电池组负极对壳体之间的漏电流，同样也可以串在负极与壳体之间检测电池组正极对壳体之间的漏电流。该方法简单易行，在现场故障检测、车辆例行检查中常用。

2. 电流传感法

霍尔式电流传感器是检测高压直流系统的一种常见装置。将电池系统的正极和负极动力总线一起同方向穿过电流传感器，当没有漏电流时，从正极流出的电流等于返回到电源负极的电流，因此，穿过电流传感器的电流为零，电流传感器输出电压为零，当发生漏电现象时，电流传感器的输出电压不为零。根据该电压的正负可以进一步判断该漏电电流是来自于电源正极还是负极。应用这种检测方法的前提是待测动力电池组必须处于工作状态，要有工作电流的流入和流出，它无法在系统空载的情况下评价电池系统对地的绝缘性能。

3. 绝缘电阻表测量法

用绝缘电阻表（俗称兆欧表）测量绝缘电阻的阻值。绝缘电阻表大多采用手摇发电机供电，故又称摇表。它的刻度以绝缘电阻为单位，是电工常用的一种测量仪表，其工作原理图如图4-25所示。

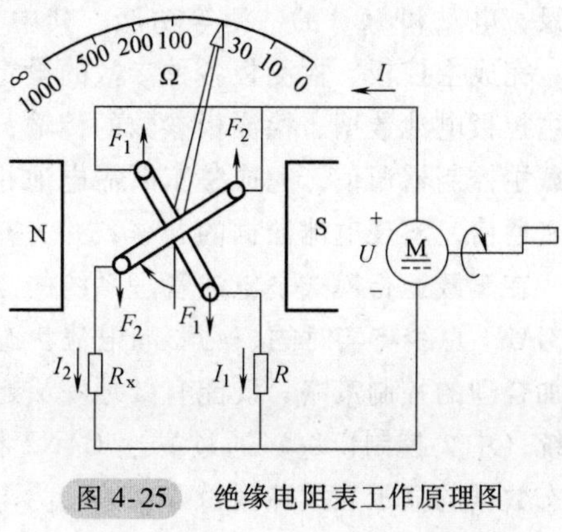

图4-25　绝缘电阻表工作原理图

上述三种方法，均为采用专用设备进行的漏电流、绝缘电阻测试方法，与电池管理系统集成存在一定的困难。在电池管理系统中常用的是电路测量方法。常用的直流电压绝缘测量原理如图4-26所示。

在该原理框图中，R_1、R_2、R_3、R_4、R_5 分别是大阻值电阻（达到 500Ω 以上），这样的大电阻保证了在测量期间绝缘等级不会人为地下降。R_+和 R_-分别是动力电池组正、负极对车体的绝缘电阻；R 和 R'是分压电阻，阻值小（如 200Ω 左右），可以使 A/D 转换芯片在分压电阻上得到 mV 级的模拟信号。

当开关 S 为关断状态时，通过测量芯片，可以得到 R_+和 R_-两端的电压是多少，这样就可以得到如下方程

$$\frac{U_1}{R_+}+\frac{U_1}{R_1+R_2+R}=\frac{U_2}{R_-}+\frac{U_2}{R_3+R_4+R'} \tag{4-1}$$

式中 U_1、U_2——当开关 S 断开时，正、负母线对地电压。

同理，当开关 S 为闭合状态时，可以得到另一个方程

$$\frac{U_1'}{R_+}+\frac{U_1'}{R_1+R_2+R}=\frac{U_2'}{R_-}+\frac{U_2'}{R_3+R_4+R'} \tag{4-2}$$

式中 U_1、U_2——S 闭合时，正、负母线对地电压。

由于串联电阻 R_1、R_2、R_3、R_4、R、R'阻值已知。联立式（4-1）、式（4-2）构成的方程组就可以解出 R_+和 R_-。

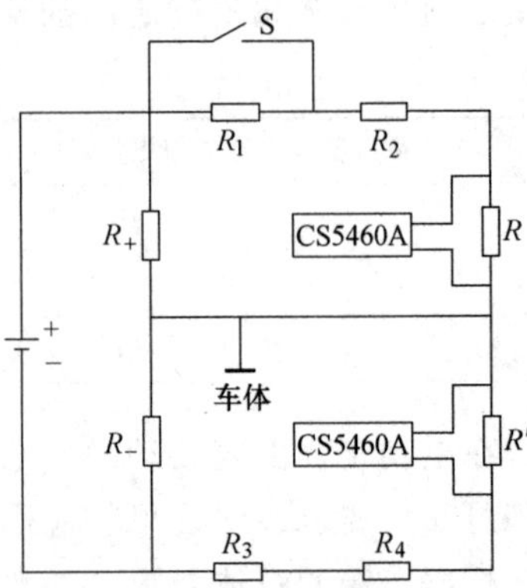

图 4-26 直流电压绝缘测量

电池管理系统中使用的绝缘电阻测量方法还有平衡电桥法、高频信号注入法和辅助电源法等。随着动力电池的电压越来越高，应用越来越普及，电动汽车的绝缘安全问题显得愈发重要，各种绝缘监测的方法也不断地被研究人员设计、验证。

三、动力电池数据通信系统

数据通信是电池管理系统的重要组成部分之一，主要涉及电池管理系统内部主控板与检测板之间的通信、电池管理系统与车载主控制器、非车载充电机等设备间的通信等。在有参数设定功能的电池管理系统上，还有电池管理系统主控板与上位机的通信。CAN 通信方式是现阶段电池管理系统通信应用的主流，在国内外大量产业化的电动汽车电池管理系统以及国内外关于电池管理系统数据通信标准中均提倡采用该通信方式。RS232、RS485 等总线方式在电池管理系统内部通信中也有应用。

图 4-27 所示为 BJ6123C7C4D 纯电动客车及其电池管理系统，该系统可实现单体电池电压检测、电池温度检测、电池组工作电流检测、绝缘电阻检测、冷却风机控制、充放电次数记录、电磁和 SOC 的估测等功能。其中，RS232 主要实现主控板与上位机或手持设备的通信，完成主控板、检测板各种参数的设定；RS485 主要实现主控板与检测板之间的通信，完成主控板电池数据、检测板参数的传输；CAN 通信分为 CAN1 和 CAN2 两路，CAN1 主要与车载主控制器通信，完成整车所需电池相关数据的传输；CAN2 主要与车载仪表、非车载充电机通信，实现电池数据的共享，并为充电控制提供数据依据。

在车载运行模式下电池管理系统的结构如图 4-28 所示。电池管理系统中央控制模块通过 CAN1 总线将实时的、必要的电池状态告知整车控制器以及电机控制器等设备，以便采用更加合理的控制策略，既能有效地完成运营任务，又能延长电池使用寿命。同时，电池管理系统（中央控制模块）通过高速 CAN2 将电池组的详细信息告知车载监控系统，完成电池状态数据的显示和故障报警等功能，为电池的维护和更换提供依据。

BJ6123C7C4D纯电动客车

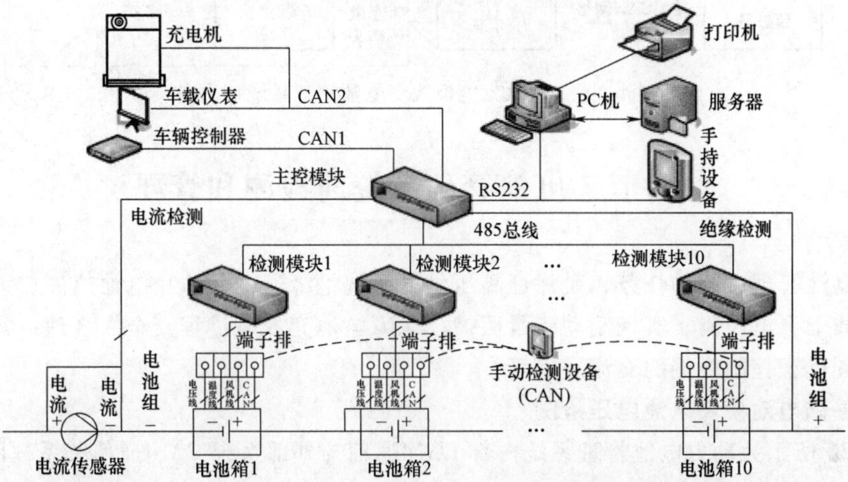

图 4-27　BJ6123C7C4D 纯电动客车及其电池管理系统通信方式示意图

在应急充电模式下电池管理系统结构如图 4-29 所示。充电机实现与电动汽车物理连接。此时的车载高速 CAN2 加入充电机节点，其余不变。充电机通过高速 CAN2 了解电池的实时状态，调整充电策略，实现安全充电。

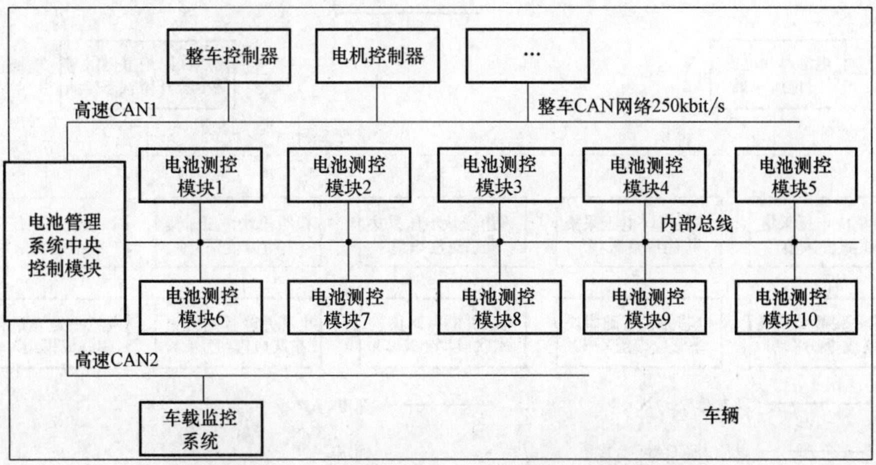

图 4-28　车载运行模式下的电池管理系统的结构

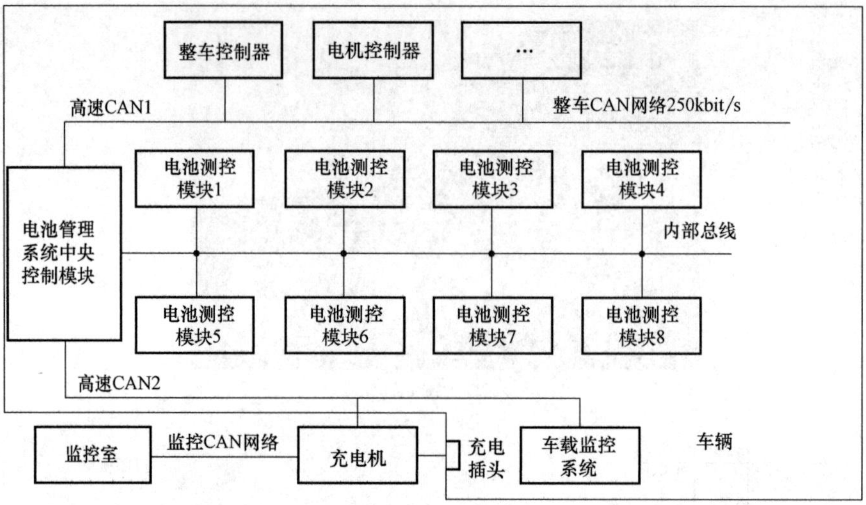

图 4-29　应急充电模式下电池管理系统结构图

第六节　电池管理系统的检测和管理

动力电池管理系统的任务，是保证高压供电系统绝缘安全，防止电池热失控，实现电池对外部负载上下电控制、实现制动能量回馈；保障电池充放电过程安全、合理；实现电池信息与仪表和远程控制终端的交流通信等。

一、基础电池模块电池电压检测

图 4-30 所示为动力电池管理系统内部 CAN 通信与外部系统 CAN 通信关系框图。几个

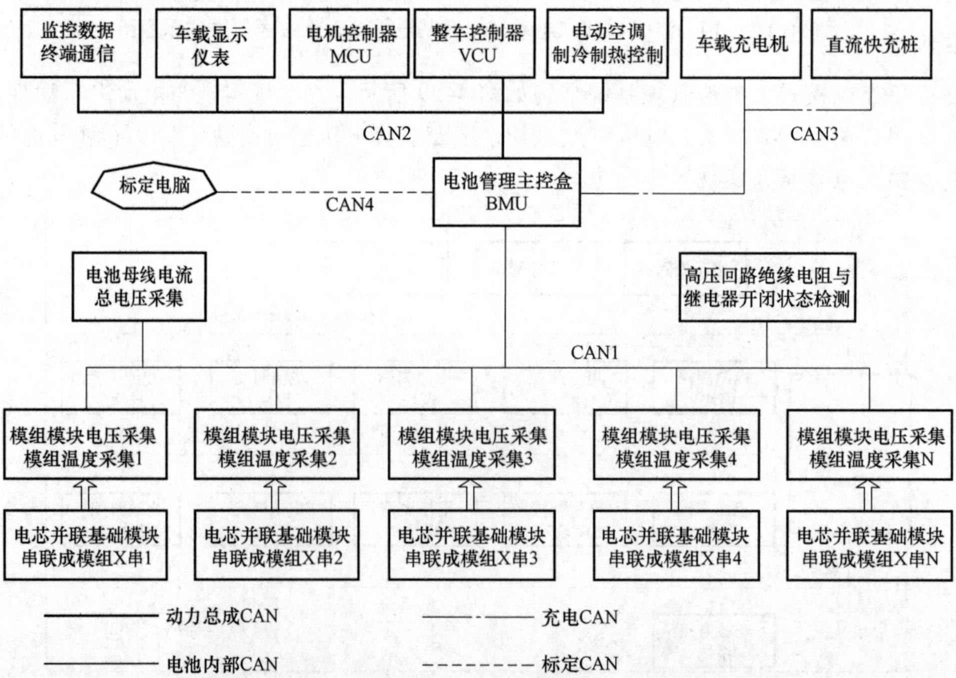

图 4-30　动力电池管理系统与外部系统 CAN 通信关系框图

单个电芯并联后（大容量单个电芯）形成基础模块，基础模块再串联形成便于在电池包内布置的模组。每个模组编上序号，每个模组内的基础模块也都有自己的序号，即 n 模组××号电池。各个模组内电池基础模块正负极分别引出检测线，集中成低压检测线束，送到电压采集从控盒对应的接插件上，然后分别引导电芯电压检测电阻矩阵的对应电阻（图 4-31）。

从控盒电路板上的检测电路对各个电芯巡回检查，电压数据经隔离后送到电路板计算区域处理，再通过内部 CAN 线送主控盒分析处理。主控盒要进一步计算整个电池包的 SOC，以及最高电压电芯与最低电压电芯的差值是否超标，是否达到放电截止电压或充电截止电压，然后再做后续控制处理。

图 4-31　电芯电压检测接点分布

电池温度的检测一般通过在电池模组上安置温度传感器来实现，温度传感器安置在模组的接线柱附近。温度传感器的测量引线分别送到从控盒的插接件对应 PIN 脚上，由从控盒内电路测量处理，并经内部 CAN 线送到主控盒电路上处理。温度信号对于电池的热保护以及高低温加热或冷却控制是十分重要的因素。

如图 4-32 所示，电芯电压检测用电阻阵列取电芯电压值，每个电芯的正极和负极引出检测线，连接到电阻阵列对应的电阻前，由控制板上的测量电路按顺序接通检测电阻。这样在检测电阻上就可以取到某个电芯的电压值。控制板上的测量电路把检测到的每个电芯的电压值进行比较、运算和判断，判断电芯一致性是否符合要求。放电时，单个电芯达到放点截止电压，停止放电；充电时，单个电芯达到充电截止电压，停止充电。

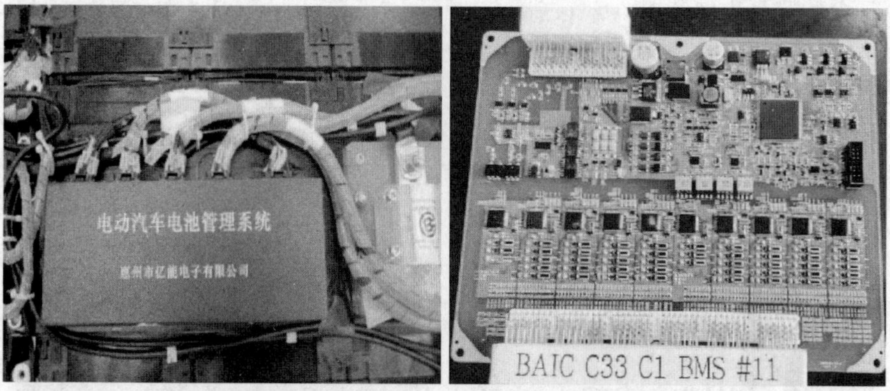

图 4-32　电芯电压检测线与检测电阻阵列

二、动力电池母线继电器开闭状态检测与高压回路绝缘检测

1. 动力电池对外高压上下电过程控制

图 4-33 所示为动力电池上下电过程原理图。动力电池对外部负载上电的指令如下。

驾驶人起动车辆，变速杆置 ON 位，动力电池负极继电器闭合，全车高压系统各个控制器初始化、自检，完成后通过 CAN 线通报。动力电池对内部电芯电压和温度检查合格、母线绝缘检测合格，动力电池主控盒接通预充继电器（预充继电器与预充电阻串联，然后与正极继电器并联）。动力电池为外部负载所有电容器充电，当充电电压与动力电池电压差值小于 5V 时认为预充结束，控制闭合主正继电器，对外负载上电。主正继电器闭合 10ms 后，预充继电器断开，仪表屏幕显示 READY，上电结束。当变速杆置 OFF 位，动力电池主控盒控制主正继电器和主负继电器断开，全车高压下电。在高压上电后如果发生重要故障，主控盒也会断开主正和主负继电器。

2. 动力电池高压回路关键控制点的电压检测

在动力电池对外高压上下电过程中，有几个重要时间节点必须检测高压回路的关键控制点。图 4-33 电压表中 V_1 检测的是动力电池串连后的总电压 U_1，当维修开关 MSD 插入良好，或者没有配置维修开关时，V_1 可以测出总电压。也就是说，电压值 U_1 可以判断动力电池串联回路的连接是否完好。

电压表 V_2 检测的是预充电阻之后的电压 U_2，预充继电器闭合后高压回路接通，电压 U_2 随着电容器充电迅速上升。当 U_2 与 U_1 差值小于 5V 时，判定为预充电结束，闭合主正继电器。当预充电时间超过设定时间，系统判断并记录预充电超时故障。正极母线继电器和预充电继电器闭合时间会重叠 10ms，保证对外供电流畅。如果电压 U_2 与 U_1 相等，预充电继电器判定已经断开，或因故障没有按要求闭合。

负极继电器闭合后，主正继电器和预充电继电器都没有闭合，电压表 V_3 测得的电压 U_3 为 0V；当预充电继电器闭合，主正继电器断开，电压 U_3 等于电压 U_2；当主正继电器闭合后，电压 U_3 等于电压 U_1。由电压 U_1、U_2、U_3 的比较，就可以判断各个继电器触点是否按要求正确开闭。

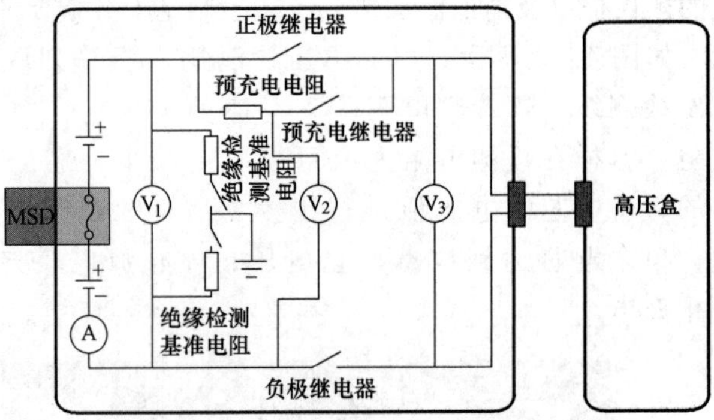

图 4-33　动力电池上下电过程原理图

电压 U_1、U_2、U_3 检测点位置设置在继电器主触点处，通常用螺栓把检测线的线端固定在主触点座上，检测线连接到高压检测盒。图 4-34 所示是某款车高压回路绝缘检测与继电器开闭状态检测控制盒。

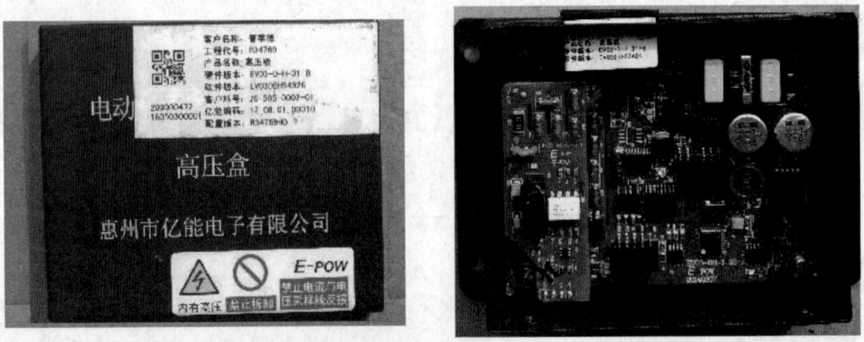

图 4-34　高压回路绝缘检测与继电器开闭状态检测控制盒

3. 高压回路绝缘状况检测

高压回路绝缘状况检测点设置在正极母线和负极母线接触器主触点处，动力电池金属底壳与车身搭铁良好。通过检测高压回路正负母线对车辆底盘的绝缘电阻，来判定高压电气系统的绝缘性能。

为检测绝缘电阻，将动力电池高压电源作为检测电源，在电源正极、负极和车辆底盘之间建立桥式阻抗网络，如图 4-35a 所示。其中绝缘检测电路 A 点与电源正极相连，B 点与电源负极相连，O 点与车辆底盘相连。U_0 为高压电源的输出电压，I 为绝缘检测电路内部电流。R_{g1}、R_{g2}分别为高压正、负极引线对底盘的绝缘电阻（可以想象成一个实体电阻），其阻值根据正负母线对搭铁（电池包壳体对车身搭铁）绝缘状况变化而变化。母线对车身的绝缘良好，R_g 阻值无穷大；母线绝缘层损坏，R_g 阻值会变小。限流电阻 R 有两个，阻值非常大，有的电动汽车中 R 的阻值达到 20kΩ。

T_1、T_2 为电子控制开关管，由高压盒内部控制器通过控制其导通与关断，改变点 A 和点 B 之间的等效电阻和电源的输出电流 I。根据 U_0、I 和等效电阻之间的关系，可以计算出 R_{g1}和 R_{g2}。相对电压 U_0 而言，开关管 T_1 和 T_2 的导通电压很小，可以忽略不计。在电动汽车运行过程中，电压 U_0 随着电量变化而变化，其数值要和电流 I 同时采集。

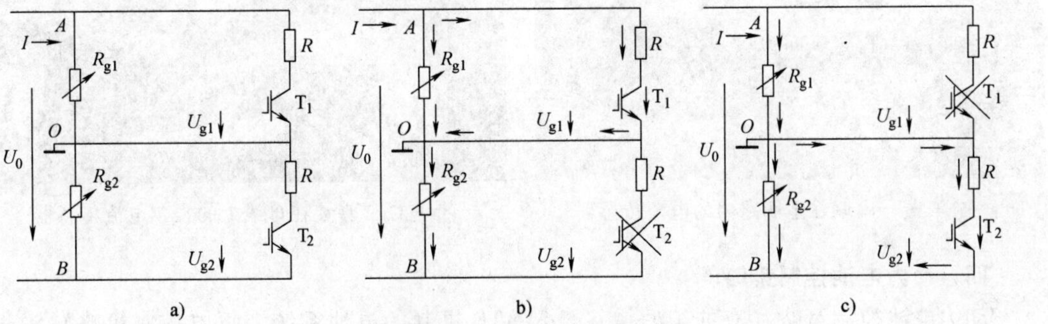

图 4-35　变阻抗网络电路

如图 4-35b 所示，当 T_1 导通、T_2 关断时，桥式阻抗网络的等效形式为 R_{g1}与 R 并联后与 R_{g2}串联。这时，电源电压为 U_{o1}，电流为 I_1。

$$U_{o1}=I_1(R_{g2}+R_{g1}R/(R_{g1}+R)) \tag{4-3}$$

如图 4-35c 所示，当 T_2 导通、T_1 关断时，桥式阻抗网络的等效形式为 R_{g2}与 R 并联后与 R_{g1}串联，这时，电源电压为 U_{o2}、电流为 I_2。

$$U_{o2}=I_2(R_{g1}+R_{g2}R/(R_{g2}+R)) \tag{4-4}$$

当高压电源正、负极引线对底盘绝缘性能较好，满足 $R_{g1}>10R$ 以及 $R_{g2}>10R$ 时，可以做以下近似处理：

$$R_{g1}R/(R_{g1}+R)\approx R \tag{4-5}$$

$$R_{g2}R/(R_{g2}+R)\approx R \tag{4-6}$$

由式（4-3）~式（4-6）可得：

$$R_{g1}=U_{o2}/I_2-R \tag{4-7}$$

$$R_{g2}=U_{o1}/I_1-R \tag{4-8}$$

如果 T_1 和 T_2 同时关断时，电流 I 大于 2mA，说明绝缘电阻 R_{g1}和 R_{g2}之和小于 250kΩ，

电源的正、负极引线电缆对底盘的绝缘性能都不好，检测系统不再单独检测 R_{g1} 和 R_{g2}，并立即发出报警信号。绝缘电阻是反映电池用电安全的重要参数，根据人体所能承受的电压范围，当监测到绝缘电阻小于 500Ω/V 时，电池管理系统即对驾乘人员做出安全警告或做出切断高压继电器动作。

三、动力电池母线电流与电压检测

动力电池母线电流检测一般有两种方法：一种是在电池高压回路串联检测电流传感器（图 4-36）；另一种是用霍尔电流传感器套在高压母线上（图 4-37）。检测的电流信号被送到控制盒。

母线电流用以判断是否过放电或过充电，是否降功率运行，主控盒是否采取进一步相应措施。数据还送到显示仪表、整车控制器和数据采集终端。

动力母线电压信息直接在正负母线接线柱上取出，送到高压绝缘盒内，隔离处理后检测计算即可。

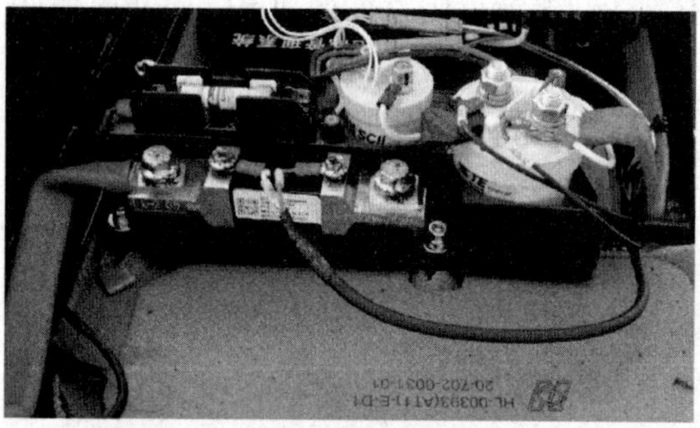

图 4-36　串联在主回路内的电流传感器

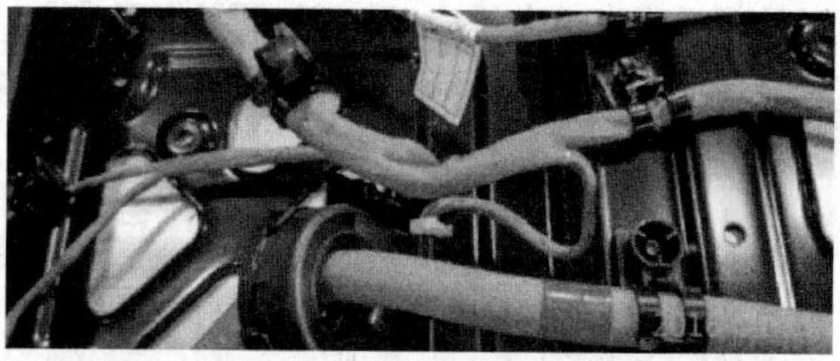

图 4-37　套装在母线上的霍尔电流传感器

四、动力电池控制策略

动力电池控制策略（有的车型是基于 STATE 机制的电池系统上下电控制策略）为根据外部输入信号，由整车控制器发送工作模式。工作模式可分为三种：行车模式、快充模式和慢充模式。

1. 低压上电控制策略

该控制策略模块明确 BMS 低压上电条件及第一帧报文发送、初始化要求。

1）BMS 判断 VCU 输出的“唤醒”信号为高电位，BMS 被唤醒开始工作之后进入下一步；如果 BMS 被唤醒，VCU 输出的“唤醒”信号为低电位，BMS 自检计数器上报为 0 之后，根据整车状态执行相应高压下电、低压下电流程。

2）BMS 判断整车状态为“新能源低压供电”或“新能源低压自检”，且 VCU 输出的“唤醒”信号为高电位，BMS 开始初始化之后进入下一步。

3）BMS 检测外围输入输出接口；读取 EEPROM 中存储的可用容量、SOC、故障等信息；巡检单体电池状态；巡检温度；高压诊断 1（包括 MSD 检测；电池绝缘检测；U_1、U_2、U_3 及总电流检测，其中 U_3 检测在 EP 阶段实现）；负极继电器粘连检测；正极及预充继电器同时粘连检测（新增 U_3 检测后实现）；动力电池高压互锁检测。如果出现故障，按照故障处理策略，首先上报故障到 EVBUS，故障状态上报完成后，BMS 自检计数器上报为 1；若无故障，BMS 自检计数器上报为 1；BMS 判断 VCU 输出的“唤醒”信号为高电位，50ms

后发送第一帧报文，第一帧报文内容以通信协议中规定的初始值上报。

4）初始化时间要求及初始值上报：BMS 判断 VCU 输出的“唤醒”信号为高电位，300ms 内初始化完成，300ms 内 BMS 初始化状态位置 1；300ms 内初始值上报为通信协议中规定的初始值；300ms 后除单体最高、最低电压、温度及与温度相关的数值外，其余数据上报为真实值；1300ms 后要求所有报文发送内容全部为真实值并满足通信协议要求。

2. 高压上电控制策略

1）低压上电完成后，BMS 检测整车状态为“电池高压检测”时，进行高压诊断 2，包括判断负极继电器断路、预充电电阻断路、预充电继电器粘连以及电池正极继电器粘连（新增 U_3 检测后实现）。如果高压诊断 2 有故障，按照故障处理策略上报故障到 EVBUS，故障状态上报完成后 BMS 自检计数器上报为 2。如果高压诊断 2 无故障，BMS 自检计数器上报为 2。

2）BMS 等待整车状态更新。当 BMS 检测到整车状态为“高压系统预充电”时，吸合预充电继电器之后把预充电继电器状态置为“闭合”；20ms 后开始进行高压诊断 3 第一部分（预充电继电器断路故障）。

如果高压诊断 3 有故障，按照故障策略处理上报故障到 EVBUS，故障状态上报完成后 BMS 自检计数器上报为 3。

若无故障，判断 U_1 与 U_2 的差值。如果预充电继电器闭合 750ms 后，U_1 与 U_2 的差值大于 15V，或 U_2 小于 U_1 的 95%，BMS 上报预充电状态为“预充电未完成”。如果开始计时 750ms 内，U_1 与 U_2 的差值小于等于 15V，或 U_2 大于等于 U_1 的 95%，BMS 吸合正极继电器，同时把正极继电器状态置为“闭合”。20ms 后断开预充电继电器，同时把预充电继电器状态置为“断开”；20ms 后上报预充电状态为“预充电完成”。

之后进行高压诊断 3 第二部分，也就是正极继电器断路故障（新增 U_3 检测后实现）。如果高压诊断 3 有故障，按照故障处理策略上报故障到 EVBUS，故障状态上报完成后 BMS 自检计数器上报为 3。

3. 电芯加热策略

加热只在充电模式下起动，按照动力电池系统的温度范围和充电类型划分如下：

1）如果温度 $T_{avg}<-20℃$，车载交流充电模式下进行充电前预热，即只加热不充电。不支持直流充电。

2）如果 $-20℃ \leq T_{avg}<10℃$，车载交流充电模式下与直流充电模式下，边充电边加热。

3）如果 $T_{avg}>10℃$，加热不起动。

4. 充电控制策略

该控制策略需要根据动力电池的充电能力，控制车载充电机或直流充电机对动力电池进行充电。充电模式分为车载充电模式和直流快充模式。充电电流倍率和温度的关系如图4-38 所示。

5. 放电功率控制策略

该控制策略模块是根据动力电池系统 SOC 及单体电芯平均温度 T_{avg}，调整当前状态最大允许放电功率。

1）放电控制策略在整车状态“远程运行状态”和“行车状态”执行。

2）BMS 按照表 4-3 上报当前状态最大允许放电功率给 VCU，间接控制动力电池放电功率。

3）当 SOC 和单体电芯平均温度 T_{avg} 发生变化时，BMS 以每 20ms 变化 0.5kW 的速率，调整当前状态最大允许放电功率。

6. 动力电池能量回馈控制策略

1）动力电池能量回馈的条件：SOC 在 0~100%，且无不允许能量回馈的故障。当达到不允许能量回馈的条件时，“最大允许充电功率”由原上报值以每 20ms 变化 0.5kW 的速率调整为 0kW。

2）能量回馈控制策略在整车状态为“行车”执行。

3）BMS 通过上报“允许最大回馈功率”给 VCU，间接控制能量回馈充电功率。能量回馈功率如表 4-4 所示。

7. 电池系统下电流程

该控制策略模块明确 BMS 低压下电条件及数据存储要求。

1）BMS 判断整车状态为“部件存档”，BMS 写 EEPROM、BMS 自检计数器上报为 0、发送低压下电请求、继电器状态上报为“断开”。

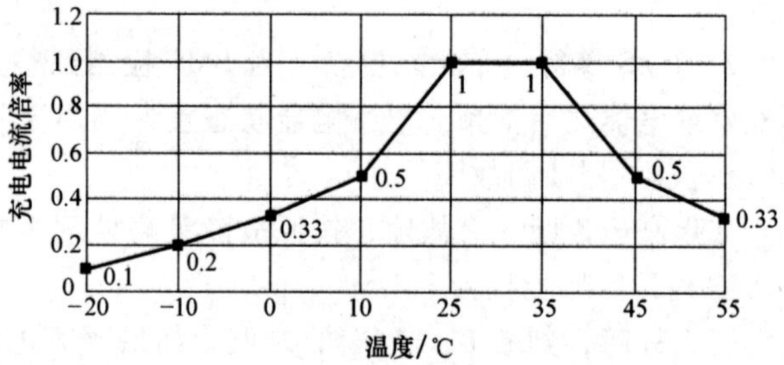

图 4-38 充电电流倍率和温度关系

2）BMS 判断整车状态为“新能源系统掉电”且 VCU 输出的“唤醒”信号为低电位，BMS 进入休眠低压下电完成。

3）在其他 state 状态下，如果“唤醒”信号突然为低电位，BMS 不进入休眠，仍按 state 执行。

表 4-3 SOC 与温度关系

SOC \ 温度/℃	−21	−20	−15	−5	5	45	55	56
0%	0	0	0	0	0	0	0	0
5%	0	4	15	21	24	56	4	0
10%	0	4	21	27	54	69	15	0
20%	0	15	32	54	69	69	21	0
30%	0	21	69	69	110	110	21	0
40%	0	21	69	69	110	110	21	0
50%	0	21	69	69	110	110	21	0
60%	0	56	69	69	110	110	56	0
70%	0	56	69	69	110	110	56	0
80%	0	56	69	69	110	110	56	0
90%	0	56	69	69	110	110	56	0
100%	0	56	69	69	110	110	56	0

表 4-4　能量回馈功率表　　（单位：kW）

SOC	电芯温度 t/℃（持续 15s）							
	≤-20	-20<t≤-15	-15<t≤-5	-5<t≤0	0<t≤10	10<t≤25	25<t≤45	45<t≤50
≤100%	不允许	不允许	不允许	1	1	2	2	1
≤95%	不允许	不允许	4	8	14	20	14	14
≤80%	不允许	4	14	30	41.5	70	70	41.5
≤70%	不允许	8	18	45	41.5	70	70	41.5

第五章

电动汽车的充电

充电设施是电动汽车能源供给的基础，是电动汽车进入商业化运营的保障，直接关系到电动汽车的产业化推广应用。动力电池的能量补给形式除了直接充电外，还可以采用机械式更换与充电相结合的方式。

第一节　电动汽车充电技术

纯电动汽车和插电式混合动力电动汽车需要为车载储能装置补充电力，也就是通常所说的充电。电动汽车的充电是指以受控的方式将电能传输到电动汽车的蓄电池或其他车载储能装置中的过程，这一过程主要通过充电装置来完成。

一、输入电能的供给方式

电动汽车在充电时，输入的电能既可以来源于交流电源，也可以来源于直流电源。

1. 交流供电

交流电源与交流电网连接。国家标准规定的电动汽车充电用交流电源电压的额定值最大可为660V，交流标称电压为单相250V、三相415V，允许偏差为标称电压的±10%，频率的额定值为50Hz±1Hz。交流标称电流可以为16A、32A、60A、100A、150A或250A。

将电动汽车和交流电网相连时，可以采用下述三种方式中的一种或多种。

(1) 连接方式A　将电动车辆和交流电网相连时，使用和电动车辆连在一起的供电电缆和插头，如图5-1a所示。

(2) 连接方式B　将电动车辆和交流电源连接时，使用带有电动车辆插接器和电源插接器的独立活动电缆，如图5-1b所示。

(3) 连接方式C　将电动车辆和交流电源连接时，使用和交流电网连在一起的供电电缆和插接器，如图5-1c所示。

2. 直流供电

电动汽车采用直流充电时，直流电源通常是在对交流电源进行整流后得到，由于单独设置的整流装置或直流电源并不仅限于为电动汽车提供输入电能，因此在充电过程中将该整流环节排除在外，而认为电动汽车充电的输入电源是直流电源。如某充电站利用城市无轨电车的供电网作为输入电源，则对该充电站内的充电装置而言，输入电源即为直流电源。

国家标准规定用于电动汽车充电的直流电源的电压最高为1000V。

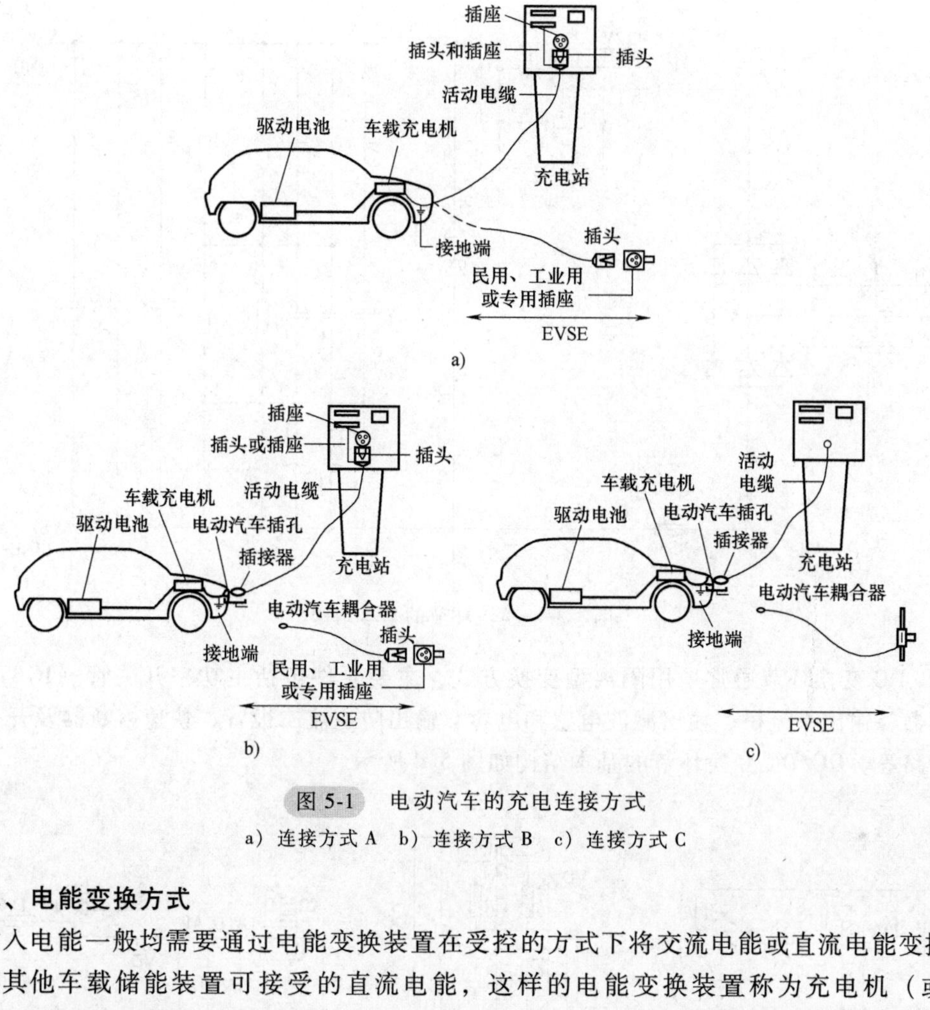

图 5-1　电动汽车的充电连接方式

a）连接方式 A　b）连接方式 B　c）连接方式 C

二、电能变换方式

输入电能一般均需要通过电能变换装置在受控的方式下将交流电能或直流电能变换成蓄电池或其他车载储能装置可接受的直流电能，这样的电能变换装置称为充电机（或充电器）。充电机根据安装位置的不同，可以分为非车载充电机（安装在电动汽车车体外）和车载充电机（固定安装在电动汽车上）两种类型。

当输入电源为交流电源时，充电机的基本工作流程主要包括输入整流环节、功率因数校正（Power Factor Correction，PFC）环节、DC/DC 功率变换环节及输出滤波环节，具体流程如图 5-2 所示。

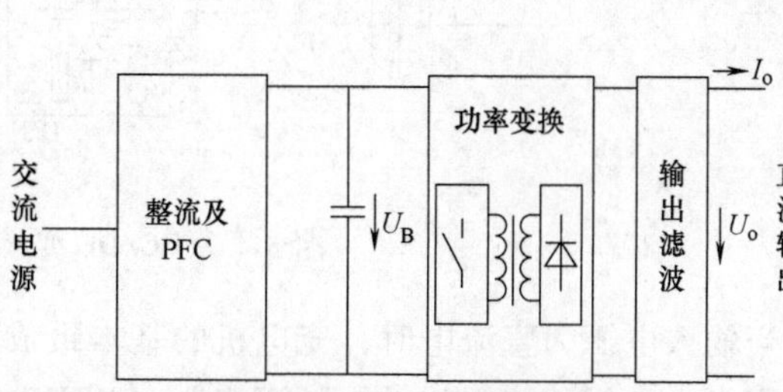

图 5-2　充电机的基本结构

输入整流及功率因数校正环节对单相或三相交流电进行整流并完成功率因数的校正，再经过滤波后形成稳定的直流母线电压，从而提供给后级的 DC/DC 功率变换环节。完整的输入整流环节需要应用到包括快速熔断器、预充电电阻和继电器、单相或三相整流桥、PFC 电路、滤波电感、直流母线支撑电容和滤波电容等元件。一种最简单的二极管整流方式如图 5-3 所示。

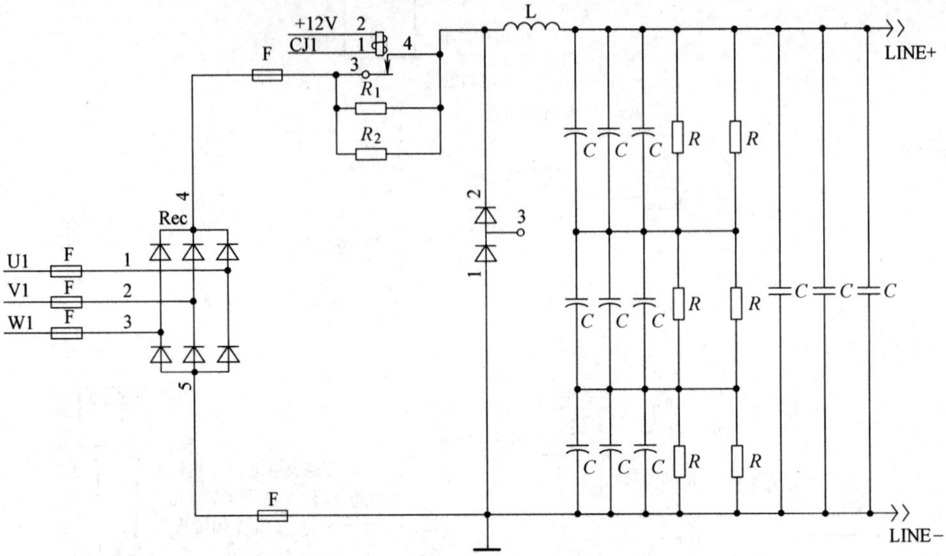

图 5-3 整流环节的基本结构

DC/DC 变换环节通常采用隔离型变换方式，主要元件包括主功率开关管（IGBT）、高频变压器、输出整流桥、输出滤波电感和电容、输出防逆流二极管、快速熔断器及开关器件缓冲电路等。DC/DC 变换环节的基本结构如图 5-4 所示。

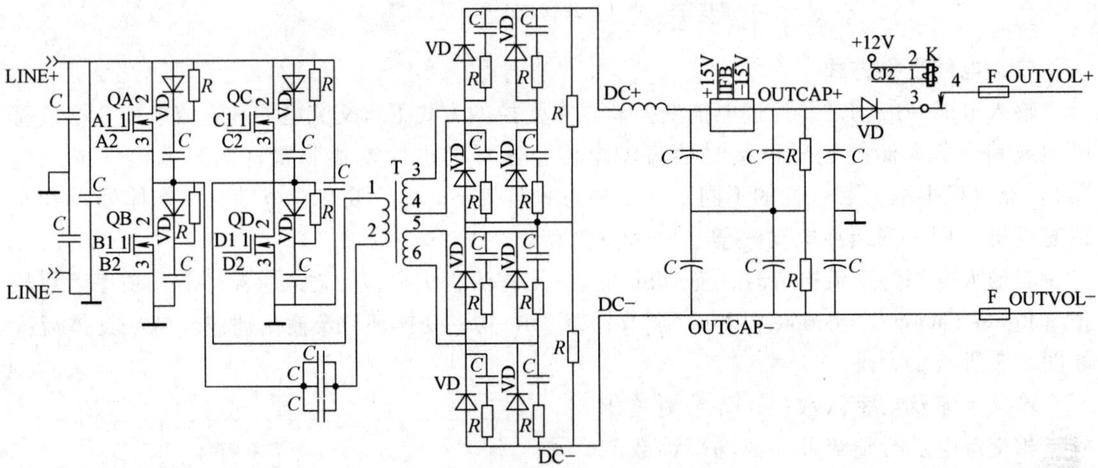

图 5-4 DC/DC 变换环节的基本结构

当输入电源为直流电时，充电机的基本组成一般只包括 DC/DC 变换环节。在电能变换的过程中，常用的控制技术是脉宽调制（PWM）技术。功率电路中的功率器件在控制系统的控制下完成对输入电能的变换，从而在输出侧提供恒定的电流或电压输出，满足蓄电池系统的充电要求。

三、动力电池成组充电方式

根据运营方式的不同，电动车辆动力电池组充电又可分为地面充电和车载充电两种充电方式。

1. 地面充电方式

当车辆进行补充充电时，将需要充电的电池从车辆上卸下，安装已充满电的电池，车辆即可离开继续运营或应用，对卸载下的电池采用地面充电系统进行补充充电。采取地面充电方式有利于电池维护，提高电池使用寿命和车辆使用效率，但对车辆及电池更换设备提出了更高的要求。地面充电又有分箱充电和整组充电两种。

（1）分箱充电　分箱充电时，每台充电机对电池组中一箱电池充电（单箱充电），并和该箱的电池管理单元通信，完成充电控制。采用这种方式，有利于提高电池组的均衡性，延长电池组使用寿命，但充电机数量多，电池组与充电机间的连线多，监控网络复杂，成本较高。

地面分箱充电结构如图 5-5 所示。其中，充电平台包括与车辆低压电源一致的直流电源、电池存储架、充电机通信接口连接器、充电机输出连接器、烟雾传感器。当单箱电池放置在充电平台上时，低压电源为电池管理单元提供供电电源，充电机和电池管理单元通信实现充电控制，能量通过充电机输出连接器从充电机传输到电池。烟雾传感器、温度传感器等实现在充电过程中的现场监视。

当采用分箱充电时，需要电池调度系统对所有的电池实时进行数量、质量和状态的监控和管理，完成电池存储、更换、重新配组和电池组均衡、实际容量测试及电池故障的应急处理等功能。

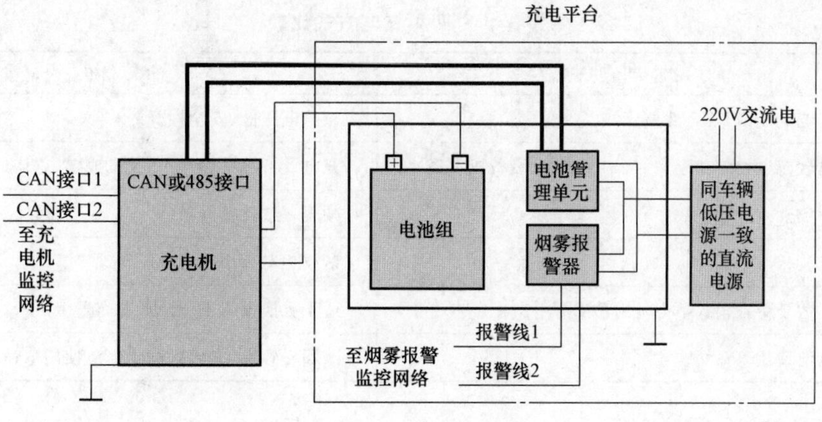

图 5-5　地面分箱充电结构图

（2）整组充电　采用整组充电时，则将从电动车辆上卸下的各箱电池按照车辆上的应用方式连接，通过一台充电机给整组电池进行充电，所有的电池管理单元通过电池管理主机与充电机进行通信，完成充电控制。采用这种方式，充电机数量较少，监控网络简单，但是相对分箱充电方式而言，电池组的均衡性较差，使用寿命较低。其结构如图 5-6 所示。

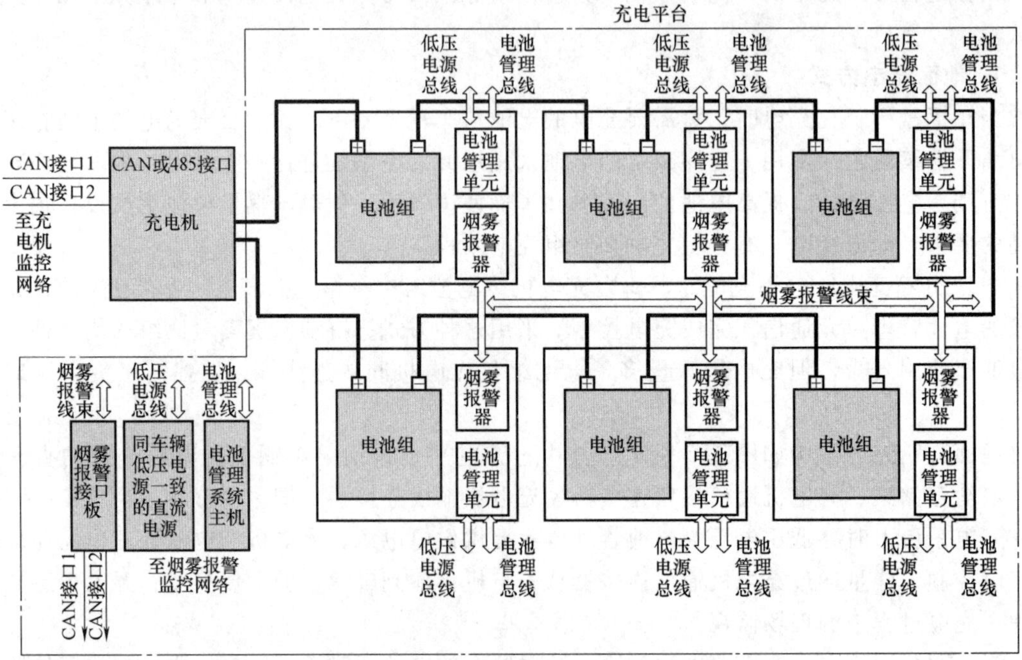

图 5-6　地面整组充电结构图

两种充电方式的优缺点见表 5-1。

表 5-1　两种充电方式比较

序号	整组充电	分箱充电
1	充电电压高、安全性差	充电电压低、安全性好
2	单台充电设备功率大，技术不成熟，设备成本高	充电设备单机功率小；技术成熟，总体成本低
3	一致性差异增加快	减缓一致性差异增加
4	谐波相对较大	谐波相对较小
5	不适于更换模式下电池对称布置	适于更换模式下电池对称布置
6	电池使用寿命短	兼顾一致性，有效提高了电池使用寿命

2. 车载充电方式

如图 5-7 所示，有的电动汽车（如北汽 EV 系列）有两个充电口，一个快充口和一个慢充口。快充是直流供电，半小时可充到 80%，慢充为交流供电，充满时间为 6~8h。当车辆进行补充充电时，充电机与充电车辆通过充电插头进行连接，电池无需从车辆上卸下可直接进行充电，如图 5-8 所示。其优点是充电操作过程简单，不涉及电池存储、电池更换等过程。但车辆充电时间占用了车辆的运营或应用时间，车辆利用率较低，不利于保持电池组的均衡性以及延长电池组的使用寿命。图 5-9、图 5-10 和表 5-2 是某种充电插头的端子连接及功能定义。

图 5-7 北汽 EV 系列的快充口和慢充口

图 5-8 充电机与充电车辆通过充电插头进行连接充电

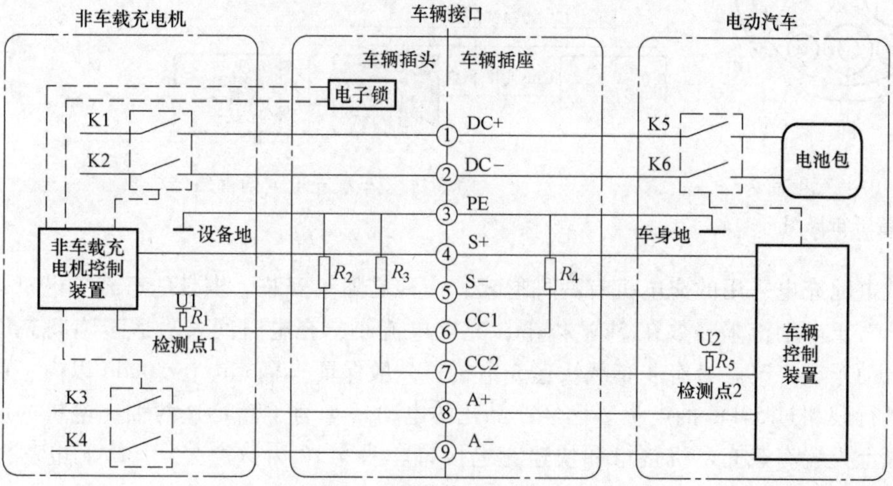

图 5-9 一种充电插头的端子连接

表 5-2 充电插头端子功能

端子名称	端子电压/电流	端子功能说明
DC+	750V/125A	总直流电源正极
DC−	750V/125A	总直流电源负极
PE		保护接地

（续）

端子名称	端子电压/电流	端子功能说明
S+	30V/2A	充电通信 CANH
S-	30V/2A	充电通信 CANL
CC1	30V/2A	充电连接确认 1
CC2	30V/2A	充电连接确认 2
A+	30V/20A	低压辅助电源正极
A-	30V/20A	低压辅助电源负极

该系统通过充电插头上的 CAN 网络连接线与电动汽车内部 CAN 网络进行连接，与车载电池管理主机进行通信，完成充电控制，系统拓扑结构如图 5-11 所示。

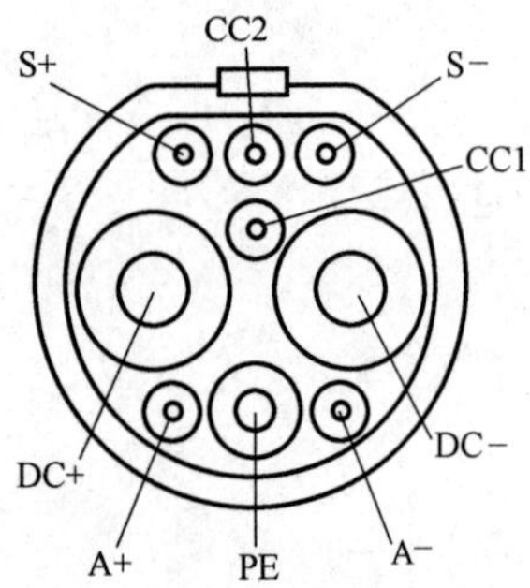

图 5-10　充电插头端子布局图

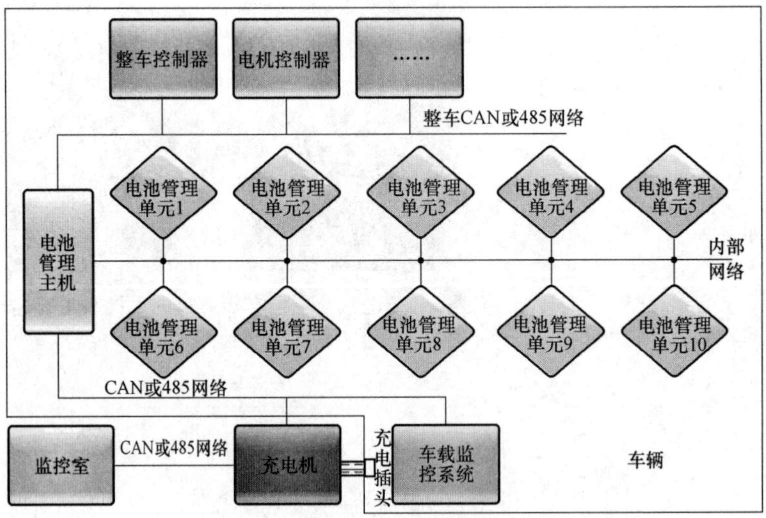

图 5-11　车载充电通信网络结构图

车载电池充电采用的充电机有两种形式，一种是随车安装、携带的车载充电机，一般功率较小，对于电动汽车多数在 5kW 以下，充电电流小，充电时间长。适于晚间充电、白天使用的电动车辆工况。另有非车载快速充电机，一般保证车辆充电在 30min 以内，可以充入保证车辆行驶超过 50km 的电量。已经产品化的电动轿车为了满足这两种充电机的应用，需要在车辆上设置车载充电机接口和快速充电接口。图 5-12 为日产公司 LEAF 电动汽车的充电接口，为两个接口并列的形式。

四、电能的传输方式

根据充电装置与车辆接收装置连接方式的不同，电动汽车的整车充电方式可以分为传导式充电和非接触式充电两种。

1. 传导式充电

在将电能传输到电动汽车的蓄电池或其他车载储能装置的过程中，如果电能的传输经由连接电缆实现，则称为传导式充电（图 5-13）。

图 5-12 日产公司 LEAF 电动汽车的充电接口

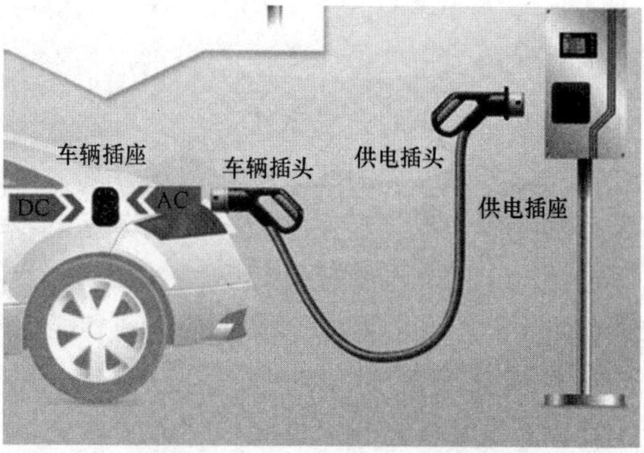

图 5-13 电动汽车的传导式充电

2. 非接触式充电

与传导式充电相对的是非接触式充电，也称为感应式充电或无线充电。在非接触式充电中，充电装置与车辆接收装置之间无须直接接触即可实现电能的补给，一种典型的非接触式充电方案如图 5-14 所示。非接触式充电主要采用无线电能传输（Wireless Power Supply，WPS）技术，利用电磁场或电磁波进行能量传递（图 5-15）。与传导式充电相比，无线电能传输技术具有很多优点，主要包括：

① 由于系统完全绝缘，可以避免高压触电的危险。

② 全密封的设计可以避免短路和漏电的危险。

③ 有利于接口的标准化，也便于实现自动化和无人操作。

④ 无机械磨损和相应的维护问题，可适应多种恶劣环境和天气。

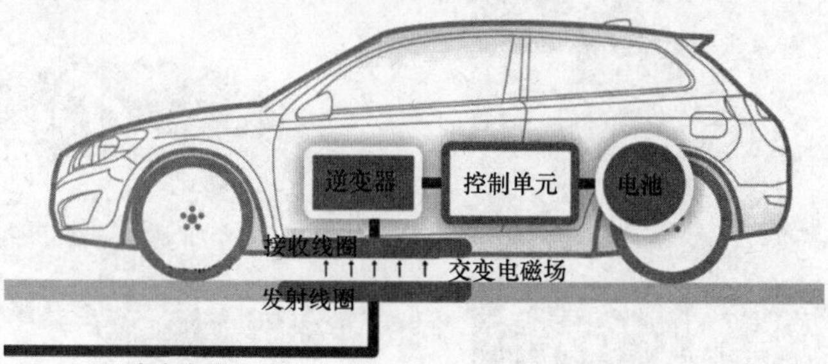

图 5-14 一种典型的非接触式充电方案

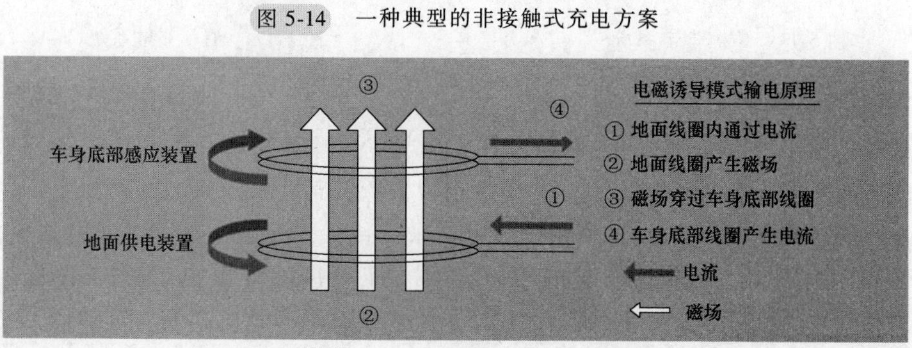

图 5-15 电磁诱导模式输电原理

第二节　电动汽车的充换电

一、电动汽车的充电系统

将各种供电电源形式、电能变换方式、电能传输方式及其他相关技术进行合理的选择和整合，就可以构成一个完整的电动汽车充电系统。

电动汽车的充电系统可以分为家庭充电（Home Charge，HC）系统、泊车充电（Park-And-Charge，PAC）系统、行驶充电（Move-And-Charge，MAC）系统等多个种类。

1. 家庭充电系统

家庭充电系统适用于装备有车载充电机的纯电动汽车，可以在夜间利用家中普通单相交流电对动力蓄电池进行慢速充电，该系统如图 5-16 所示。根据蓄电池容量和放电深度的不同，充电时间一般需要 6~8h。由于车载充电机的重量一般要求限制在 5kg 以下，因此结构紧凑的轻便型车载充电机对于家庭充电系统来说是至关重要的，这种需求也促进了具有高功率密度和高效率的单相 AC/DC 变换器的研究。此外，由于夜间的电力需求较低，处于波谷阶段，使用家庭充电系统对电动汽车进行充电有利于电网的峰谷调节控制。

2. 泊车充电系统

当纯电动汽车在停车场中停放时，可以根据停车时间的长短通过固定在地面或壁挂式的非车载充电机进行常规充电或快速充电。地面充电机通常采用三相交流电作为输入电源，并通过计算机控制将三相交流电转换为直流电后为蓄电池充电。充电过程控制及充电均衡控制都通过计算机实现，以避免蓄电池出现过充电，从而延长蓄电池的使用寿命。泊车充电系统如图 5-17 所示。

图 5-16　家庭充电系统

图 5-17　泊车充电系统

3. 行驶充电系统

对纯电动汽车的蓄电池进行充电的最理想情况是在行驶过程中完成充电，MAC 系统的概念正是基于以上构想而提出的。MAC 系统可以嵌入在某些特定区域的路面上，如高速公路的充电区等，如图 5-18 所示。该系统既可以采用传导式充电，也可以采用感应式充电。对于传导式 MAC 系统，纯电动汽车的车体底部需要安装接触受电弓，通过与路面上的供电元件接触接受大电流充电；对于感应式 MAC 系统，其原理与感应式充电机类似，纯电动汽车在驶过充电区域时，就可以完成一次充电过程。

图 5-18 行驶充电系统

二、电动汽车的换电

在电池更换方式中，电池在充电时与车体分离，因此在充电时段的选择上相对自由，既可以利用电网低谷时段给蓄电池充电，又能在很短的时间内完成电动汽车的电能补给，整个电池更换过程可以在 10min 内完成，与现有燃油汽车的加油时间大致相当。根据车辆类型的不同，电池更换技术可以分为乘用车电池更换和商用车电池更换两种。

1. 乘用车的电池更换

根据电池箱在车辆中的布置位置，乘用车的电池更换方式可分为底盘更换和行李箱更换两种，分别如图 5-19 和图 5-20 所示。在底盘更换方式中，电池箱安装在车辆底盘上，与乘员舱隔离，车辆整体质量分布均匀，可更好地满足车辆运行的技术性能指标、车辆行驶的安全性和舒适性要求。但底盘更换方式对电池箱的标准化程度要求较高，同时整车的技术难度较大。在行李箱更换方式中，电池箱安放在车辆的行李箱中，相比于底盘更换方式，行李箱更换方式更容易实现，整车不需要进行太大的改造。但行李箱更换方式也存在一定的缺点，由于电池组占用了行李箱的空间，因而牺牲了车辆行李箱的储藏功能；同时由于该方式中的电池箱与乘员舱没有隔离，因而安全性不如底盘更换方式。

此外，由于电池箱具有一定的重量，电池箱安放在行李箱中会导致整车重心后移，车辆运行的技术性能也有所下降。

图 5-19 底盘更换方式

图 5-20 行李舱更换方式

2. 商用车的电池更换

商用车辆的电池箱一般位于车辆两侧，通常需要使用更换设备从车辆两侧对电池组进行更换。由于商用车所携带的电池箱数量较多，每辆车通常需要携带 8~12 个电池箱，电池箱的质量也较大，因此商用车的电池更换一般采用自动化更换设备来实现。为了提高商用车电池的更换效率，缩短电池的更换时间，可以采用不同模式的商用车电池更换方法。根据更换操作程序的不同，商用车辆的电池更换又可以进一步分为一步式方案和两步式方案。在一步式更换模式中，更换设备首先将电池从电池架上取下后并旋转 180°，然后安装在车上，两个动作由同一套装置完成；而在两步式更换模式中，电池取放设备和更换设备分离，整个电池的更换动作分两步完成。商用车辆的换电系统如图 5-21 所示。

图 5-21　商用车换电系统

三、电动汽车的充（换）电站

基于上述充电技术、换电技术、充电系统结构及不同的服务对象和服务需求，并结合其他的支撑性技术和系统，可以构成一个完整的电动汽车充（换）电站，为电动汽车提供充（换）电服务。

充（换）电站的结构按功能可划分为若干个子系统模块，如充电站供电系统、能源调度与管理系统、整车充电系统、更换式充电系统、充电监控系统、电池维护与检测系统及车辆运营管理系统等，电动汽车充（换）电站的构成如图 5-22 所示。

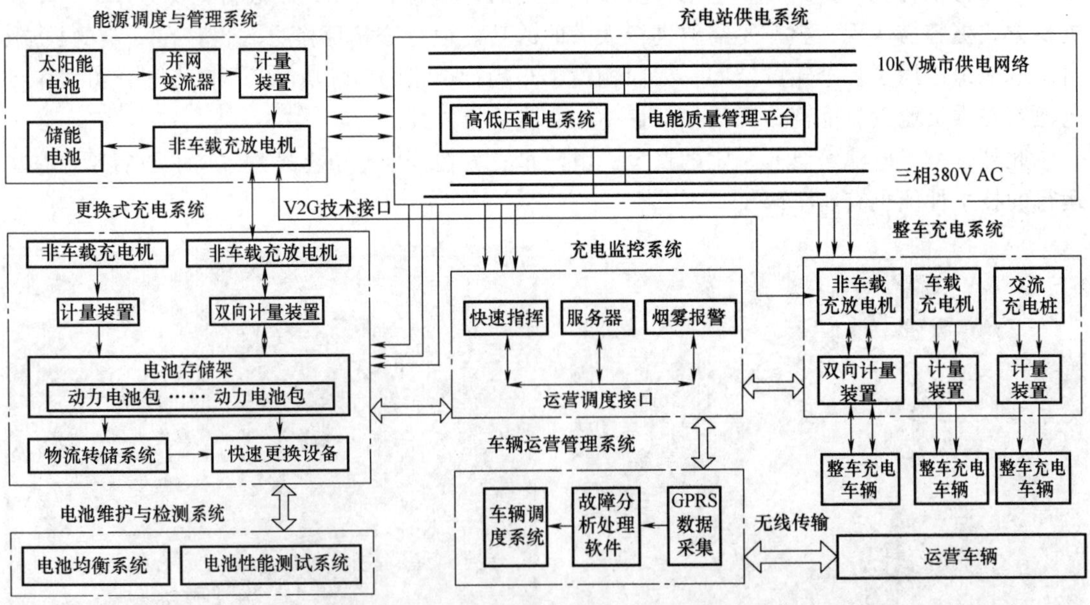

图 5-22　电动汽车充（换）电站的构成

四、案例：江淮同悦电动车无法充电

【故障现象】 一辆江淮同悦 IEV2 车，行驶里程约为 5000km，因车辆无法充电而报修。

【故障诊断】 接车后试车验证故障现象，确认充电线路连接可靠后，观察仪表板上的指示灯，发现充电线连接指示灯和电池组充电指示灯均不亮。

查阅相关资料可知，电池管理系统（BMS）在停车状态下才允许充电系统工作。待车辆停稳，并连接充电电源后，车载充电器准备开始工作，此时会通过 CAN 通信模块经 CAN 网络发送工作请求，仪表控制模块在得到车载充电器的请求后会控制充电连接指示灯点亮，同时给出一个充电唤醒信号，BMS 在收到唤醒信号后即开始进入充电模式，充电回路接通，车载充电器开始给高压电池组充电，电流不断增大，充电器不断地向 CAN 网络发送信号汇报充电电流数据，当仪表控制模块收到充电电流大于 1A 的信号后，控制电池组充电指示灯点亮。

根据上述资料结合故障现象进行分析，怀疑车载充电器存在故障。用万用表测量车载充电器后部的四端子连接器上 CAN-H 和 CAN-L 间的电压，为 0V，判断车载充电器的 CAN 通信模块存在故障。

【故障排除】 尝试更换车载充电器（图 5-23）后，再次给车辆进行充电操作，故障排除。

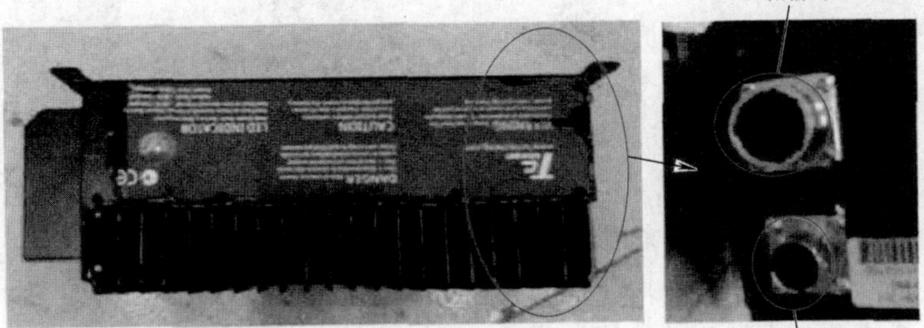

图 5-23 车载充电器

【故障小结】 在对车辆无法充电的故障进行诊断时，应首先观察仪表板上的充电线连接指示灯和电池组充电指示灯。如果充电线连接指示灯和电池组充电指示灯均不亮，且排除充电线路存在故障的可能后，用万用表测量车载充电器后部四端子导线连接器 CAN-H 和 CAN-L 之间的电压，正常应为 0.3~0.5V，否则可判定为车载充电器 CAN 通信模块故障，需更换车载充电器。

如果充电线连接指示灯点亮，电池组充电指示灯却不亮，则应重点对高压接线盒内部的熔丝和继电器进行检查。在排除高压接线盒内部存在问题的可能后，则需更换车载充电器。

值得一提的是，江淮同悦纯电动车需要车载 12V 蓄电池来唤醒充电系统工作，如果蓄电池亏电，充电系统将无法被唤醒，高压电池组就不能正常充电。因此，车辆如需长时间停放，则应断开 12V 铅酸蓄电池的负极电缆，从而避免铅酸蓄电池亏电。

第三节　电动汽车的充电桩

一、充电桩的基本形式

电动汽车充电桩（图 5-24）的功能类似于加油站内的加油机，可以固定在地面或墙壁，也可以安装于公共建筑（如公共楼宇、商场和公共停车场等）或居民小区的停车场及充电站内，并且能够根据不同的电压等级为各种型号的电动汽车充电。充电桩通常可以分为交流充电桩（图 5-25）和直流充电桩（图 5-26）两种类型。

图 5-24　电动汽车充电桩

图 5-25　交流充电桩

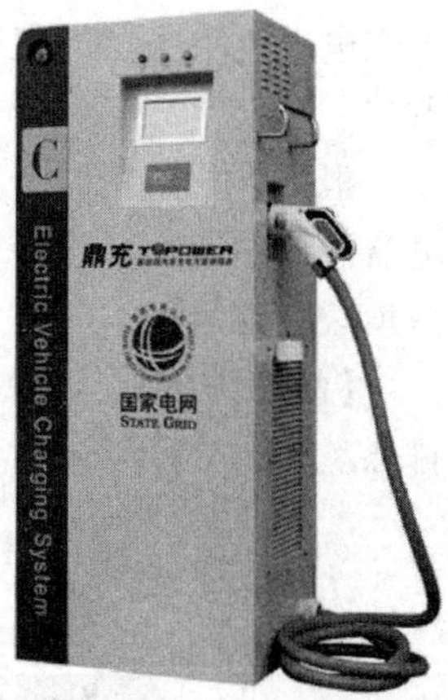

图 5-26　直流充电桩

交流充电桩是指为具有车载充电装置的电动汽车提供交流电源的专用供电装置。交流充电桩的输入端连接至输入电源，输出端通过交流充电接口连接至电动汽车。

直流充电桩需要与非车载充电机配合使用，其发展过程可分为两个阶段。在第一阶段，非车载充电机和直流充电桩为分体式结构，非车载充电机的输出端连接至直流充电桩的输入端，直流充电桩的输出端通过直流充电接口连接至电动汽车。与此同时，直流充电桩通过通信接口实现对非车载充电机的控制。该模式的优点是可以将充电机置于室内，从而降低对充电机 IP 防护等级的要求，便于进行统一的散热管理；其缺点主要是布线较长，从而造成较大的压降和功率损耗，通信线路也易受干扰，对系统可靠性的影响较大。

随着技术的进步，直流充电桩与非车载充电机的发展进入到了第二阶段，即非车载充电机和直流充电桩整合成为一体式结构。此时，直流充电桩的输入端直接连接至输入电源，输出端仍然通过直流充电接口连接至电动汽车。

二、充电桩的构成和功能

1. 交流充电桩的构成和功能

交流充电桩一般由桩体、电气模块、计量模块等组成。桩体包括外壳和人机交互界面；电气模块和计量模块安装在桩体内部；电气模块包括充电插座、电缆转接端子排和安全防护装置等。交流充电桩的一般结构如图 5-27 所示。

交流充电桩一般应具有人机交互功能、计量功能、外部通信功能和软件升级功能等。

人机交互界面提供人机交互功能，主要包括显示功能和输入功能。显示功能要求充电桩应能显示在各种状态下的相关信息，输入功能要求充电桩应具备手动设置充电参数的功能。计量模块提供对输出电能量的计量功能。充电桩的控制单元具备与外部通信的相关接口，并具备系统控制软件的升级功能。

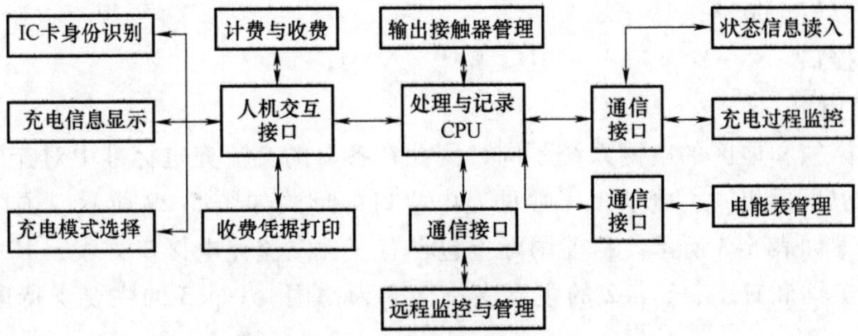

图 5-27　交流充电桩的一般结构

2. 直流充电桩的构成和功能

直流充电桩的系统结构如图 5-28 所示，主要由充电桩控制器、人机交互界面、IC 卡读写器、功率变换子系统及电量计量等部分组成。

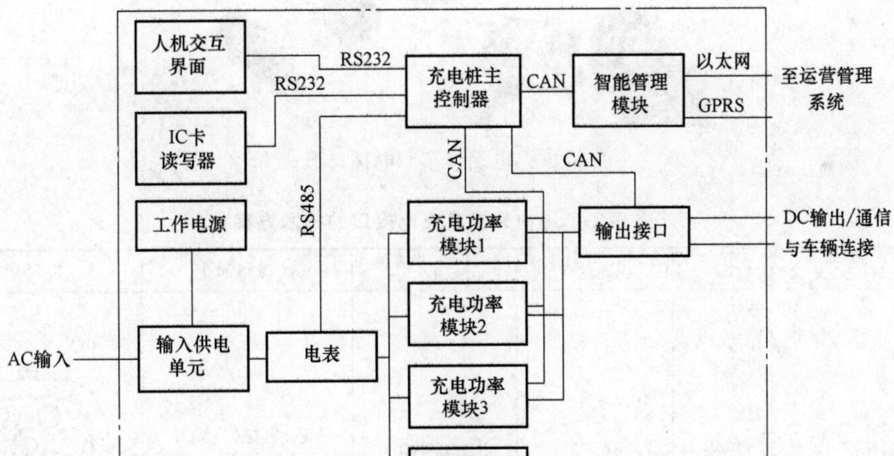

图 5-28　直流充电桩的系统结构

各部分子模块的组成和主要功能如下：

① 充电桩主控制器完成对各个子系统的协调控制功能，接收多种输入指令，切换充电桩的工作状态及控制充电功率模块的输出等。

② 人机交互子系统包括 IC 卡读写器和人机交互界面等，用以实现用户与充电桩的人机交互，完成用户身份鉴证、充电需求信息输入、充电过程中的数据显示及用户自主控制指令输入等功能。

③ 功率变换子系统包括交流供电输入单元、充电功率模块和有源滤波模块，充电功率

模块可以实现并联时的自主均流，从而可以由一种标准功率模块并联组成多种规格的充电桩。

④ 电量计量单元采用成熟的交流计量技术。

⑤ 智能管理模块包括运营管理系统的通信接口、数据处理和数据存储等组成部分，用来实现各种运营管理策略。

三、充电接口

1. 交流充电

由于不同国家和地区的电网系统不同，因此在各自的交流充电标准中对充电连接器电压和电流的要求也不尽相同。电动汽车常见充电接口的形式如图 5-29 所示。国内外交流充电接口的技术方案如表 5-3 所示。目前国际上包含有三种交流充电接口方案，其中 Type1 的主要支持国家为美国和日本，Type2 的主要支持国家为德国，Type3 的主要支持国家为意大利和法国。

图 5-29　电动汽车充电接口形式

表 5-3　国内外交流充电接口的技术方案

接口方案	相数	电流/A	电压/V	针脚和锁止	接口形式
中国标准	单相	16/32	250/440	7 芯，机械锁（电子锁可选）	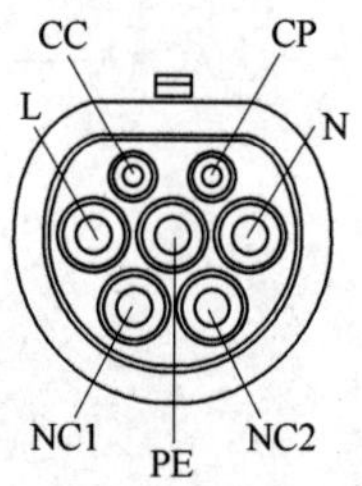
Type1（美国）	单相	32（美国 80）	≤250	5 芯，机械锁（电子锁未定）	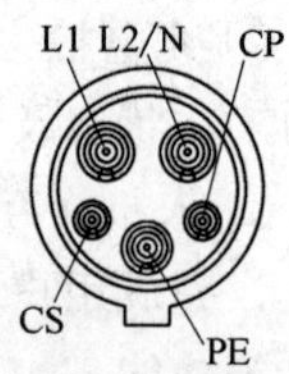

（续）

接口方案		相数	电流/A	电压/V	针脚和锁止	接口形式
Type2（德国）		单相	70	≤500	7芯，机械或电子锁	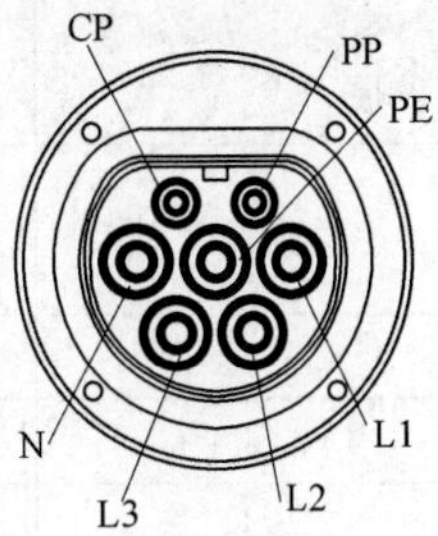
		三相	63			
Type3（意大利）	单控制导引	单相	16	≤250	4芯	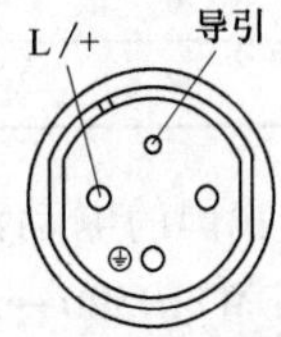
	双控制导引	单相	16	≤250	4芯	
		三相	16	≤500	5芯	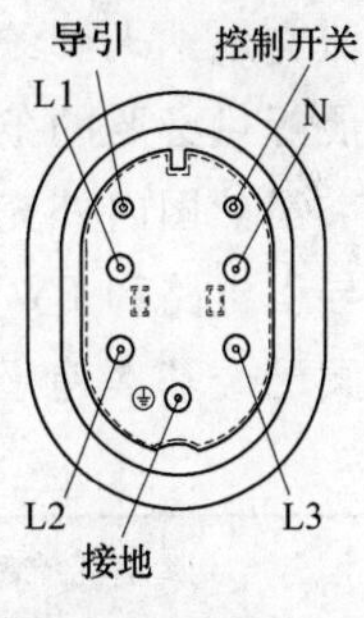

我国标准规定的交流充电接口的总体布局与Type2最为接近，都采用7芯结构，以单相充电为主，预留三相充电。但是，由于在德国三相电的使用比较普遍，因此Type2定义了480V的交流充电电压和63A的充电电流，实际充电功率可以达到40kW以上。相比之下，由于我国的私人住宅及小区住户很少能够直接使用三相电，所以目前我国标准规定的交流充电电流最大只有32A，而实际多采用220V/16A进行充电。

我国标准和Type2在车辆插头的插芯上分别采用了母头和公头的规定，所以两者无法实现互换。在接口锁止方式上，我国标准与Type1一致，首选简单可靠的机械锁，同时可以配合使用电子锁以提高安全性。虽然我国标准与国外标准在充电接口的物理结构上存在差异，但在控制导引电路和通信协议上已基本可以兼容，能够实现连接状态的判断、充电安全控制和充电功率的实时调节。Type1、Type2、Type3及我国标准对交流充电接口各端子的功能定义见表 5-4。其中，PE 为保护地端子，CP 为控制导引端子，PP/CS 为连接确认端子。

表 5-4　交流充电接口各端子的功能定义

功能定义 / 端子序号	Type1	Type2/Type3		我国标准
	单相	单相	三相	单相
1	L1	L1	L1	L1
2	L2		L2	NC1
3	PE		L3	NC2
4	CP	N/L2	N	N
5	CS	PE	PE	PE
6		CP	CP	CC
7		PP/CS	PP/CS	CP

我国的电动汽车交流充电接口标准除了国家标准之外，还包括国家电网公司企业标准 Q/GDW 10590—2016《电动汽车传导式充电接口检验技术规范》、Q/GDW 10399—2016《电动汽车交流充放电装置电气接口规范》。表 5-5 为我国的交流充电接口技术方案，可以看出，国内各标准对于交流充电接口的规定相差不大，其中国家标准与汽车行业标准对交流充电接口在物理结构上的规定基本一致，基本功能要求也相同，均包括交流电源、中线、保护地线和确认控制线，仅在针脚排列上略有不同。国家标准的兼容性更强，不仅支持单相充电模式，还预留了今后要发展的三相充电模式。国家电网企业标准对交流充电接口的物理结构没有做出具体规定，并且将在国家标准与行业标准中预留的端口用作 CAN 通信，这是由于我国的电力企业考虑到电动汽车的无序充电会加重电网负荷的随机性，因此需要将电动汽车的交流充电纳入到统一的用电监控管理中来，以保证电网的运行安全，并且为实现智能电网的发展提供必要的条件。

虽然国内外充电接口的物理结构还未统一，但是经过不断地磋商和研究，各国在充电控制导引电路和 PWM 有序充电等方面已经达成共识。因此，到目前为止，国际上的充电接口方案已经基本趋于统一。

表 5-5　我国的交流充电接口技术方案

标准名称 / 技术要求	GB/T 20234.2—2015	QC/T 841—2010	Q/GDW 10399—2016
相数	单相（三相为预留）	单相	单相
电流/A	16/32	16/32	16
电压/V	220(440)	250	220
针脚和锁止	7 芯机械锁（电子锁可选）	7 芯锁止装置	7 芯锁紧装置
接口形式	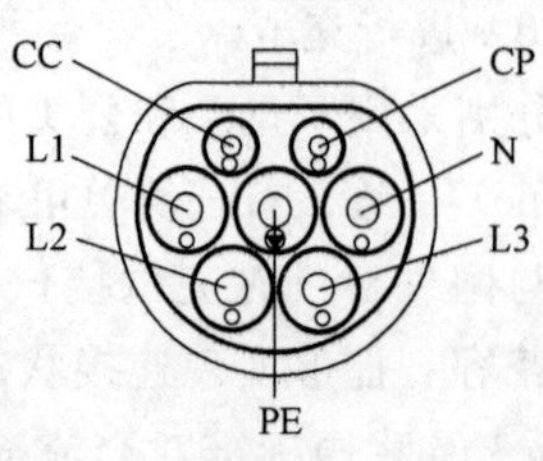	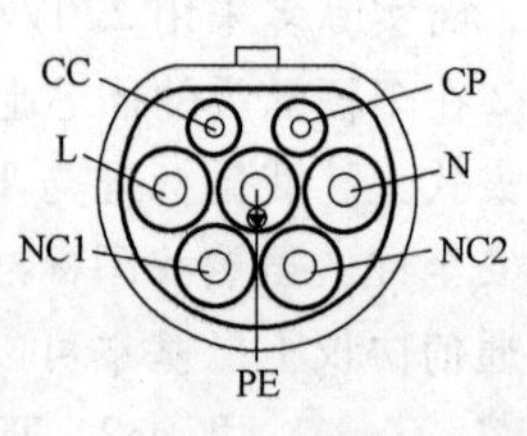	无明确规定

2. 交流充电的控制导引

对于电动汽车的充电接口而言，物理结构的标准化只是保证了接口物理连接的互换性，除此之外，还需要用控制导引电路来完成连接状态的判断和对充电过程的安全控制。

充电控制导引电路的主要功能包括判断充电连接状态、识别充电电缆承载的电流和实现带载安全切断保护等。在目前国内外的充电接口标准中，控制导引电路部分已基本可以兼容。我国的交流充电接口标准中规定的控制导引电路如图 5-30 所示（以 GB/T 20234. 2—2015 中充电模式 3 连接方式 B 为例）。

（1）连接状态判断

在交流充电接口的 7 个针脚中，CC 针和 CP 针最短，当 CC 针或 CP 针与对应的插孔导体连接后，则表明所有的针脚都已经连接，这时可以通过检测点 1、检测点 2 和检测点 3 的电压变化进行判断。供电控制装置可以根据这些电压值判断连接状态是否正确，从而控制主回路开关 K_1、K_2 的闭合或打开。

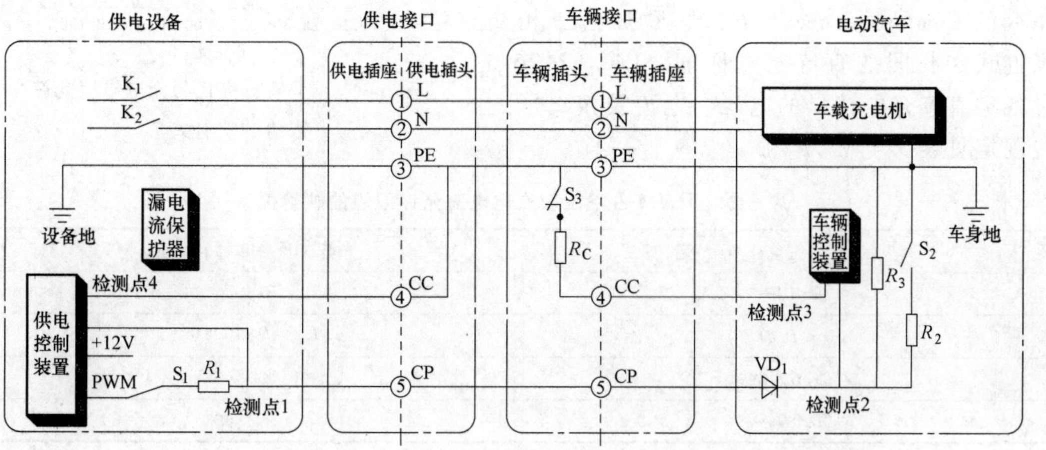

图 5-30　交流充电接口的控制导引电路

（2）充电电缆承载电流识别

目前，我国的交流充电连接装置可分为 16A 和 32A 两种电流等级。电阻 R_C 是充电连接装置的内置电阻，其电阻值是与电缆承载电流的大小相匹配的。车载充电机可以通过判断检测点 3 的电压值来判断电缆的承载能力，从而确定充电电流的上限。

（3）带载切断安全保护

在充电过程中，由于误操作或者意外原因，有可能使充电插头在带载时断开，控制导引电路需要降低或避免这种操作带来的危害。开关 S_3 被设计成和机械锁按钮联动，当机械锁按下时，车载充电机可以通过检测点 3 的电压变化判断充电插头有拔出的趋势，从而在主回路断开前提前降低或切断电流输出，避免拉弧或其他危害。

另外，由于 CC 针和 CP 针为短针，两个控制导引针会先于主回路的 L 针和 N 针断开，利用这个时间差，充电装置可以通过检测点 1 或检测点 4、车载充电机可以通过检测点 2 和检测点 3 的电压变化判断出充电插头将要断开，从而在主回路断开前提前降低或切断电流输出，避免拉弧或其他危害。

(4) 控制导引信号

供电控制装置生成 PWM 信号，利用其占空比来表示充电电流的允许限值，PWM 占空比与充电电流允许限值的映射关系见表 5-6 及如图 5-31所示。

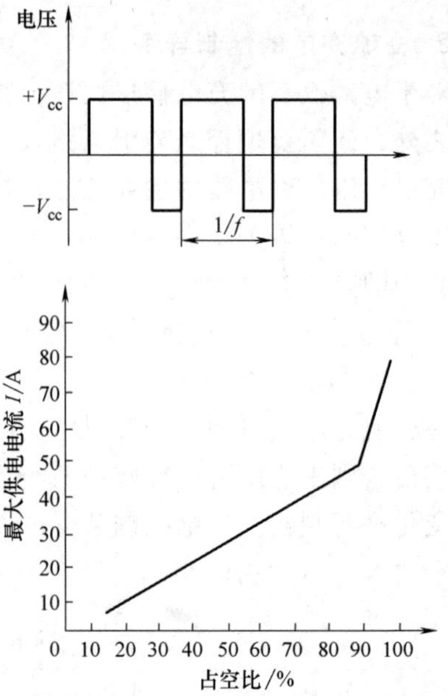

图 5-31 PWM 占空比与充电电流允许限值的映射关系

3. 直流充电接口

国际电工委员会（IEC）关于直流充电接口的标准 IEC 62196-3—2014《电动车辆传导充电用插头、插座、车辆连接器和车辆接口第3部分：直流充电接口和附属连接线路的尺寸互换性要求》已于 2014 年发布，该标准包括四种直流充电接口方案，分别为来自于日本的 CHAdeMO 标准、美国推荐的交流和直流引脚并存的 Combo Connector 方式、欧洲的三相交流方式和我国的直流充电标准。IEC 62196-3 对各类直流充电接口的电压、电流及接口形式的规定见表 5-7。

表 5-6 PWM 占空比与充电电流允许限值的映射关系

PWM 占空比 D	最大充电电流 I_{max}/A
$D<10\%$	不允许
$10\% \leqslant D \leqslant 85\%$	$I_{max}=D\times100\times0.6$
$85\%<D \leqslant 89\%$	$I_{max}=(D\times100-64)\times2.5$
$D>89\%$	不允许

表 5-7 IEC 62196-3 对各类直流充电接口的电压、电流及接口形式的规定

接口类型	A	B	C Type		C Combe	
			1	2	1	2
电压/V	600	750	300	480	600	850
电流/A	200	250	80	80	200	200
接口形式	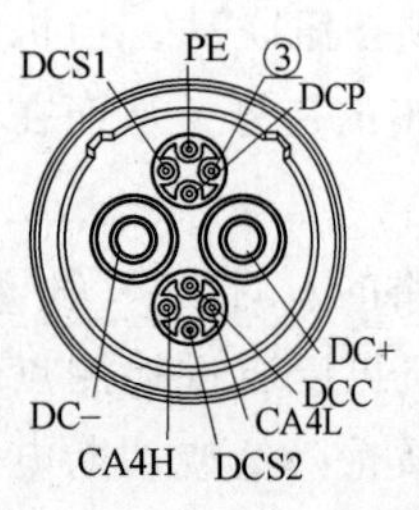	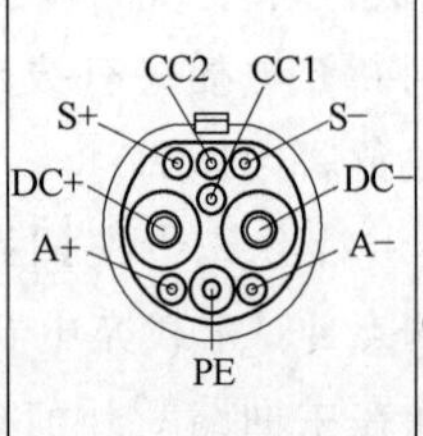	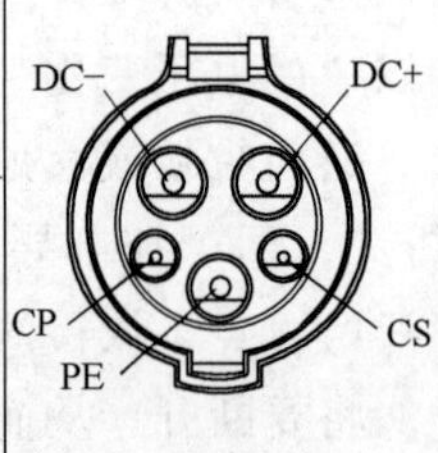		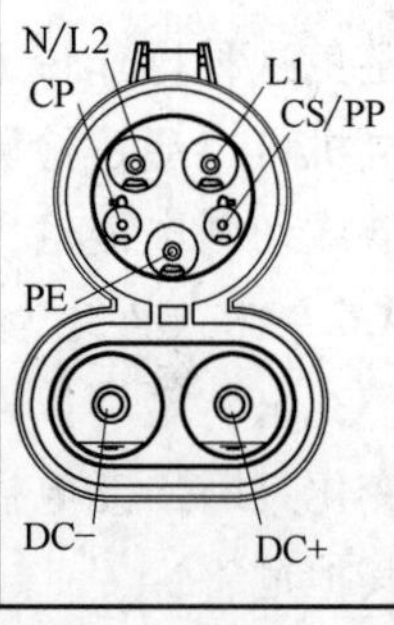	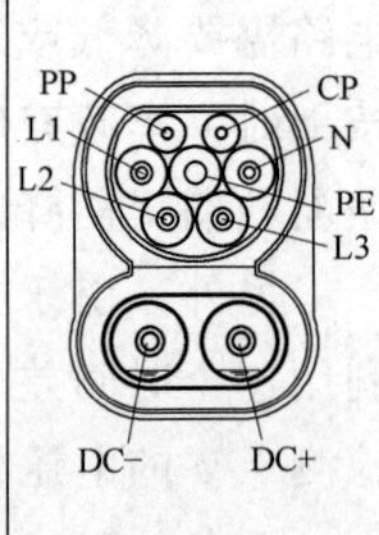

四种直流充电接口各端子功能的定义如表 5-8 所示。其中，DC+为直流电源正极端子，DC-为直流电源负极端子，PE 为保护地端子，CP 为控制导引端子 1，CP2 为控制导引端子 2，CP3 为控制导引端子 3，COM1 为通信端子正极，COM2 为通信端子负极，IM 为绝缘检测端子，PP/CS 为连接确认端子，AUX1 为辅助电源端子正极，AUX2 为辅助电源端子负极。

表 5-8 四种直流充电接口各端子的功能定义

端子	功能定义	接口端子			
		A	B	C Type	C Combe
1	DC+	DC+	DC+	DC+	DC+
2	DC-	DC-	DC-	DC-	DC-
3	CP	DCP	CC1	CP	CP
4	CP2	DCS1			
5	CP3	DCS2			
6	COM1	CA4H	S+		
7	COM2	CA4L	S-		
8	IM				
9	PE	PE	PE	PE	PE
10	PP/CS	DCC	CC2	CS	PP
11	AUX1		A		
12	AUX2		A-		

4. 非车载充电机与电池管理系统之间的通信协议

由于早期国内电动汽车的示范运行主要集中在公交领域，为了满足运营需求，电动公交车一般采用直流充电模式，非车载充电机通过直流充电接口给电池充电。在充电过程中，非车载充电机必须与电池管理系统进行通信，以完成充电控制和信息交互，因此国内的电动汽车充电通信协议标准的规定对象目前主要集中在非车载充电机与电池管理系统上。考虑到今后电动乘用车的普及，交流充电桩与车载充电机之间的通信协议标准也已经在编写规划的过程中。

四、非车载充电机的充电过程

国内已经发布的非车载充电机与 BMS 之间的通信协议的各相关标准，如图 5-32 所示。对于整个充电过程的划分基本一致，主要包括充电握手、充电参数配置、充电和充电结束四个阶段。在各个阶段，充电机与 BMS 如果在规定的时间内没有收到对方报文或没有收到正确报文，即判定为超时。国家标准、汽车行业标准和能源局标准中规定的超时时间为 5s，深圳市地方标准和南方电网企业标准中规定的超时时间为 10s。当出现超时后，BMS 或充电机发送错误报文，并进入错误处理状态。下面以 GB/T 27930—2015《电动汽车非车载传导式充电机与电池管理系统之间的通信协议》为例，对充电机与 BMS 在整个充电过程中各阶段的通信流程进行分析。

1. 充电握手阶段

当充电机和 BMS 物理连接完成并上电后，BMS 首先检测低压辅助电源是否匹配，如果低压辅助电源匹配，双方进入充电握手阶段，确定充电机编号、BMS 通信协议版本号、电池类型、整车动力蓄电池系统的额定容量和额定总电压等信息。充电握手阶段的具体流程如图 5-33 所示。

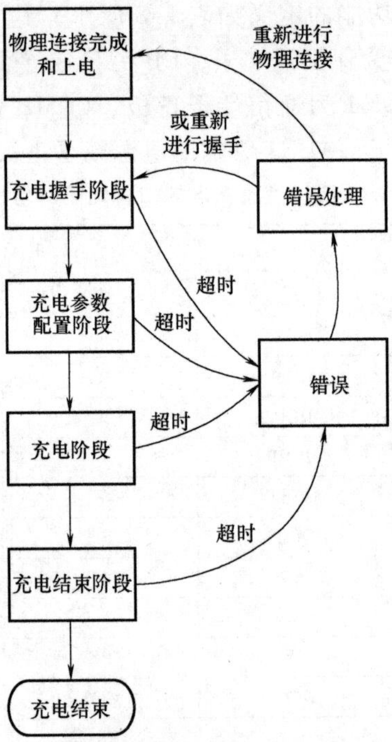

图 5-32　充电的整体流程

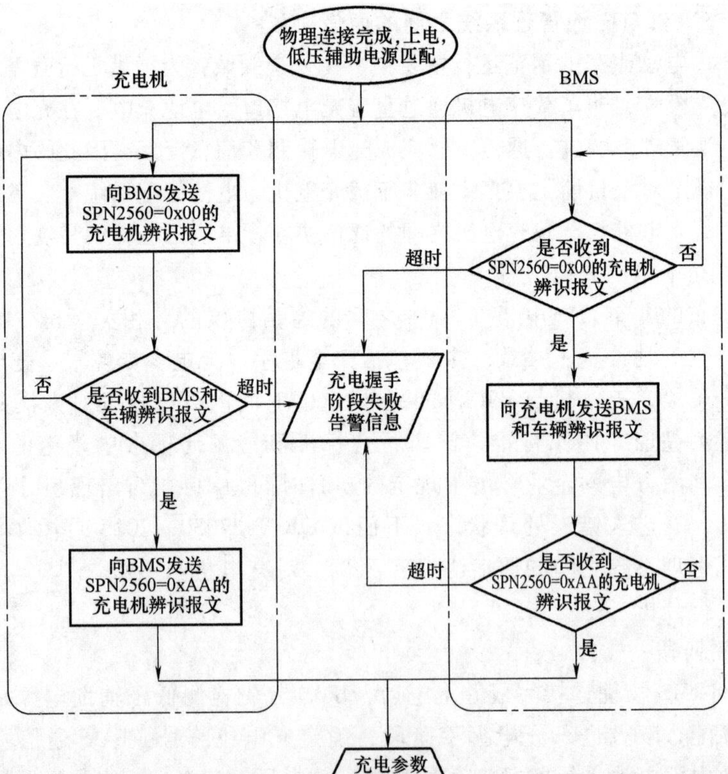

图 5-33　充电握手阶段的流程

2. 充电参数配置阶段

充电握手阶段完成后，充电机和BMS进入充电参数配置阶段。BMS向充电机发送电池充电参数报文，确定单体动力蓄电池的最高允许充电电压和电流、动力蓄电池的标称总能量、最高允许充电总电压、最高允许温度、整车动力蓄电池的荷电状态和总电压。充电机向BMS发送最大输出能力报文，包括最高输出电压、最低输出电压和最大输出电流，BMS则根据充电机的最大输出能力判断是否能够进行充电。充电参数配置阶段的具体流程如图5-34所示。

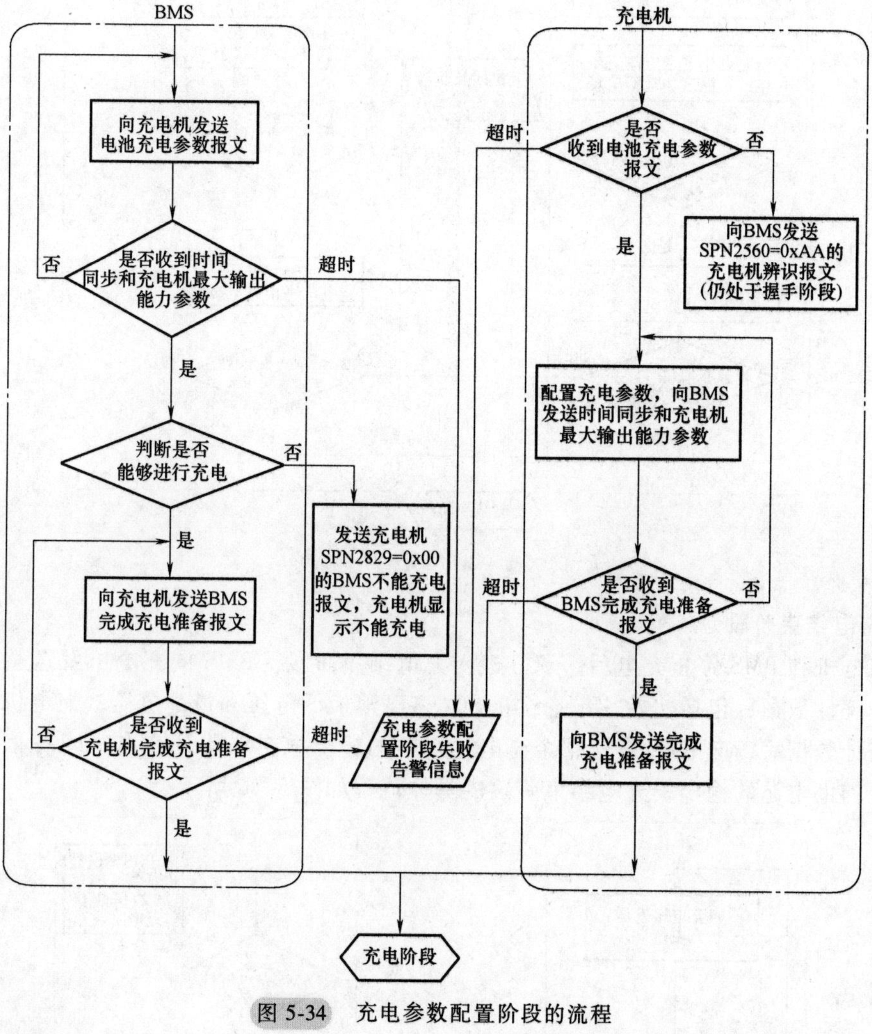

图 5-34 充电参数配置阶段的流程

3. 充电阶段

充电配置阶段完成后，充电机和BMS进入充电阶段。在整个充电阶段，BMS实时向充电机发送电池充电需求（电压需求、电流需求和充电模式），充电机根据电池充电需求调整充电电压和充电电流，以保证充电过程的正常进行。在充电过程中，充电机和BMS始终向对方发送各自的充电状态信息。电池充电信息包括充电电压、充电电流、最高单体电压、当前荷电状态、估算剩余时间、各单体电池的电压和温度；充电机充电信息包括输出电压、输出电流和累计充电时间。充电阶段的具体流程如图5-35所示。

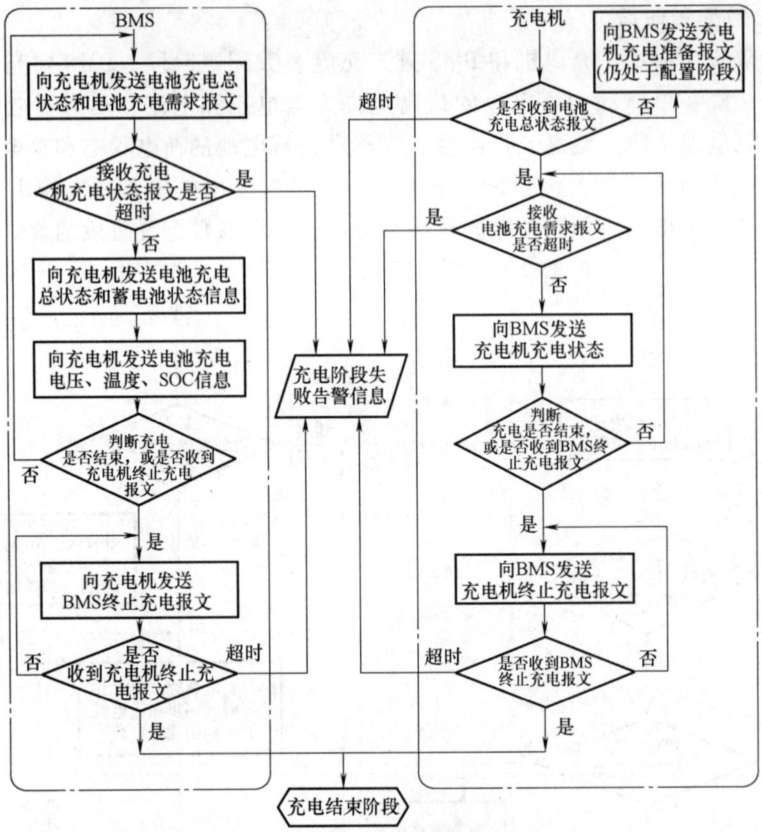

图 5-35　充电阶段的流程

4. 充电结束阶段

当充电机和BMS停止充电后，双方进入充电结束阶段。BMS向充电机发送整个充电过程的充电统计数据，包括初始SOC、终止SOC、电池最低电压和最高电压；充电机收到BMS的充电统计数据后，向BMS发送整个充电过程中的输出电量、累计充电时间等信息，最后停止低压辅助电源的输出。充电结束阶段的具体流程如图5-36所示。

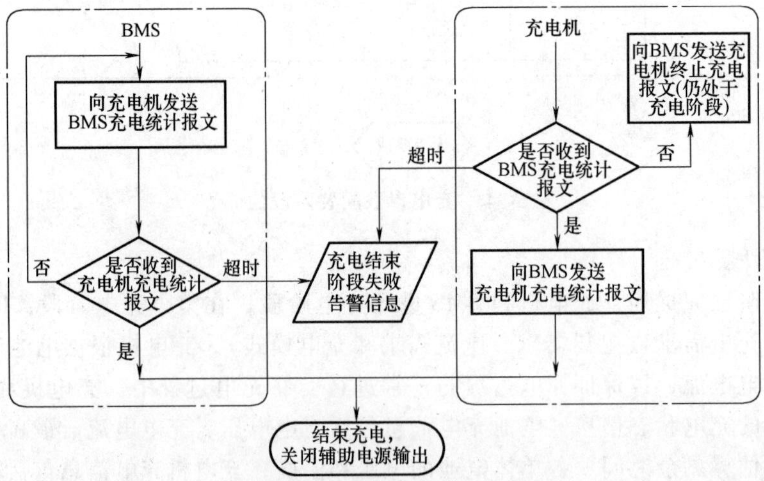

图 5-36　充电结束阶段的流程

五、案例：同悦 IEV3 简易充电桩不能充电

【故障现象】 一辆同悦 IEV3，行驶里程：25000km，客户电话求援车辆无法充电。

【故障排除】 该客户安装了简易充电桩，采用民用 220V 供电为 IEV 电动车充电。现场取出随车配置的普通型充电线缆，将电源插头插入简易充电桩插座内，再打开车辆充电插头的防护盖，将充电插头插入车辆充电口，充电线缆连接完成后，观察车辆仪表板上的指示灯，充电线连接指示灯和电池组充电灯均未亮起，表明车辆未进入充电状态。

仔细检查客户自备的简易充电桩，检测到充电桩标准插座的上端两个信号端子之间电压约为直流 12V（图 5-37）；再进一步检测有无交流 220V 电压，此车自备的充电桩插座无 220V 指示，判断充电桩功能失效。打开简易充电桩后盖，检查发现内部继电器已经烧毁，更换新的继电器后（图 5-38），充电功能恢复正常。

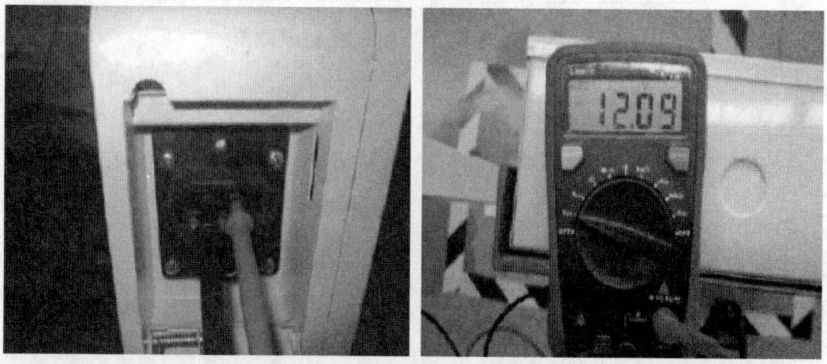

图 5-37　简易充电桩功能性检查

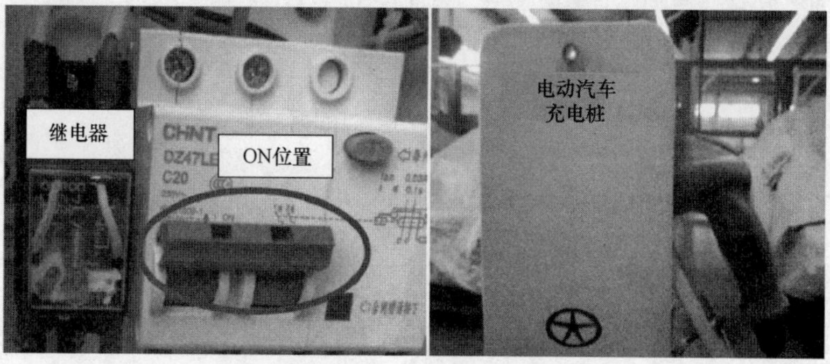

图 5-38　充电桩继电器更换与检查

【故障总结】 电动车充电桩安装及故障检查方法因为涉及强电检查操作，不具备电工知识的客户往往很为难。接通充电桩外部总电源后，此时如果用电动车充电线缆插头插入充电桩，充电桩上的指示灯亮，就表明充电桩功能正常，可以使用；如果充电桩上的指示灯不亮，则需要检查充电桩内部继电器或保护开关是否失效。交流充电桩的控制原理如图 5-39 所示。

如果标准插头的信号端子没有 12V，则先断开简易充电桩外部总电源，打开简易充电桩后盒盖，检查漏电保护开关是否在 ON 位置，或检查充电桩继电器是否损坏，来判断充电桩的供电接口与供电设备是否存在故障。

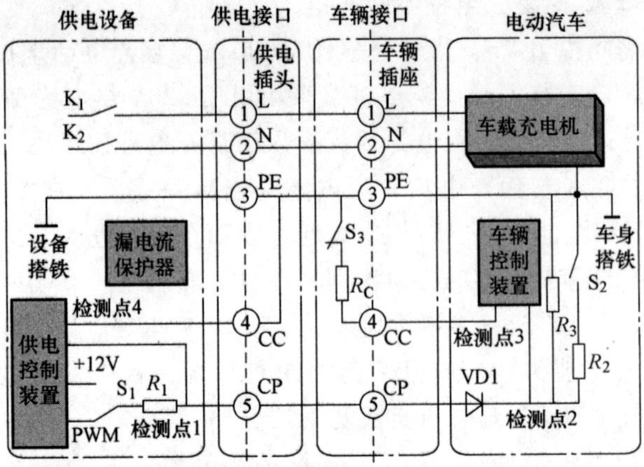

图 5-39　电动车充电桩控制原理图

第六章

电动汽车辅助系统

第一节　电动汽车制动系统

一、电动真空助力制动系统

汽车制动系统一般采用真空助力或气压助力，真空泵产生的真空度越大，制动助力性能越好，驾驶人踩制动踏板也越省力。所以，在对真空助力制动系统电动真空泵的设计或选择上，应尽可能使真空度满足制动性能的要求。计算结果表明，当电动真空泵最小真空度为37.5kPa时，可为制动系统提供满足设计要求的制动助力。

图6-1所示为电动真空助力制动系统的基本构成，真空助力器安装在制动踏板和制动主缸之间，由踏板通过推杆直接操纵，某车型电动汽车真空助力制动系统在车上的布置如图

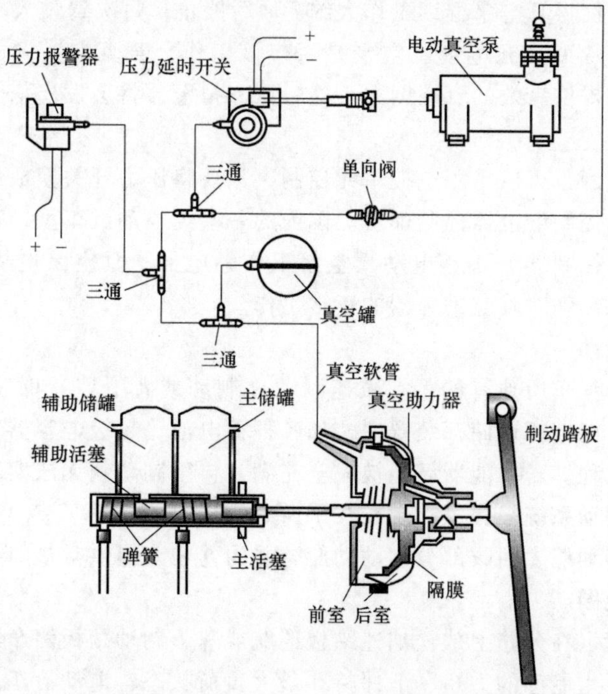

图6-1　电动真空助力制动系统的基本构成

6-2 所示。助力器和踏板产生的力叠加在一起作用在制动主缸推杆上，以提高制动主缸的输出压力。真空助力器由带有橡胶膜片的活塞分为前室和后室（大气阀打开时可与大气相通），通常常压室的真空度为 60~80kPa（即真空泵可以提供的真空度大小）。真空助力器所能提供助力的大小取决于其常压室和变压室气压差值的大小。当变压室的压力达到外界大气压时，真空助力器即可提供最大的制动助力。真空泵所产生的真空度的大小和速度关系到真空助力器的工作状态，真空泵的容量大小关系到助力器的性能，进而影响到制动系统在各种工况下是否能正常工作。

电动真空助力制动系统的控制过程如下：

① 接通汽车 12V 电源，压力延时开关闭合。真空泵工作大约 30s 后，开关断开，这时真空罐内真空度约为 80kPa。

② 当真空罐内真空度降到 55kPa 时，压力延时开关再次闭合。

③ 当真空罐内真空度降到约 34kPa 时，压力报警器发出信号。

图 6-2　电动真空泵和真空罐在车上的布置

若真空泵控制开关有很明显的短时间开启和关闭，说明发生了泄漏。按照这个控制策略，设计了间歇性真空发生系统。该间歇性真空发生系统的基本工作原理为，当驾驶人发动汽车时，12V 电源接通，压力延时开关与压力报警器开始压力自检，若真空罐内的真空度小于 55kPa，压力膜片将会挤压触点，从而接通电源，真空泵开始工作；当真空度增加至 55kPa 时，压力延时开关断开，然后通过延时继电器使得真空泵继续工作大约 30s 后停止；每次驾驶人有制动动作时，压力延时开关均会自检，从而判断电动真空泵是否应该工作；若真空罐内的真空度低于 34kPa 时，真空助力器不能提供有效的真空助力，这时压力报警器将会发出信号，提醒驾驶人注意行车速度。

电动真空泵的控制也可以采用电控单元控制，只要将压力开关换成绝对压力传感器，电动真空泵由控制单元控制继电器控制即可。国内的一些纯电动汽车里，采用了由真空助力器真空度传感器、整车控制器 ECU、电动真空泵工作继电器、真空泵电机组成的一个闭环真空度控制系统，确保制动时真空助力器的正常工作。

二、电机再生制动

再生制动是电动汽车所独有的，在减速制动（制动或者下坡）时将车辆的部分动能转化为电能，转化的电能储存在储存装置中，如各种蓄电池、超级电容器和高速飞轮，最终增加电动汽车的续驶里程。若蓄能器已经被完全充满，再生制动就无法实现，所需的制动力就只能由常规的液压制动系统来提供。现在几乎所有的电动汽车都安装了再生液压制动系统，从而可以实现节约制动能、回收部分制动动能，并为驾驶人提供常规制动性能。图 6-3 所示为电动汽车能量转换图。

当电动汽车减速、在公路上放松加速踏板巡航或踩下制动踏板停车时，再生制动系统启动。正常减速时，再生制动的力矩一般保持在最大负荷状态；电动汽车高速巡航时，其驱动电机通常是在恒功率状态下运行，驱动转矩与驱动电机的转速或者车辆速度成反比。所以，

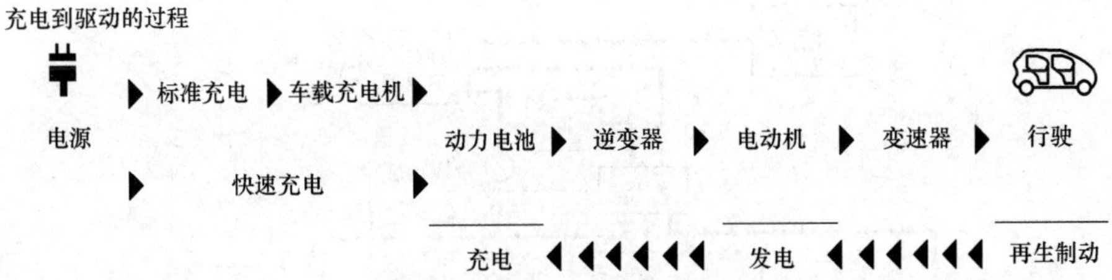

图 6-3 电动汽车能量转换图

恒功率下驱动电机的转速越高，再生制动的能力就越低。另外，当踩下制动踏板时，驱动电机一般运行在低速状态。因为在低速时，电动汽车的动能不足以为驱动电机提供能量来产生最大的制动力矩，所以再生制动能力也就会随着车速降低而减小。图 6-4 所示为再生制动和液压制动的车速变化曲线，电动汽车的再生制动力矩一般不能像传统燃油车中的制动系统一样提供足够的制动减速度，因此，在电动汽车中，再生制动和液压制动系统一般共同存在。不过应该注意，只有当再生制动已经达到了最大制动能力而且还无法满足制动要求时，液压制动才起作用。

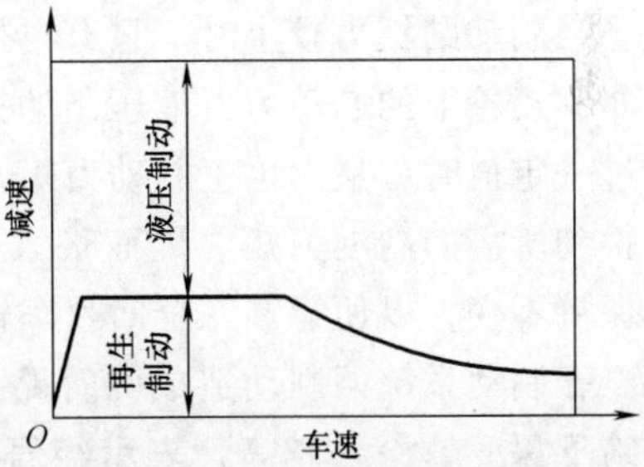

图 6-4 再生制动和液压制动的车速变化曲线

再生液压混合制动系统是电动汽车所独有的（燃油车没有），再生制动和液压制动之间的协调是问题的关键所在，应该考虑下列特殊要求：为了使驾驶人在制动时有一种平顺感，液压制动力矩应该可以按照再生制动力矩的变化进行控制，最终使驾驶人得到所希望的总力矩。同时，液压制动的控制不应引起制动踏板的冲击，因此不会给驾驶人一种不正常的感觉。

可利用 ABS 扩展的 ESP 功能实现电动泵的油压提高。这要求 ABS 的 ESP 模块和整车控制系统要进行通信，可以将再生制动软件写入 ABS 模块，驱动油泵、控制摩擦制动和控制制动助力的真空源。ABS 和整车控制器通信控制再生制动的强度即可。液压制动力矩是电控的，将产生的液压传至制动轮缸上，因而再生液压制动系统需要有避免制动失效的机构。为了提高系统的可靠性，满足安全标准，系统通常采用双管路制动，当其中一条管路失效时，另一条管路必须能提供足够的制动力。

为了使车辆可以稳定地制动，前后车轮上的制动力必须很好地平衡分配。另外，为了防止汽车发生滑移，加在前后轮上的最大制动力应该低于允许的最大值（主要由滚动阻力系数决定）。

电动汽车采用的再生液压混合制动系统即可满足以上要求，其基本结构如图 6-5 所示。驾驶人踩下制动踏板后，电动泵使制动液增压产生所需的制动力。制动控制和电机控制协同工作，确定电动汽车上的再生制动力矩与前后轮上的液压制动力。再生制动时，再生制动控制回收再生制动能量，并且反充至蓄电池中。电动汽车上的 ABS 及其制动比例控制阀（ABS 的扩展功能 EBD 元件）的作用和传统燃油车上的相同，即产生最大的制动力。电动泵能够利用现有汽车中 ABS 的扩展功能中的 ESP 电动供能泵作为压力源。

电动汽车上的总制动力矩是再生制动力矩与液压制动力矩之和。它们之间的分配比例关系如图 6-6 所示，目的是保持最大再生制动力矩的同时为驾驶人提供和燃油车相同的制动

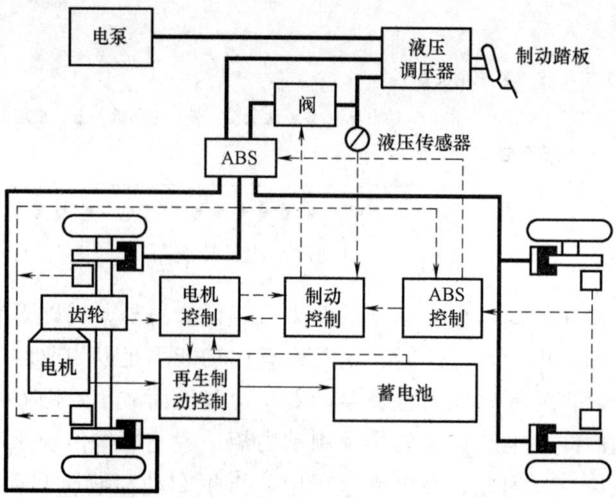

图 6-5　再生液压混合制动系统的基本结构

感。当制动踏板力较小时，只有再生制动力矩施加在驱动轮上，才能和制动踏板力成正比。而非驱动轮上的制动力由液压制动提供，液压制动力也和制动踏板力成正比。当制动踏板力超过一定值时，最大再生制动力矩全部加在驱动轮上，同时液压制动力矩也作用在驱动轮上以得到所需的制动力矩。因而最大再生制动力矩可以保持不变，以便能够完全回收车辆的动能。

若制动系统因制动造成的管路压力（或制动踏板踏下深度越深）越高，表示经驾驶员判断需要的总制动力矩越大，非驱动轮的制动力矩不断增加，驱动轮的制动力矩也在增加。但摩擦力矩增加得多，再生制动力矩不增加，甚至还可能减小，这就要求再生制动和 ABS 系统要协调工作。在两前轮独立、后轮采用低选原则的 ABS 中，制动压力传感器（液压传感器）监测制动系统管路的制动压力（液压或气压），ABS 采用车速与压力传感器（也可是制动踏板行程开关）采集制动状态信号，根据车速算出的减速度值与设定的减速度值进行比较，从而对车辆进行控制。

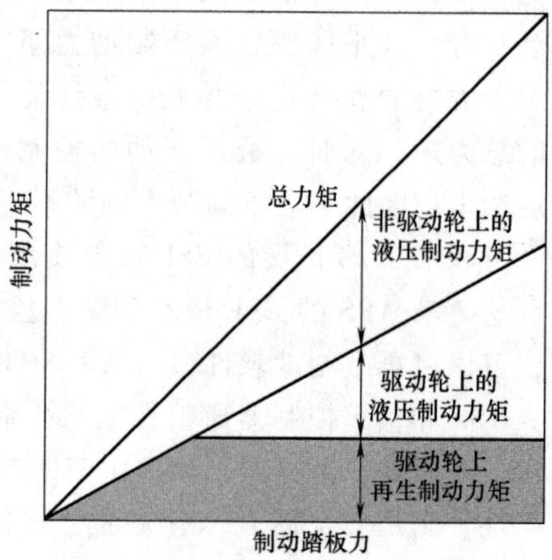

图 6-6　再生制动力矩与液压制动力矩的分配比例关系

三、电动汽车能量回馈控制

如图 6-7 所示，能量回馈指电机在再生制动模式下工作。在制动过程中，控制驱动器使电流方向和正向运行时相反，便会产生制动性质的力矩。当产生的电压高于蓄电池时，可以将电流回馈到蓄电池，达到能量回馈的目的。

感应电动势为梯形波有利于电机产生恒定转矩。因为换相时电流不能突变，所以实际的相电流波形不是纯粹的方波，而是接近方波的梯形波，从而使转矩产生纹波。无刷直流电机的输出转矩波动比普通直流电机大。通常相数越多，转矩波动越小。全桥驱动比半桥驱动的转矩波动小得多。另外，和普通直流电机不同，无刷直流电机的绕组是断续通电的。适当提高绕组通电利用率可以使同时通电导体数增加，使电阻下降，提高效率。另外，从电路成本的角度看，相数越多意味着驱动电路所使用的开关管越多，成本就越高。

目前，无刷直流电机多数采用三相星形结构，以及全桥驱动方式。目前的电动汽车存在着电池能量低、充电时间长等问题，而电动汽车的频繁起动、制动又消耗了大量能量。车辆在基本城市循环中，约 17.44%的时间处于减速过程，回馈制动潜力非常大。能量回馈制动系统在汽车制动时可以将能量回馈到电池，以提高整车运行效率及电动汽车的续驶里程。同时能量回馈制动系统可以实现汽车的电气制动。能量回馈制动控制技术已经成为电动汽车的核心技术之一。

1. 无刷直流电机的基本控制方法

无刷直流电机的驱动方式包括半桥驱动与全桥驱动。目前以三相星形全桥驱动方式最多，控制方法分为两两导通（120°）和三三导通（180°）两种。在具体控制方法中，又分为有位置传感器和无位置传感器两种情况。

在半桥驱动时，绕组合成磁场取决于通电相绕组在气隙中形成的磁场，有三种合成状态。在全桥驱动时，绕组合成磁场包括六种合成状态。半桥驱动电路下电机绕组利用率低，每个绕组仅通电 1/3 的时间，没有充分利用，且转矩波动较大。所以，对于三相星形联结绕组的无刷直流电机，一般采用三相全桥控制电路。其驱动系统结构如图 6-8 所示。

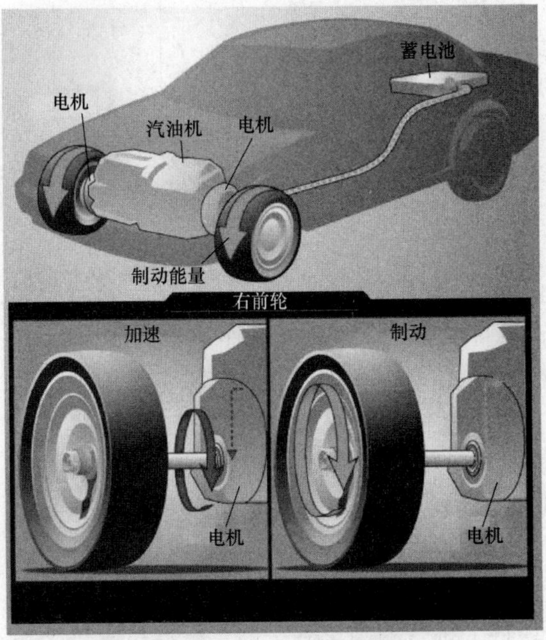

图 6-7　电动汽车的能量回馈制动系统

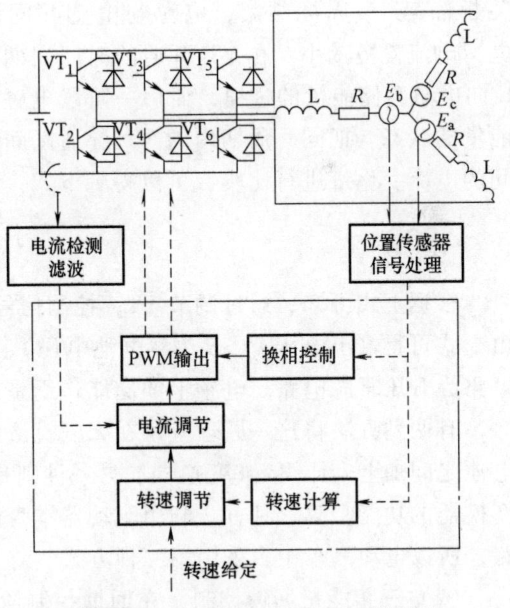

图 6-8　无刷直流电机驱动系统结构

由 $VT_1 \sim VT_6$ 六个功率管构成的驱动全桥可以控制绕组的通电状态。根据功率管的通电方式，可以分为两两导通和三三导通两种方式。

（1）两两导通方式　在两两导通方式下，每一瞬间包括两个功率管导通，每隔 1/6 周期即 60°电角度换相一次。每次换相，一个功率管导通，持续导通 120°电角度。每个绕组正向通电，反向通电各 120°电角度。对应每相绕组持续导通 120°电角度，在这个期间，单相绕组电流方向保持不变。假如流入绕组的电流产生正的转矩，流出绕组的电流产生负的转矩，则每隔60°换相一次，意味着每隔60°合成转矩方向转过60°，大小保持约为1.7倍的转矩。

(2) 三三导通方式　对于三三导通方式，每一瞬间只有三个功率管导通，每隔60°换相一次，每个功率管通电180°电角度。每隔60°换相一次意味着每隔60°合成转矩方向转过60°，合成转矩大小是1.5倍的转矩。

2. 采用无刷直流电机驱动系统的回馈制动方法

(1) 单相回馈制动　电动汽车用无刷直流电机的回馈制动分为两种情况：一种是电机转速超过基速，通过驱动器直接向蓄电池回馈电能，同时提供制动的电磁转矩，如下坡时可能出现此种情况；更多的时候则是另一种情况，即出现在车速未超过基速时的减速过程中。在此过程中，电机处于发电状态，将电动汽车减速过程中的部分动能回馈给蓄电池。驱动电机进入发电工作状态，其发电电压必须高于蓄电池电压才能输出电功率，因此需要对制动过程进行有效控制。基本控制原理为升压斩波。

Boost变换器的主电路拓扑结构如图6-9所示，通过对功率管VT_1的PWM开关控制，达到控制输出电压的目的，又称作升压斩波变换器。下面通过分析一个PWM周期的工作状态来分析其工作原理。

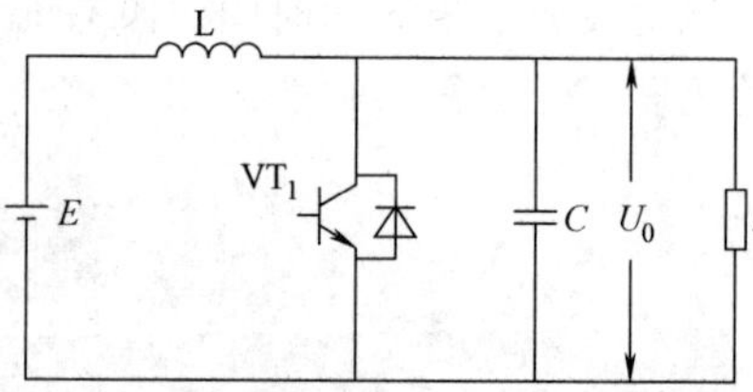

图6-9　Boost变换器的主电路拓扑结构

在VT_1导通期间，电源通过VT_1向电感L充电，电流慢慢升高，直到VT_1关断时刻达到最大值，VT_1关断后直到该周期结束，电源与电感共同向负载供电，电流慢慢减小。在VT_1开通的时间周期内是电源E向电感存储能量的过程，而后一阶段电感处在释放能量的状态。把同一周期内的VT_1导通区间和关断区间的电流变化量进行比较，可以得到下式：

$$U_0=\frac{E}{1-\alpha} \tag{6-1}$$

根据上式可知，通过调节VT，控制信号的PWM占空比可以调节输出电压。因为$\alpha<1$，由上式可得输出电压$U_0>E$（蓄电池电压），即输出电压高于电源电压，所以称此种结构的电路为升压斩波电路。电感上的储能作用是产生泵升电压的主要原因。

有两种方法将这一原理应用在无刷直流电机能量回馈控制中：一种是在全桥驱动器与蓄电池之间加上升压Boost变换器；另一种则是利用驱动器本身的PWM调制产生近似于Boost变换器的功能。第二种方式利用驱动器本身的三个负半桥IGBT达到这一目的，无需外加电路，所以电动汽车中多采用第二种方式。

(2) 三相能量回馈控制　在回馈控制阶段，将上桥臂的功率管关断。根据位置传感器信号对下桥臂的功率管的通断进行有规律的PWM控制，可以起到和Boost变换器相同的效果，与Boost变换器的工作过程相似。在一个PWM开关周期内，无刷直流电机的能量回馈控制过程也可以分为两个阶段。

① 续流阶段　续流阶段，无刷直流电机的电流流向如图6-10所示。VT_2导通为电流提供续流通道。在此阶段，电能将存储在三相绕组的电感中。

② 回馈阶段　在VT_2关断期间，在反电动势和三相绕组寄生电感的共同作用下，之前存储于三相绕组之内的能量与反电动势一同向蓄电池回馈能量。在此阶段，无刷直流电机的

电流流向如图 6-11 所示，VT_2关断，电流经 D_1 回馈至蓄电池，同样存在通过 D_4 与 D_6 流向 B 相和 C 相的电流通路。

忽略电机相电阻的影响，充电过程中产生的泵升电压随着 PWM 控制的占空比的增大而增大。

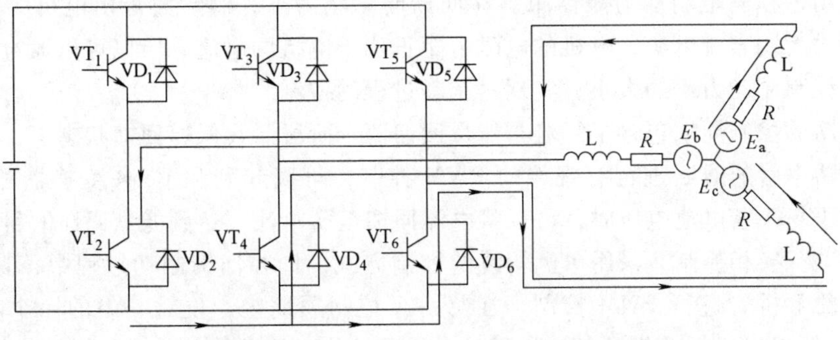

图 6-10　续流阶段无刷直流电动机的电流流向

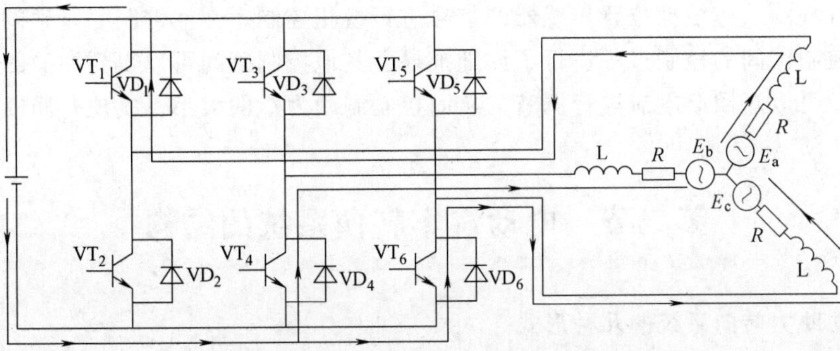

图 6-11　回馈阶段无刷直流电动机的电流流向

电动汽车用无刷直流电机驱动系统的能量回馈过程应受到车辆运行状态的限制。能量回馈过程还要受到制动安全和蓄电池充电安全等条件的限制，如蓄电池 SOC、电机的回馈能力和当前转速等。回馈制动控制策略需要和整车制动要求紧密结合。在实际应用中，回馈制动需满足一定的约束条件，并采取相应的控制策略。在回馈制动过程中，相应的约束条件如下：

a. 满足制动安全的要求。在回馈制动过程中，制动安全是第一位的。根据整车的制动要求，回馈制动系统应保持一定的制动力矩，以确保整车的制动效能（如制动减速度、制动距离等）。在通常的减速过程中，回馈制动可以满足要求。当制动力矩需求超过系统回馈制动能力时，还需要采用传统的机械制动。另外，当转速低至回馈制动无法实现时，也需要采取其他制动方式辅助制动运行。

b. 电机系统的回馈能力。回馈制动系统在工作过程中，需考虑电机系统在发电过程中的工作特性和输出能力。因此需要对回馈过程中的电流大小进行限制，以确保电机系统的安全运行。

c. 电池组的充电安全。电动汽车常用的能源大多为铅酸蓄电池、锂电池、镍-氢电池等。充电时，应避免充电电流过大，损坏蓄电池。回馈制动系统的容量除了要考虑电机系统的回馈能力外，还应包含蓄电池的充电承受能力。回馈制动过程时间有限，因此主要约束条件为充电电流的大小。

在回馈制动过程中，一般可采用的控制策略包括最大回馈功率控制、最大回馈效率控制、恒力矩控制等。在恒力矩控制策略下，可以使整车保持制动需求的减速度完成制动过程，使得制动过程满足制动力矩需求。在回馈制动状态下，制动力矩由电机的电磁力矩提供。对于永磁无刷直流电机，电机的电磁力矩正比于电机的电流，所以可以通过控制回馈电流的大小来控制制动力矩的大小，实现对制动过程的控制。

回馈制动的控制周期包含了续流与能量回馈两个阶段。在低速回馈状态下，根据位置传感器信号对功率管的通断进行有规律的 PWM 控制，可以起到和 Boost 变换器相同的效果。当产生的电压高于蓄电池电压时，可以将电流回馈至蓄电池，达到能量回馈的目的。在此过程中，也应进行换相控制。采用单侧斩波的控制方式，即在回馈制动过程中，封锁上桥臂，仅对功率桥的下桥臂进行 PWM 控制。在每一个控制周期内，仅对其中的一个功率管进行 PWM 控制。保持对反电动势最大的相所对应桥臂的功率管进行 PWM 控制。

对于六个功率管，仅对处于下桥臂的功率管进行 PWM 控制，每个功率管持续 120°电角度。在控制过程中，应根据位置传感器的信号进行换相控制。在回馈制动原理阐述过程中已经将第一个控制区间的控制过程进行了详细推导，其他控制区间可以得到类似的结论。通过控制占空比，可以对回馈电流进行调节，从而控制制动力矩的大小，实现对回馈制动过程的控制。

第二节　电动汽车转向系统的结构

一、电动助力转向系统的几种形式

电动助力转向系统有多种形式，主要分齿条驱动式和转向柱驱动式两大类。重点介绍齿条电动转向驱动式助力系统。

1. 齿条驱动式

齿条驱动式电动助力转向系统，可分为单轴齿条电机助力式和平行轴助力式；齿条驱动式还可按齿轮数量分为单齿式和双齿式（如奥迪 A3 与大众速腾等轿车上，就是装用双齿式电动助力系统）。所谓“双齿式”电动助力系统是指有两个齿轮同时作用在齿条轴上，一个是由驾驶人操纵转向盘直接带动的转向小齿轮，另一个则是由助力电机驱动的齿轮，驱动电机在转向电脑的控制下工作，这种结构对转向的“自动回正”有极好的功效。

2. 转向柱驱动式

转向柱驱动式电动助力转向装置，应用范围较广，在经济型电动汽车、燃油汽车和高档豪华车辆上均有使用。

（1）转向柱驱动式电动助力转向系统　转向柱驱动式电动助力转向系统在经济型电动汽车和普通轿车上使用较多，为节约成本，直接在转向盘下方的转向柱上加装一个电机给转向盘助力（在转向柱上安装电机和减速装置，产生较大的力矩辅助驾驶人转向操作）。此系统具有良好的燃油经济性，只在车辆转向时电机才提供助力。图 6-12 所示是这种结构的解剖图，驱动电机一般为有刷直流电机，定子为稀土强永磁材料。为提升电机的转矩和减少体积，驱动电机的工作电压比蓄电池的电压高得多，多为 20~36V，为此必须装置有专用的 DC/DC 变换器。DC/DC 变换器内部电路较复杂，先将直流电转变为交流电，经变压器升压

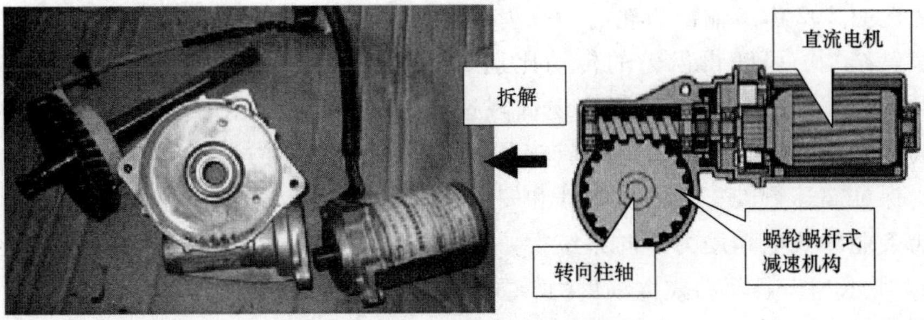

图 6-12　普通转向柱驱动式电动助力转向系统的解剖图

后，再整流为直流电供给电机使用。

（2）固定传动比与可变传动比　转向柱驱动式电动助力转向系统可分为固定传动比与可变传动比两种方式，如比亚迪 F3DM 电动车和普通轿车就用固定传动比电机助力方式，而宝马轿车的所谓“主动式”助力转向，用的就是可变传动比的电机助力系统。普通轿车转向传动比一般在（16~18）：1 之间，即在车辆低速行驶时扳动转向盘约 16°时，转向轮可以偏转 1°；而在高速时转向盘需转动 18°才偏转 1°，低速与高速相差不大。可变传动比的转向系统，如宝马轿车的转向系统，转向的传动比可在 10：1 和 20：1 之间变化，这么大的传动比调节范围，使得车辆在倒车进库或低速行驶时，操纵转向盘更省力轻松，而在高速行驶时，需要转动转向盘更大的角度转向轮才能转向，这可极大地提高行驶的稳定性和安全性。

宝马主动式助力转向显然并不会自动进行转向的操作，它只是一个辅助性的装置，转向还得按驾驶人的操作意图来实现。

（3）转向的波齿轮减速结构　转向柱驱动式电动助力转向装置也在高档豪华车辆上使用，如雷克萨斯 LS460 系列轿车的转向系统，就用了一种“波齿轮”可变应力减速方式，丰田车系称之为 VGRS，能实现转向的可变齿轮比，达到极佳的行驶稳定性和操控性。图 6-13所示为这种波齿轮减速结构，图中转向盘带动红色刚性的输入齿轮转动，与之并列的刚性绿色齿轮是输出轴，再接后面的转向器。中部蓝色圆柱体代表驱动电机，它驱动一个外表光滑的椭圆形波形轮，波形轮上活套一个较宽的黑色柔性齿轮，它同时分别与红色输入齿轮及绿色输出齿轮相啮合。由于波形轮呈椭圆形，故黑色柔性齿轮也呈椭圆状，形成椭圆的长轴齿轮和短轴齿轮，从图中可见只有长轴齿轮才与输入齿轮及输出齿轮啮合，而短轴齿轮则不被啮合。

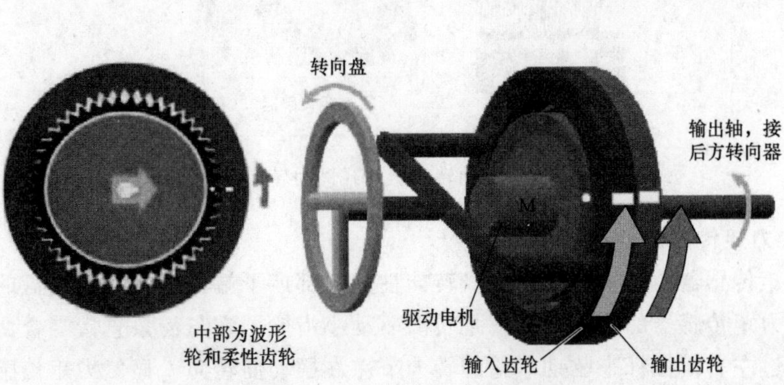

图 6-13　转向的波齿轮减速结构

输入齿轮有102齿，输出齿轮有100齿，电机驱动的柔性齿轮也是100齿，这种不同齿数的特殊齿轮结构，可获得齿轮的传动比达51:1，而且能实现传动比可变。在转向控制ECU的作用下，低速行驶时转向能实现低减速比，减少驾驶人对转向盘的操控力；中速时可适度提高减速比，使车辆的转向响应较灵敏；高速时不需要过高的转向灵敏度，则大幅提高减速比，保证高速行驶车辆的稳定性和安全性。

二、齿条驱动式电动助力转向系统

图6-14所示为齿条驱动式电动助力转向系统（REPS）的结构，它由机械与电气两部分组成，机械部分主要有齿条轴、转向驱动小齿轮、循环滚珠式减速装置、左右两边的横拉杆及车轮转向节等；电气部分包括助力驱动电机、力矩传感器及转向传感器、ECU电控模块、电源变频装置及车速传感器等，电机直接安装在齿条轴上提供助力，形成齿条电机助力式转向系统。

电动汽车的转向系统因车型不同会有差别，主是是采用不同的力矩传感器、不同的驱动电机、不同的布置形式，或采取不同的减速传动装置。但电动汽车转向系统的基本工作原理是相同的，均是通过力矩及转向传感器，检测驾驶人操纵转向盘的力矩大小及转角方向，并转化成电信号，传输到转向控制单元ECU进行分析，输出一个与之相匹配的力矩信号，指令转向的驱动电机工作，而产生相应的转向助力作用。

力矩传感器反映了驾驶人操纵转向盘转动的力矩的大小。力矩传感器通常有解角式、磁阻式及检测环复合式等多种形式，其中解角式力矩传感器用得最普遍。如图6-14所示的转角传感器是检测转向角度及转动方向用的。

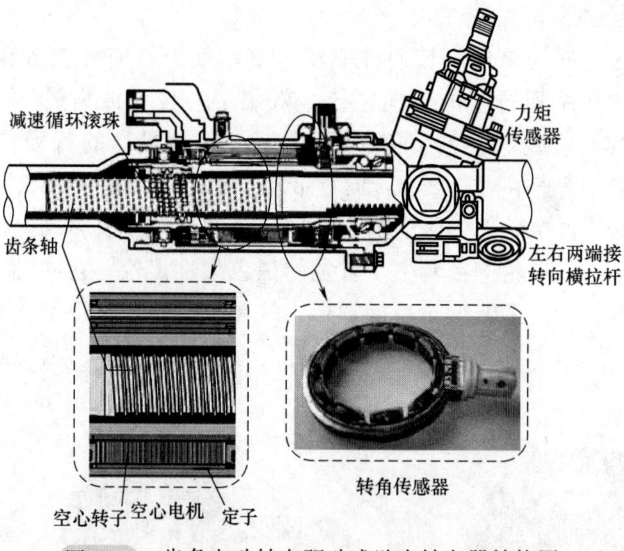

图6-14　齿条电动转向驱动式助力转向器结构图

1. 解角式力矩传感器的结构

解角式力矩传感器通常安装在转向盘转向柱的中部或下端，串接在转向盘的转向轴与转向齿条之间，力矩传感器的输出装置就是转向驱动小齿轮，它与齿条直接啮合使齿条作左右直线运动，通过左右横拉杆来驱动车轮的转向节左右摆动而转向。显然力矩传感器在电动转向系统中，是极重要的一个部件，它检测驾驶人操纵转向盘转向力矩的大小，并将此力矩转换成电信号，向转向控制器 ECU 传输。

图 6-15 所示是解角式力矩传感器的分解图，图 6-15a 为其转子总成外形图，图 6-15b 是其定子结构图。定子分上下两层，分别嵌有上定子线圈 1 和下定子线圈 2。它安装在转向器外壳内，是固定不动的，其上有七根不同颜色的细线，向转向控制单元 ECU 输出力矩信号；定子的内部是力矩传感器的转子，转子的上端与转向盘轴用花键钢性连接，转子轴有上下的内外两层。两个定子线圈与两个转子线圈在位置上是分别对应的。转子线圈 1 是装在转子空心轴上，与转向盘同步旋转。而转子线圈 2 则与转向小齿轮一起旋转，小齿轮的上部有较细的扭杆，插入空心轴内，细扭杆的上端与空心轴的上端用横销相连，有花键与转向盘的输出转轴连接，随着转向盘一起转动。扭杆下端是驱动小齿轮，直接与齿条相啮合，驱动两前轮左右摆动而转向。

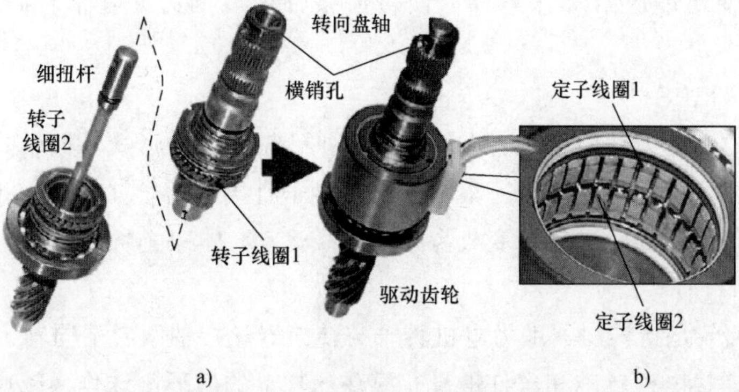

图 6-15　解角式转矩传感器的分解图

a）转子总成外形图　b）定子结构图

2. 力矩传感器的输出电压

力矩传感器的输出电压反映了驾驶人操纵时的转向力矩。当驾驶人操纵转向盘转向时，转向盘轴带动力矩传感器的转子轴旋转，转子轴的空心轴与扭杆轴随之转动。空心轴的下端只有转子线圈 1，而没有其他的负载，所以空心轴完全与转向盘同步旋转；而灵敏的细扭杆轴下端是驱动小齿轮，它与齿条啮合以驱动左右前轮摆动。由于轮胎与路面有较大的摩擦力，反映扭杆轴上的驱动齿轮是有载荷阻力的。在这个阻力的作用下，会造成细扭杆产生一定的扭曲形变，扭曲形变量的大小直接反映转子线圈 2 与转子线圈 1 两者间产生的“相位差”。两个转子线圈的转角相位差可通过定子的上层和下层的线圈感应，则定子线圈输出转向的感应电压信号到转向 ECU 电控模块，反映了驾驶人操纵转向盘的力矩，故这个装置称为转向的力矩传感器。

3. 转向助力电机与减速机构

转向齿条轴横置在驾驶室防火墙的下方，其外壳内装有电机，向转向系统提供助力。电机有直接采取直流无刷电机式的，也有用三相永磁无刷电机式的，其共同特点是电机的体积小，可直接安装在转向器的齿条轴上，转子的转动惯量较小，转向操纵十分灵活，运转时的噪声较低，输出功率高。电机结构的特点如下：

① 为减少助力电机的体积和增大电机的输出功率，有的电机的工作电压提升到三相交流电 30V 左右，有的三相交流电压提升得更高，远高于蓄电池的电压，可有效地减小电机

运转时的工作电流。由于电机工作电压提升的需要，为此必须增加一个电压提升的电路，以及必需的电源逆变电路来产生三相交流电，供三相驱动电机使用。

② 电机的转子采用永磁材料，为使转向齿条轴穿过电机的转子，转子内部是空心的，电机与齿条轴是同轴结构。如图 6-14 所示，电机永磁转子上还安装有转角传感器的永磁转子，与之相对应的还有转角传感器的定子及其线圈，其信号传给转向 ECU，反映了实际转向及角度的大小。

③ 电机的旋转运动是通过减速装置传给齿条轴的，为高效传递转矩减轻摩擦阻力，并减少运动的噪声，这里采取了循环滚珠式的减速装置，如图 6-14 所示。齿条轴的延伸是滚珠丝杠，外套有滚珠螺母，丝杠与螺母间有循环流动的滚珠。转向电机转子的高速旋转通过外套的滚珠螺母，形成较大的减速比，并将滑动摩擦转换成滚动摩擦，摩擦阻力异常轻巧，轻便地传送给滚珠丝杠，使得齿条轴得以助力，整个转向系统变得轻便灵活，响应极迅速。

4. 平行轴式 REPS

齿条驱动式电动助力转向系统，有同轴式和平行轴式两种形式。同轴式 REPS 是指电机的空心轴与转向器丝杠轴两者同为一根轴，电机转子直接驱动丝杠螺母，并将力矩传递给丝杠螺母，丝杠螺母副将旋转运动转变成齿条的直线运动。本书前面所述的电机辅助助力系统就是同轴式的。

平行轴式 REPS 是指转向器助力电机转子与转向器丝杠轴两者不同轴，而采用平行轴结构，利用传动带连接电机转轴和丝杠螺母，滚珠丝杠上的循环滚珠作为减速机构。平行轴式 REPS 主要由壳体、驱动电机、滚珠丝杠、输入齿轮轴总成、力矩传感器、ECU 和轴承等构成。

欧美电动车型多用平行轴式电动助力转向，比亚迪“秦”混合电动汽车、大众车系的迈腾轿车也采用了这种电动转向结构。如图 6-16 所示，平行轴式 REPS 中的转向丝杠亦是采取十分省力灵活的滚珠结构。

平行轴式 REPS 的驱动电机，多用永磁式三相交流电机，工作电压一般与动力电池的电压相同，但也需要通过变频器的转换，将动力电池的直流电压首先经变频器变换为三相交流电后，再供给转向驱动电机旋转，使转向系统得以助力。

图 6-16 平行轴式 REPS 内部结构

第三节 电动汽车空调系统

传统燃油汽车以发动机作为动力源，强混合电动汽车不以发动机作为主要动力源，与这两者不同，纯电动汽车没有发动机，因此电动汽车空调呈现一些新特点。

一、涡旋式压缩机

现代电动汽车已不再安装内燃机，或不以发动机作为动力源，显然空调制冷的压缩机大多已不能以发动机来驱动，而改由电机来驱动。这种驱动方式取消了传统的外驱式带轮，电机一般与压缩机组装为一体，形成全封闭的结构，其内部结构如图 6-17 所示。这种结构形式灵活方便，可装置在发动机室的任何位置，而且电机与压缩机可采取同轴驱动，不会出现传统驱动方式的传动带打滑、压缩机转速与发动机转速不同步的现象。由于电机同轴驱动压缩机，可通过调节电机转速改变压缩机转速，实现空调压缩机排量及制冷量的灵活控制。封闭式的驱动结构，只有电源线及进出气管与外部联系，泵气装置运行的可靠性较高，故障率较低。

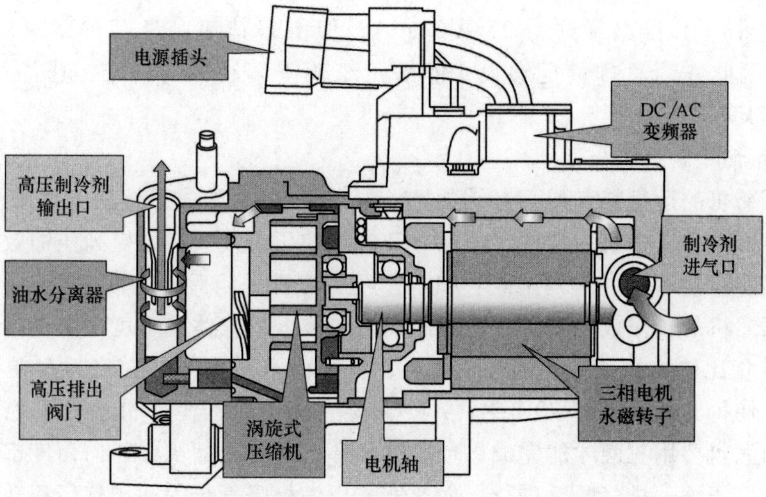

图 6-17 全封闭的电机—涡旋式压缩机

电动汽车空调的制冷系统与传统汽车基本相同，主要由一体化压缩机、冷凝器、膨胀阀、蒸发器和储液干燥器等五大部件组成，另外还增加了电气系统的空调驱动器。

使用泵气效率较高的涡旋式压缩机是电动汽车空调的一个共同特点，与其他诸多类型的空调压缩机如斜盘式、曲柄连杆式、叶片式等压缩机相比，涡旋式压缩机具有振动小、噪声低、使用寿命长、重量轻、转速高、效率高、外形尺寸小等多个优点，更符合电动汽车的空调使用要求。

1. 基本构造和原理

涡旋式压缩机包括一个定涡盘和一个动涡盘，这两个相互啮合的涡盘，其线型是相同的，它们相互错开 180°安装在一起，即相位角相差 180°。涡旋式压缩机的工作原理如图 6-18 所示，其定涡盘固定在机架上，而动涡盘由电机直接驱动。动涡盘是不能自转的，只能围绕定涡盘作很小回转半径的公转运动。当驱动电机旋转带动动涡盘公转时，制冷气体通过滤芯吸入到定涡盘的外围部分，随着驱动轴的旋转，动涡盘在定涡盘内按轨迹运转，使动、定涡盘之间形成由外向内体积逐渐缩小的六个腔（图 6-18）：A 腔、B 腔、C 腔、D 腔、E 腔和 F 腔，制冷气体在动、定涡盘所组成的六个月牙形压缩腔内被逐步压缩，最后从定盘中心孔通过阀片将被压缩后的制冷气体连续排出。

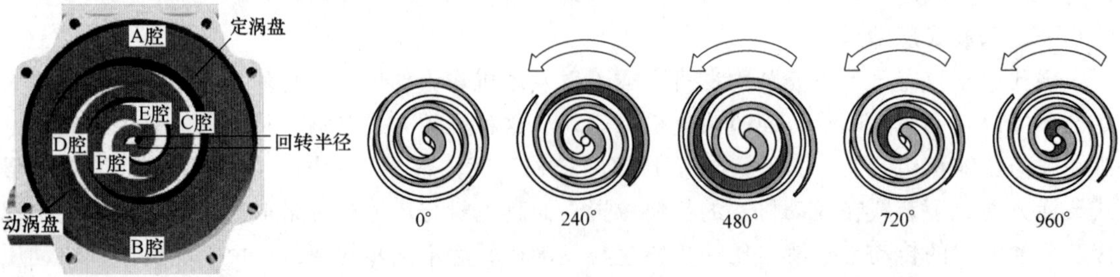

图 6-18　涡旋式压缩机的基本构造和原理

在压缩机整个工作过程中，所有工作腔均由外向内逐渐变小且处于不同的压缩状态，从而保证涡旋式压缩机能连续不断地吸气、压缩和排气。虽然涡旋式压缩机每次排出制冷剂的气量较小（其排出量约为 27～30cm^3），但由于其动涡盘可作高达 9000～13000r/min 的公转，因此它的总排量足够大，能满足车辆空调制冷的需求，压缩机的功耗也较大，可达 4～7kW。

2. 运行特点

涡旋式压缩机的运行特点如下：①如图 6-18 所示，涡旋式压缩机不需要进气阀，只有排气阀，这样可简化压缩机的结构，消除打开气阀的压力损失，可提高压缩效率；②涡旋式压缩机的余隙容积接近零（所谓余隙容积是指经压缩机压缩后不能被完全排出的气体），余隙容积大则压缩机的工作效率低。涡旋式压缩机中吸入的气体几乎可完全被排出，容积效率能达到 98%，相比传统的往复活塞式压缩机，由于活塞头部与气缸盖间存在一定的间隙形成余隙容积，使得其效率只有 70%左右；③涡旋式压缩机的工作过程较平稳，从吸气、压缩到排气，动涡盘要用三圈才能完成一个压缩循环，而且压缩机在任何角度都有三个腔同时在工作，吸气、压缩、排气同时进行。而活塞式压缩机吸气行程和排气行程功耗少，压缩行程功耗却较大，造成运转不平稳，且活塞作往复运动时有阀片敲击现象，这使得振动和噪声均达到一定的幅值；④涡旋式压缩机的排气阀处于压缩机的中部，采用扁平阀的结构，排气管接口和进气管接口装在一体化压缩机壳体的两端，只需通过管道就可与外部装接；⑤这种压缩机和控制单元，可利用制冷循环低压气流中的残余冷气进行冷却，根据温度和压力条件，使之有效降温，保证了压缩机的正常运转，温度不致过高。

3. 显著优点

涡旋式压缩机的显著优点如下：①可方便以变排量方式运行，由于采取三相永磁电机直接驱动压缩机的方式，只需改变输入驱动电机的电源频率，就可改变电机的转速，使压缩机的排气量改变，而且涡旋式压缩机比较节能，单位制冷量可减少 10%～13%的功率消耗；②排气连续、工作十分平稳、转矩变动小、运转时振动小、噪声低；③结构简单、零件数少、体积小、质量轻、能高速旋转、运转寿命长，它使用的主要零部件数量仅为往复活塞式压缩机的 1/10。

此外，有的混合电动汽车为保证空调的可靠运行，同时也为节省驱动电力，会采用“双空调压缩机”的结构形式，包括电机驱动的空调压缩机和汽油机驱动的压缩机（图6-19）。当内燃机运转时，由发动机带动传统机械压缩机工作，而在汽车纯电行驶模式下则用电机驱动压缩机，以保证空调在两种行驶模式下均可正常使用。为隔离两个压缩机的工作，两者均装有制冷剂的单向阀。

二、三相永磁同步电机驱动机构

从前文所述可知，驱动电动汽车空调压缩机运转的是三相永磁同步电机，而向空调三相电机供给的则应是三相高压交流电。电动汽车的电池只能提供直流电，为此必须要将电池的直流电转换为交流电，这个任务就由变频器承担，由它产生供给空调压缩机和三相永磁同步电机的交流电源。

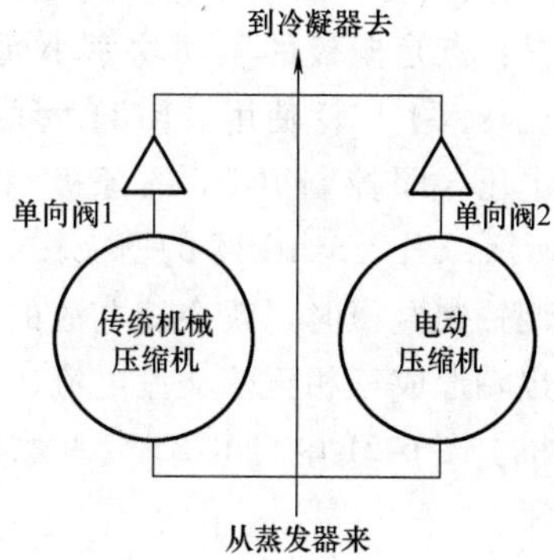

图 6-19　空调双压缩机的系统

1. 三相永磁同步电机的特点

三相永磁同步电机在电动汽车上使用较多，驱动汽车行驶的动力就是由三相永磁同步电机提供的，维修人员了解这种电机的特点对维修工作很有帮助。电动汽车在不同历史时期采用了不同的电机，最早采用成本较低的直流电机，但它存在换向火花、高负载下转速受限制、体积大、经常需要维修等缺点，不能用作封闭式空调压缩机的驱动电机。而三相永磁同步电机具有体积小、质量轻、运转效率高、节省电能、可采用变频调速、运转极可靠、维护保养费用低等特点，因此现代封闭式空调压缩机首选三相永磁同步电机。

2. 三相永磁同步电机的工作原理

三相永磁同步电机主要由定子与转子组成，利用通电的定子绕组产生旋转磁场，作用于永磁转子上形成磁拉力而同步旋转。电机定子通入三相对称交流电，从而在定子与转子的气隙间产生旋转磁场，不论定子旋转磁场与永磁转子起始时相对位置如何，定子的旋转磁极与转子的磁极间，总是会产生磁力拖动转子同步旋转。由于转子有磁极，在极低频率下也能旋转运行，所以它比异步电机的调速范围更宽。永磁同步电机转子同步转速可用公式计算：

$$n_{同} = 60f_s / p_n$$

式中　$n_{同}$——电机转子的同步转速；

f_s——定子线圈的供电频率；

p_n——电机转子的磁极对数。

三相永磁同步电机的原理如图 6-20 所示，中部圆圈表示永磁转子，永磁体按 N、S 磁极沿圆周径向交替排列，图上外部三个小线圈表示定子上输入的对称三相正弦波交流电，产生的旋转磁场与永磁转子相互作用拖动转子同步旋转，并力图使定子与转子的轴线对齐。图6-20 中 n_0为电机的同步转速、T 为转矩、θ 为功率角。空调三相永磁同步电机转子的转速虽与定子的旋转磁场能同步，但当转子有负荷阻力时，会使电机转子与定子的磁场轴线间形成角差。功率角 θ 表示转子与定子的磁场轴线间的夹角，负荷越大，功率角 θ 也越大，它虽不影响转子的同步运转，但当负荷阻力超大时，功率角 θ 将造成转子失速停转。由于汽车空调的中小负荷起动与运行特性，不易使电机转子停转，故这种永磁同步电机适合驱动空调使用，可靠地运用在一体化的空调压缩机中，使用寿命较长。

3. 变频器的作用

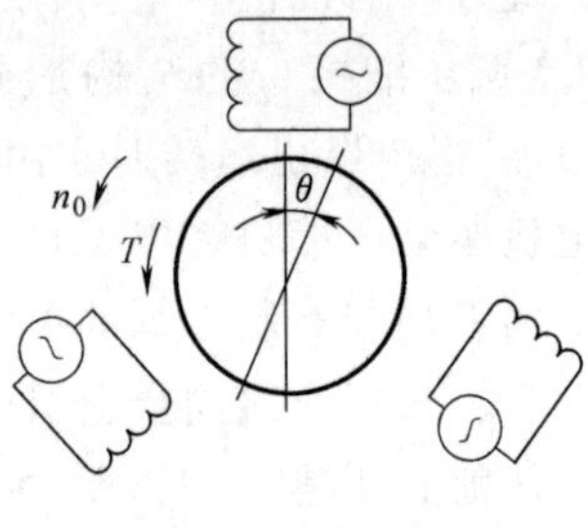

图 6-20 三相永磁同步电机的工作原理图

电动汽车空调的三相永磁同步电机，其定子需要通入三相交流电，但电动汽车上只有高压直流电池，所以需要变频器将直流电转化为交流电。电动空调的变频器使用了六个IGBT场效应管，是绝缘栅双极型晶体管，属于电压控制类器件，其特点是栅极的驱动功率小而饱和压降低，在电力系统和变流技术上广泛使用。IGBT管的导通或截止受控于其上的栅极电压，即控制IGBT的源极与漏极间通路或断路。如图6-21所示，当六个IGBT的栅极按一定规律轮流加上占空比脉冲调制控制电压时，就会让电池的直流高压电流经过变频器，在输出端形成三相正弦交流电流，利于三相永磁同步电机平稳运转，产生的转矩以驱动空调压缩机。图6-21中与IGBT管并联的二极管是电机三相绕组的续流二极管，起保护IGBT管的作用。

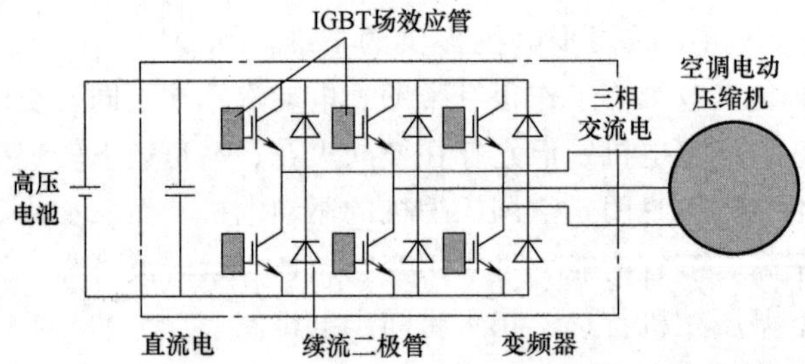

图 6-21 电动空调的变频器原理图

4. 调节制冷剂的排量

通过控制永磁同步电机定子各相绕组的通电频率及电流大小，可高精度调节电机转子的转速与转矩，并能直接控制压缩机的转速，达到调节制冷剂的排量，以适合汽车运行中对空调系统的不同工况要求。图6-22反映了输入电机的三相交流电的波形，图6-22a表示三相交流电的频率高，使得驱动电机的转速上升，电压的幅值大则会使电机的驱动转矩更强。而图6-22b则反之，电机的转速与输出转矩均较低。

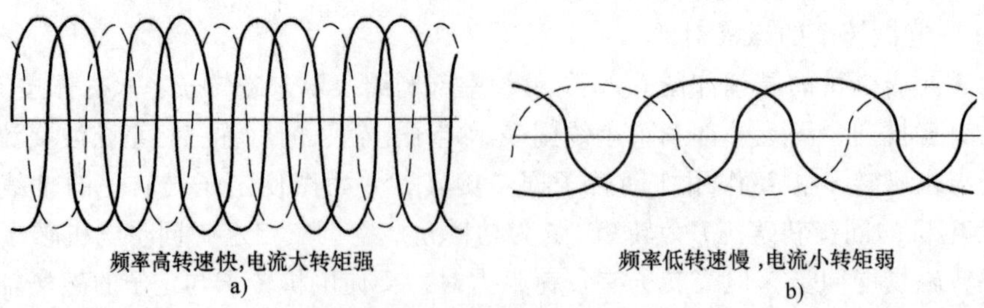

图 6-22 空调电机转速与转矩

5. 变频器的系统电路

空调压缩机驱动电机变频器，其功能是控制空调的三相驱动电机运作，其内部各个电路

（图 6-23）的作用如下：①栅极驱动电路对各 IGBT 管的栅极进行控制，它接受处理器 CPU 的信号，当它给各栅极进行 PWM 脉冲调制时，将使输出电路得到正弦波的电压。通过 IGBT 管的通断频率还可控制空调压缩机的变速，同时它还受保护电路的监控。②系统保护控制电路接收输出电流、电压和空调温度等传感信号，不让其在过流、过压及超温状态下工作，用于对整个系统运行保护。③中央处理器 CPU 根据空调的目标温度和蒸发器实际温度，计算压缩机的目标转速，控制空调变频器栅极驱动电路的工作。而空调蒸发器的目标温度是由驾驶人设定温度、车外温度传感器、车内温度传感器、日照传感器及 PTC 温度传感器决定的。另外，车内湿度传感器产生 CPU 的校正信号，提高了乘坐的舒适性。④输入/输出接口电路负责对外部电路，如对动力管理系统电路进行通信信号的联系。⑤电源供给电路负责向 CPU 和栅极电路进行供电。

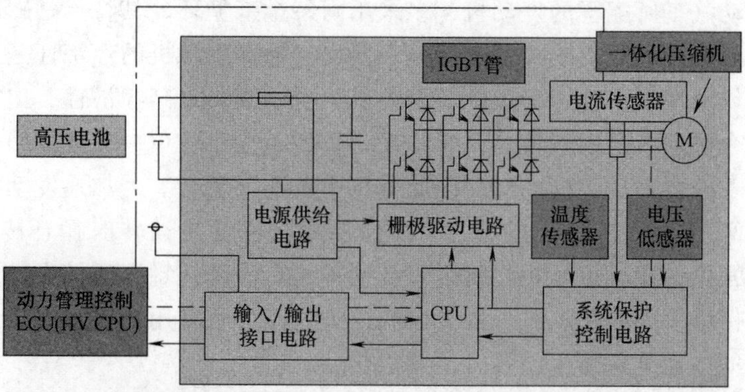

图 6-23 空调压缩机驱动电机变频器的系统电路

三、空调的制热源

电动汽车空调的供暖系统热源，因电动汽车的型式差别而有所不同。混合电动汽车虽然有发动机，但是车辆行驶时发动机可运行或不运行，如强混电动车可单纯利用电力驱动行驶，不以发动机为动力，纯电动汽车没有发动机，因此有的电动汽车空调采用传统发动机循环冷却液作热源，而当发动机不运转时，则由半导体 PTC 元件加热，或由储热水罐供热。

1. PTC 元件供热

PTC 是一种直热式电阻材料，通电时将会产生热量，可供空调制热。如有的电动汽车空调内部有八条 PTC 发热元件，由空调驱动器将蓄电池高压电源向每条元件供电，功率可达 300~600W，用于对冷空气或冷却液的加热。前期的制热装置采用 PTC 发热条，直接将冷空气加热为热空气，再用风机吹出热气。为提高制热器的效率，现在的制热多采用水为介质，将水加热后送到空调风道的散热器，如图 6-24 所示，再经风机吹向车厢内或风窗玻璃，用以提高车厢内温度和除去风窗玻璃的霜雾。

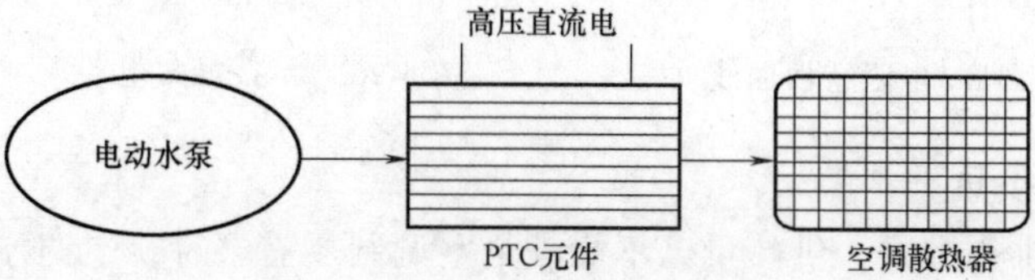

图 6-24 PTC 元件供热原理图

PTC电阻是一种具有正温度敏感性的典型半导体电阻，它可作为发热元件，也可用作热敏开关，还可用于检测温度，但是汽车上的温度传感器则用负温度系数的NTC材料。PTC元件的温度与电阻的特性，如图6-25所示。刚对元件通电时，其电阻会随着温度的升高而呈现缓慢下降的趋势，也就是其常温下的发热量较低。而当温度超过“居里温度”时，它的电阻值会随着温度的升高呈阶跃性的增高，在狭窄温度范围内，如达到250℃时，其电阻值会急剧增加几个至十几个数量级，即电阻变得极大，这就是所谓非线性PTC效应。吹出气体的温度最高可达85℃，完全可满足空调制热的要求，如果高于85℃时，则PTC电阻变得极大，实际表现为自动停止工作。作为加热用的陶瓷PTC元件，具有自动恒温的特性，可省去一套复杂的温控线路，而且其工作电压高达1000V，可直接由电池的高压供电。

2. 储热罐供热

现代混合电动汽车所配置的发动机，多采用阿特金森循环，其特点是膨胀做功行程大于压缩行程，使热效率比普通发动机的奥托循环要高。提高发动机的经济性是重点，这就要求发动机应始终可靠地在经济转速下运行，发动机节省燃油，提高经济性，比提高发动机的动力性更重要。混合电动汽车运行特点，要求发动机的工况比较单一，既要回避怠速热车及小功率的运转，也不需要大功率的产出，因此应在中负荷下运行。为加速发动机的快速起动及热机过程，一般采用“储热罐”技术，利用储热罐将发动机运转时循环冷却液储存起来，冷起动有一定的预热作用，可缩短热机过程。这种绝热的储热罐容量较大，放置在前保险杠内侧，能长时间保持较高的温度，一般能保温三天时间。可利用储热罐的热量供给空调的稳定热源，有专用的电动泵将热水泵置入空调散热器。

电动水泵的结构如图6-26所示，它由电机驱动，但电机驱动叶轮不直接接触冷却液，称之为不接触式水泵。电机的驱动力是通过磁性塑料，将外转子的旋转透过中间的壳体，直接驱动磁性塑料的叶轮内转子旋转，这就是磁性耦合的原理。这种水泵的特点是在运行时可减少水的阻力，有效地降低了功耗。磁性塑料体是由磁性材料与树脂等混合压制而成的，能取得较好的磁力性能。

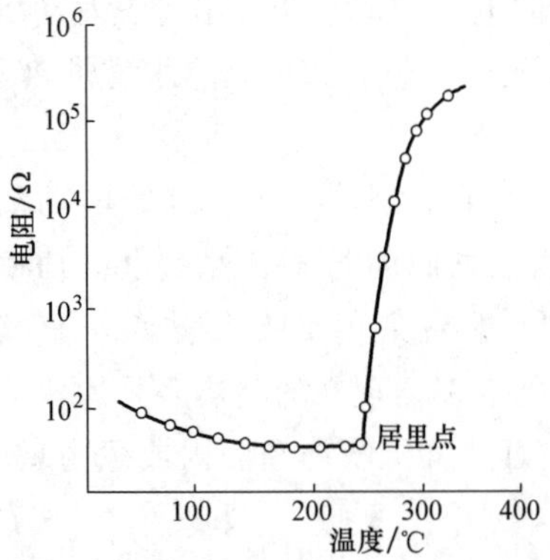

图6-25 PTC元件的温度-电阻特性曲线

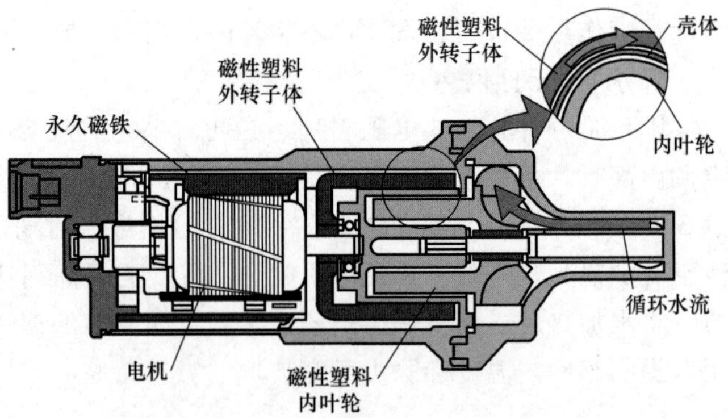

图6-26 不接触式电动水泵的内部结构

3. 循环冷却液供热

利用储热罐的供热方式，供热量已不能满足空调制热需求时，空调控制系统将根据设定温度及冷却液温度等信号，综合判定让发动机工作，以让冷却液升温产生足够的热量。发动机运行的条件有车外温度低于-3℃、冷却液温度低于 50℃，当空调设定温度为 HI 或高于 20℃，并有供暖需求时，则发动机会运转。

当电动汽车运行在内燃机拖动工况时，空调的供热会自动采取传统的发动机循环冷却液的供热方式。

四、空调维修的安全操作

空调系统制冷的驱动电机及 PTC 元件供热的工作均使用高压电，若空调系统出现故障需要维修时，应小心谨慎，切勿在通电情况下对元器件进行直接检修操作，在没有将蓄电池的紧急维修手柄拔下之前，不要触碰橙红色的高压线束及插接件，首先应遵循安全操作规程，避免产生危险的触电事故或损坏机件。

电动汽车空调的维修，其一般操作规程如下：①关掉点火开关，将钥匙移出智能系统的探测范围；②断开 12V 辅助电池的负极端子；③戴上绝缘手套，拔下高压电池的橙红色维修手柄；④等待 10min 或更长时间以便使变频器总成内的高压电容放完电；⑤检测并确认变频器输出端子的电压为 0；⑥用绝缘乙烯胶带包裹好被断开的高压线路。

注意：空调在自动模式下，切不可认为在系统加热时制冷压缩机插接件不带电，或者系统制冷时 PTC 插接件不带电，有可能出现系统加热时压缩机也工作的情况。可用电动汽车的诊断仪检测空调系统的运行信息，目前在诊断仪上可以读出一体化压缩机、PTC 电加热器工作状况，以及空调各档位、电压、各传感器反馈信息等，可以依靠这些信息推断出空调系统可能出现故障的元器件，并在拔下紧急维修手柄的情况下对问题元器件进行维修。

第四节　电动汽车的电源转换装置

电动汽车电子设备系统内包含许多作用不同的功能模块，每个功能模块对电源的要求不尽相同。各部分所需的功率、电压、电流、安全可靠性和电磁兼容性等指标也不相同。为了满足这些要求，电动汽车常使用各种功率变换器。目前使用的功率变换器可分为 AC/DC、DC/DC、DC/AC 三种类型。它们分别适用于各种不同的领域，其中使用最多的是前两种。

一、DC/DC 功率变换器的功用

在混合动力电动汽车的电子系统和设备中，直流母线不可能满足不同元器件对直流电源的电压等级、稳定性等要求，因而必须采用不同的 DC/DC 功率变换模块来满足电子系统对电源的各种需求。DC/DC 变换模块的直流输入电源既可来自系统中的电池，也可来自直流总线。这种电源通常有 48V、24V、5V 等，其电压稳定性能差，且会有较高的噪声分量。要使汽车电子设备正常工作，必须使用一个 DC/DC 功率变换器，将变化范围较大的直流电压转换成一种稳定性能良好的直流电压。

电动汽车 DC/DC 变换器（图 6-27）的主要功能是给车灯、电器控制设备、小型电器等车辆附属设备供给电力和向附属设备电源充电，其作用与传统汽车的电机相似。由于电动汽车多具有发动机怠速停机功能，导致发动机停机时无法使用发电机提供电源，必须靠动力电池向附属用电设备和附属电源供电，因此 DC/DC 变换器成为电动汽车的必备设备。

二、双向 DC/DC 功率变换器的应用

电动汽车中的电机是典型的有源负荷，根据不同指令，电机既可以工作在电动机状态又可以工作在发电机状态。车用电机的转速范围很宽，行驶过程中频繁加速、减速，因此动力

电池电压的变化范围大。在这样的条件下，如果用动力电池组直接驱动电机运转，会造成电机驱动性能的恶化，使用DC/DC变换器可以将动力电池组的电压稳定在一个相对较高的电压值，从而可以明显地提高电机的驱动性能。另一方面，DC/DC变换器又可以将车辆制动时由机械能转化来的电能回馈给动力电池组，以可控的方式对动力电池组进行充电，在混合动力电动汽车需要较频繁起停的城市工况运行条件下，有效地回收制动能量，增加行驶里程。混合动力电动汽车采用DC/DC变换器可以优化电机控制，提高电动汽车整车的效率和性能，同时还可避免出现反向制动无法控制和变换器输出端出现浪涌电压等不利情况。

图 6-27　电动汽车 DC/DC 变换器

目前，大多数DC/DC变换器是单向工作的，即通过变换器的能量流方向是单向的。然而，对于需要能量双向流动的场合，如果仍然使用单向DC/DC变换器，则需要将两个单向DC/DC变换器反方向并联使用，这样虽然可以达到能量双向流动的目的，但是总体电路会变得非常复杂。双向DC/DC变换器就是可以完成这种能量流动的直接变换器。双向DC/DC变换器是在保持变换器两端的直流电压极性不变的情况下，根据实际需要完成能量双向传输的直流变换器。双向DC/DC变换器可以非常方便地实现能量的双向传输，使用的器件数目少、效率高、体积小且成本低。

双向DC/DC变换器在混合动力电动汽车上应用，直流电机基本上已经被交流电机、永磁电机所取代。在这些应用场合中，双向DC/DC变换器可以调节逆变器的输入电压，并且可以实现制动回馈。

车用交流电机具有较低的输入感抗、高功率密度、低转动惯量、转动平滑以及低成本等优点，因此得到了越来越多的应用。对于这种交流电机，如果仍然采用通常的固定直流母线电压脉宽调制的驱动方式，较低的输入感抗必然会导致电机电流波形中出现较大的纹波，同时会造成很大的铁损耗和开关损耗，使用双向DC/DC变换器就可以很好地解决这个问题。当采用这类电机直接驱动车轮时，电机电流波形的纹波是加在电机输入端子上的，电压的瞬间值和电机反电动势间的电压差值成正比，因此利用双向DC/DC变换器可以根据电机的转速来不断调整DC/AC变换器的直流侧输入电压，从而减小电机电流波形的纹波。另外，通过控制反向制动电流，双向DC/DC变换器可以将机械能回馈到动力电池组或者是一个附加的超级电容中，从而达到提高整车效率的目的。

三、DC/DC 功率变换器的分类

DC/DC变换器按是否采用高频变压器分为隔离式和非隔离式两类。隔离式DC/DC变换器可由非隔离式演变而来；非隔离式DC/DC变换器的基本拓扑形式是降压变换器（Buck电路）和升压变换器（Boost电路）。这两种基本电路的组合又构成了另外两种基本变换器：降压-升压变换器（Buck-Boost电路）和升压-降压变换器（Cuk电路）。这几种电路都有电感电流连续与断续的工作状态，隔离式变换器由基本的非隔离式变换器和隔离变压器组成，这类功率变换电路包括单端正激、单端反激、推挽式、半桥和全桥等几种。

DC/DC变换电路的电路拓扑形式

- 隔离式
  - 单端正激(Forward)
  - 单端反激(Flyback)
  - 推挽式(Push-bull)
  - 半桥式(Half-bridge)
  - 全桥式(Full-bridge)
- 非隔离式
  - 降压(Buck)电路
  - 升压(Boost)电路
  - 降压-升压(Buck-Boost)电路
  - 升压-降压(Cuk)电路
  - Sepic电路
  - Zeta电路

四、其他类型的功率变换器

DC/AC 功率变换器是应用功率半导体器件，将直流电转换成恒压、恒频交流电的一种静止变流装置。供交流负荷用电或与交流电网并网发电。混合动力电动汽车中使用的 DC/AC 变换器多为无源变换器，其功用主要是将动力电池输出的直流电转换为交流电提供给交流驱动电机等。AC/DC 功率变换器的作用就是将交流电压转换成电子设备所需要的稳定直流电压。混合动力电动汽车中 AC/DC 功率变换器的功能主要是将交流发电机发出的交流电转换成直流电提供给用电器或储能设备储存。

第五节 电动汽车的高压安全

随着能源以及环境问题的日益严峻，世界上各个汽车生产大国都将把越来越多的电动汽车投入市场。电动汽车的一个重要特点就是带有高压动力回路，其工作回路中的电压甚至可以达到 600V 以上。因此在考虑电动汽车给我们带来环保效益的同时，高压安全问题同样不容忽视。因此，如何保护相关人员的安全已成为我们关注的重点。

一、电动汽车高压的危害

人体电阻主要是皮肤电阻，人体表皮角质层的电阻很大，在干燥情况下可达到 6~10kΩ，甚至更高，潮湿情况下可降到 1kΩ。在理论研究中，我们可以把人体本身看作是一个大电阻（1kΩ），当对人体施加一个电压时，便会产生对应的电流，电流的强度和作用时间的长短会对人体造成不同的伤害。从图 6-28 中可以看出，当电流强度大于 50mA，作用时间超过 10ms 时，会造成人体心室颤动、呼吸困难，危及触电人员安全。若以 800~1200Ω 作

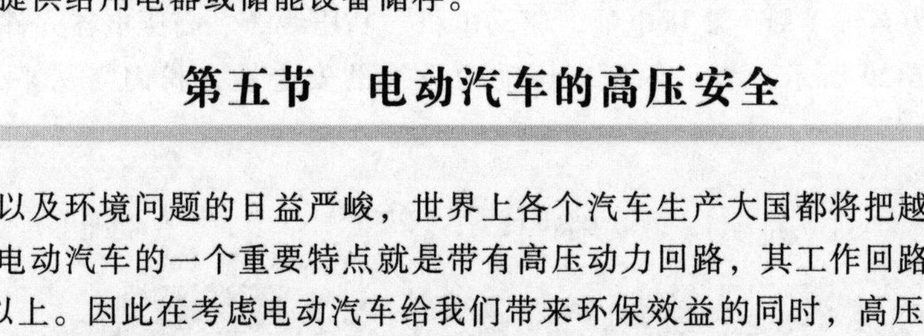

图 6-28 电流对人体的伤害

为人体电阻值，根据欧姆定律：$U=IR$，40~60V 的电压就可能造成这类危害。

如之前提到的，电动汽车的电压可高达 600V 以上，因此，在电动汽车推广的同时，如何保证驾驶人、乘客以及汽车保养与维修人员的安全，是值得我们关注的话题。在电动汽车安全要求标准 GB/T 18384.3—2015 中，也对电动汽车的电压作了规范定义，标准里将电动汽车的工作电压分为 A、B 两级，见表 6-1。

表 6-1　电动汽车的工作电压等级划分

电压等级	最大工作电压/V	
	直流	交流(rms)
A 级	$0<U\leqslant 60$	$0<U\leqslant 30$
B 级	$60<U\leqslant 1500$	$30<U\leqslant 1000$

对于 A 级电压，不需要进行触电防护，对于任何 B 级电压电路中的带电部件，都应为接触人员提供防护。

二、电动汽车安全要求标准解读

GB/T 18384 是电动汽车安全要求标准，其分为三部分：车载储能、功能安全和故障防护、人员触电防护。标准针对电动汽车的电气安全提出了一系列的要求，以保证电动汽车在正常使用情况下不会对使用者和周围环境造成危害。

电动汽车动力系统一般由高压电池、驱动电机、高压线缆、高压电器元件等高压部件组成，其结构如图 6-29 所示。为了保证高压动力系统的安全性，我们需从多个方面去进行验证。

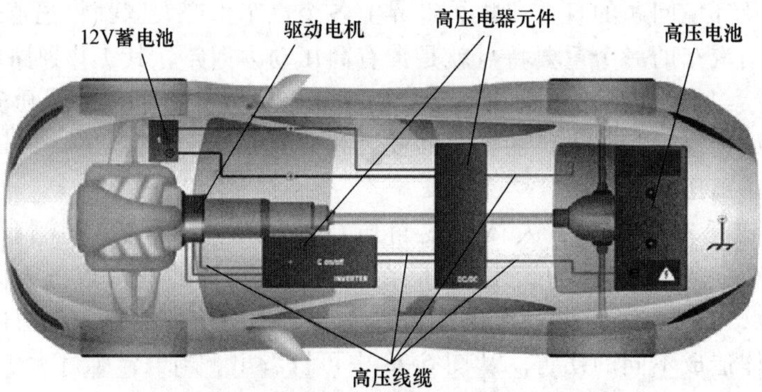

图 6-29　电动汽车结构简图

1. 动力电池的绝缘电阻

对电压 $60<U\leqslant 1000$ 的动力蓄电池，要求根据 GB/T 18384 中的标准方法进行绝缘电阻的计算，得到的绝缘电阻值除以电池的标称电压所得到的值不应小于 100Ω/V。与之相比，美国工程师协会标准 SAE J1766 与欧盟的 ECE R100 都要求绝缘标准值不小于 500Ω/V。

动力电池的绝缘测试过程，如图 6-30 所示。通过图中方式测量动力电池正极与负极对底盘（分不带负载和带负载 R_0）的电压，其中，R_0 为一个已知的 100~500Ω/V 的标准电阻。由此，我们可以计算动力电池绝缘电阻 R_i，$R_i=(U_1-U_2)/U_2\cdot R_0(U_1>U_1')$ 或 $R_i=(U_1'-U_2')/U_2'\cdot R_0(U_1'>U_1)$。从上可知，如果使用一般的电压表来测量动力电池的电压，要经历较为繁琐的过程，且结果需人为计算。

2. 动力系统的绝缘电阻

对于动力系统绝缘电阻测量，GB/T 18384.3—2015要求须使用一个至少是动力系统标称电压1.5倍或者500V电压（两者取其高者）的设备来进行，对绝缘电阻的要求见表6-2。

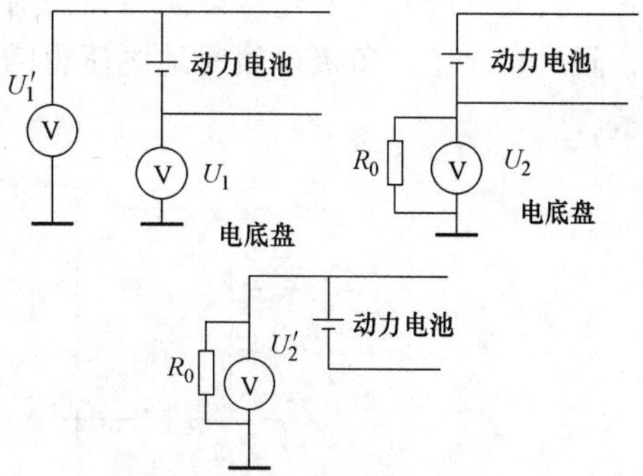

图6-30 动力电池绝缘测试流程

3. 绝缘电阻监控

对于电动汽车，因考虑到其高压电的危害性，车上需要提供绝缘电阻监控系统，依据标准GB/T 18384.3—2015中要求，在监测到绝缘电阻小于100Ω/V时，电路自动断开。

4. 等电势

为了防止因存在电势差造成的触电危险，在高压组件的外壳或者可导电的外盖等部件之间应该采用导线与车身支架相连的方式，以达到等电势的效果，如图6-31所示。在欧盟，ECE R100中针对等电势也做出了规定，要求高压组件外壳至车身任一点之间的电阻不大于0.1Ω。

表6-2 动力系统绝缘电阻的要求

设备	测量阶段最小瞬间绝缘电阻/(0.1kΩ/V)	测量阶段计算的最小绝缘电阻/(0.1kΩ/V)
Ⅰ类	0.1	1
Ⅱ类	0.5	5

注：绝缘电阻按照设备的标称电压计算。

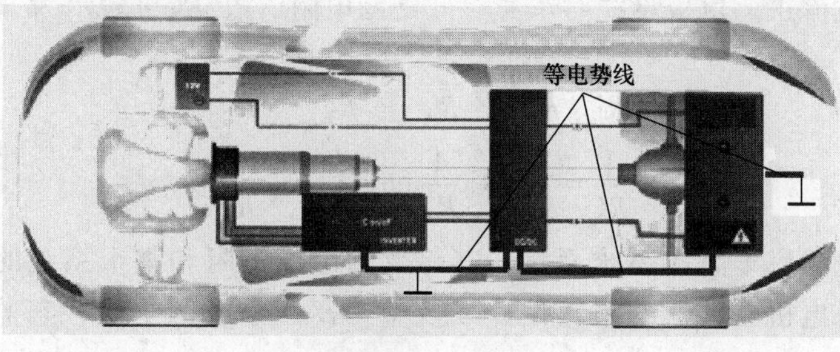

图6-31 等电势线

三、高压绝缘分析及防护

电动汽车高压电气系统可以分为两大部分：一是电动汽车自身的高压系统，主要是为电动汽车提供驱动动力、电动助力转向及车载空调动力等；二是电动汽车充电时的高压电气系统，主要功能为从电网获取电能，将其储存在动力电池中。

1. 绝缘分析

以图6-32所示系统为例，当电机驱动器工作状态为011时（S_3、S_4、S_5闭合），高压母线对于车身底盘的绝缘电阻等效分析电路如图6-33所示。这时，直流母线正极对地绝缘，电阻等效为$R_P//R_B//R_C$，而直流母线负极对地绝缘电阻等效为$R_N//R_A$。同理可知，开关管处于其他状态时，直流母线正、负极对车身的绝缘电阻分别等效为其他不同形式的并联。

因此，直流母线对车身绝缘电阻在动态时是一个跳变的值，当开关管状态改变时随其跳变一次，同时直流正、负极母线对地电压也随其跳变一次。对开关的状态使用开关函数 $S(t)$ 来表示。

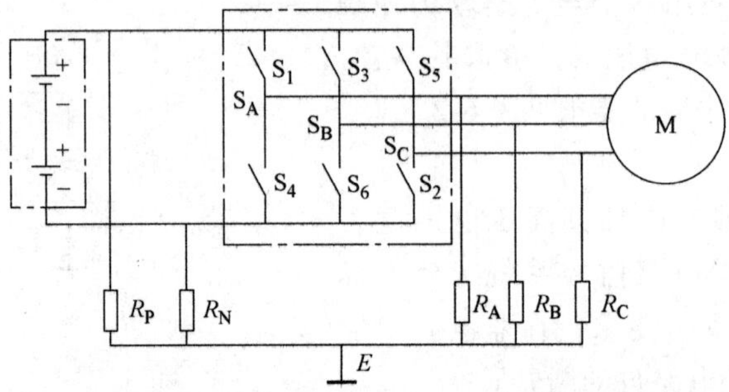

图 6-32 电池、电机及驱动器形成的绝缘电阻

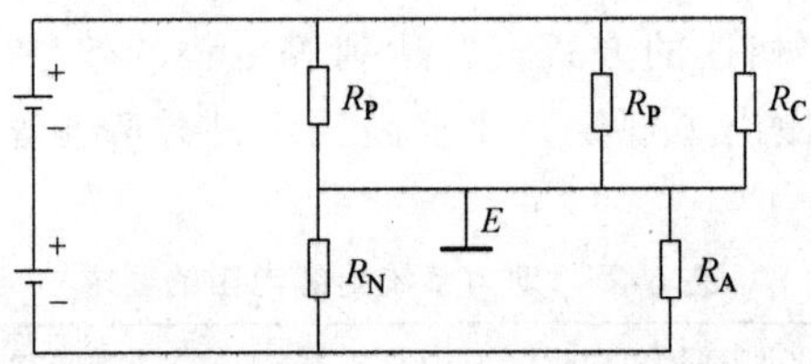

图 6-33 高压母线对车身底盘的绝缘电阻等效分析电路

$$S(t)=\begin{cases}1 & \text{开关 S 导通}\\ 0 & \text{开关 S 关闭}\end{cases}$$

动态情况下直流正、负极母线对车身等效绝缘电阻 R'_P、R'_N可表示为

$$\frac{1}{R'_P}=\frac{1}{R_P}+S_1\frac{1}{R_A}+S_3\frac{1}{R_B}+S_5\frac{1}{R_C}$$

$$\frac{1}{R'_N}=\frac{1}{R_N}+S_2\frac{1}{R_A}+S_4\frac{1}{R_B}+S_6\frac{1}{R_C}$$

所以，对于电动汽车高压系统而言，其等效的绝缘电阻和整个系统的工作状态密切相关，这对绝缘状态电机驱动器的绝缘设计以及整个高压系统的绝缘状态监测提出了很高的要求。

2. 绝缘故障状态分析

（1）高压部位直接对车身的绝缘失效　以高压母线正极对车身绝缘失效为例进行分析，如图 6-34 所示。若母线正极对车身的绝缘电阻值变小（R_P较小，可能因为高压母线本身或者某一设备发生了正极对车身绝缘故障而造成），则当人体接触到负极母线时，通过人体的电流值可能较大。若绝缘电阻值减小到使通过人体的电流超过安全电流限值的时候，即会发生电击事故。

（2）高压部位对设备外壳的绝缘失效　如图 6-35 所示，假设某一高压电气设备正极出现对外壳的碰壳或漏电故障，则当人体一端接触到带电外壳，另一端与高压母线负极直接接触时，即使人体和车身是绝缘的，人体仍旧相当于接触到高压母线正、负两极，所以仍然会有危险的漏电流流过人体，从而导致对人员的间接电击。

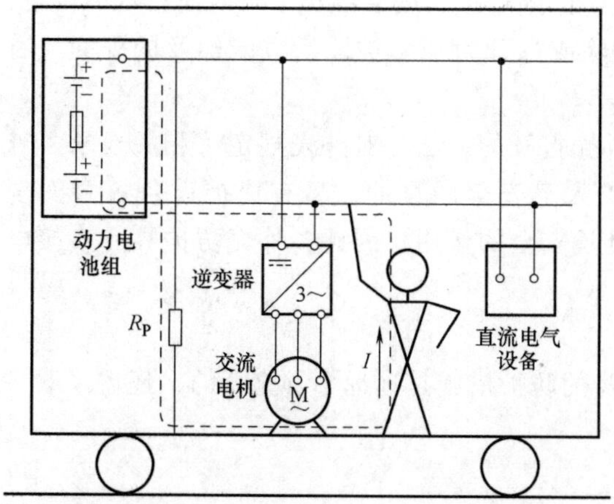

图 6-34　高压母线正极对车身的绝缘故障

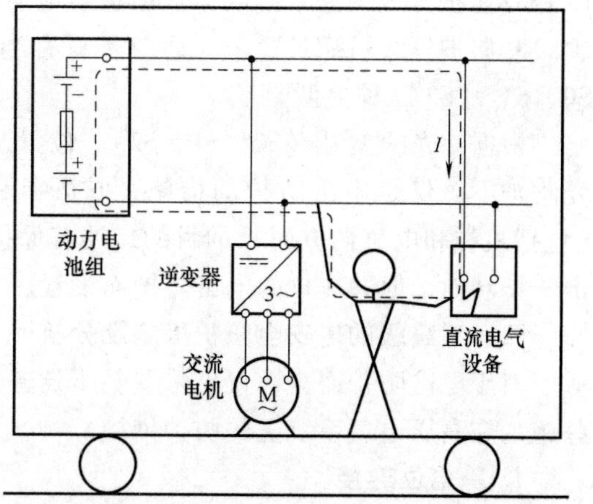

图 6-35　高压部位对设备外壳的绝缘故障

3. 绝缘防护措施

（1）针对高压对车身的绝缘失效的防护措施　这主要是通过绝缘保护来实现。在电气安全标准中，按照基本绝缘失败后电击防护方式的不同将电气设备划分成为四类，分别是 0 类设备、Ⅰ类设备、Ⅱ类设备、Ⅲ类设备。表 6-3 总结了这四类设备的主要特征及安全措施。

表 6-3　四类设备的主要特征及安全措施

类　　别	设备主要特征	安全措施
0 类设备	基本绝缘 无保护连接手段	用于不导电环境
Ⅰ类设备	基本绝缘 有保护连接手段	与保护接地相连
Ⅱ类设备	双重或加强绝缘 无保护连接手段	不需要
Ⅲ类设备	由安全特低电压供电	接于安全特低电压

上述的防护措施中，基本绝缘是指带电部件上对触电起基本保护作用的绝缘；附加绝缘又称为辅助绝缘或保护绝缘，是为了在基本绝缘一旦损坏的情况下避免触电而在基本绝缘之外附加的一种独立绝缘；双重绝缘是一种组合型的绝缘结构，由基本绝缘与附加绝缘共同组成；加强绝缘相当于双重绝缘保护程度的单独绝缘结构。

在设计与分析中，通常认为，施加了双重绝缘或者加强绝缘后，该设备带电部件在正常情况下不会被碰触到，也不会存在任何对外壳漏电而造成设备外壳带上危险电压的情况。这样就能避免该设备对人员造成直接和间接电击，显著降低动力系统的电击危险性；但是这种做法会带来较高的成本，很难在所有设备上都加以实施，通常是有选择性地在某些设备上施加双重或加强绝缘。

（2）针对高压对设备外壳的绝缘失效的防护措施　对于可直接触及的外壳至少应满足

IPXXD 防护等级的要求。若车辆地板与地面距离小于 30cm，安装在车下与地面接近的设备，IPXXB 防护等级可满足要求。而对于只有当拆除或打开附加防护罩后方能触及的外壳，有 S0、S1 和 S2 三种类型。

根据外壳的型号（S0、S1、S2）、位置及外壳打开的方法，对外壳规定了相关要求。外壳防护不仅仅是电击防护的措施，它既有保护人身安全的目的，又有保护设备自身安全（包括机械和电气两方面）的目的，还有保护环境安全的作用。因此，外壳防护具有直接电击防护功能，但并非仅为电击防护而设置。

四、系统级的电安全防护措施及分析

对于电击防护而言，仅仅采取基于设备自身的防护措施是远远不够充分的，还需采取一些施加在高压电气系统上的防护措施。

1. 等电位连接

在电动汽车动力系统中，可以使用将电气设备的外露可导电部件直接或通过保护导体和车辆底盘相连接的方法来进行等电位连接。等电位连接的作用如图 6-36 所示，该方法将直流电气设备外壳和车辆底盘直接连接。采用等电位连接后，该设备外壳与车身为相同电位，当该设备正极发生对外壳漏电故障时，即使人员接触到该设备带电的外壳，因为人体被等电位连接线短路，所以不会有危险的电流流过，从而避免了电击。

等电位连接所使用的保护导体的电阻值应满足下面的导电性试验要求：用一个不超过 60V（DC）的电压，以动力电路最大电流的 1.5 倍或 25A 的电流（取两者中较大值）通过任何两个进行等电位连接的外露可导电部件，持续时间最少 5s，测量其电压降，根据电流与电压降计算得到的保护导体的电阻值不应超过 0.1Ω。

2. 保护接地

保护接地是将电气设备的外露可导电部分用保护线和大地直接连接的防护措施。保护接地通常可作为一种电击防护措施应用在电动汽车充电系统中。图 6-37 所示为对电动汽车车身采用保护接地的措施，即使用 PE 线直接接地，系统实际为 TT 形式。这时若人员站在地面上接触到带有危险电压的设备外壳（例如图 6-37 中所示的电动汽车车身外壳），因为保护线 PE 的电阻很小，所以人体两端承受的电压也很小，通过人体的漏电流也就会很小（大部分漏电流由 PE 线经大地流回电网），从而使得人员的间接电击危险性显著降低。

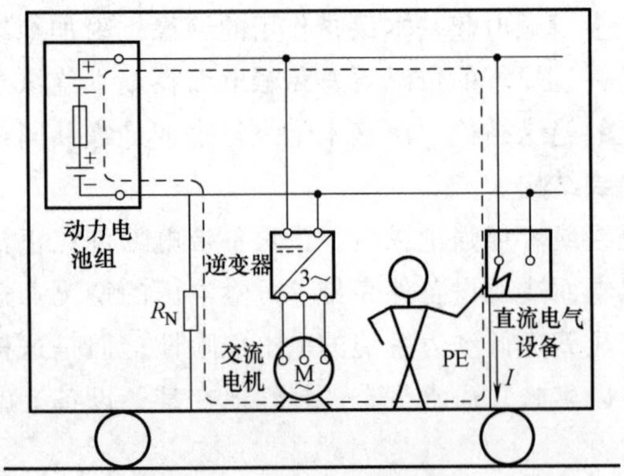

图 6-36 等电位连接的作用

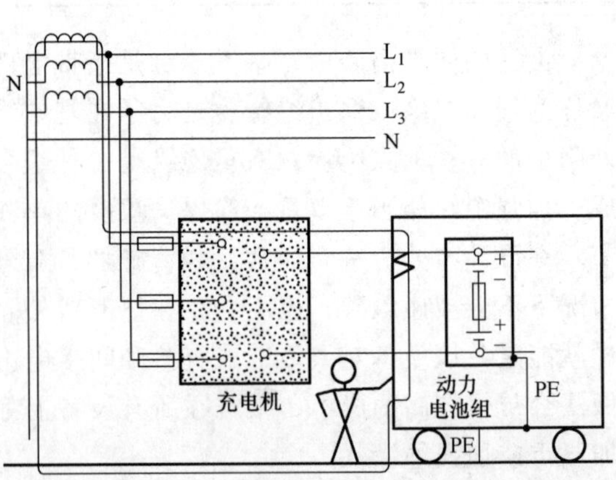

图 6-37 对电动汽车车身采用保护接地的措施

3. 保护接零

保护接零通常可作为一种电击防护措施应用在电动汽车充电系统中，图 6-38 所示为一种应用示例。对充电机外壳采用保护接零，利用 PE 线（保护接地线）将外壳和供电电网的保护零线（电力系统的 PE 线）连接起来，实际构成 TN 系统（图 6-38 为 TN-S 系统）。

采用保护接零时，一方面，因为设备外壳通过保护导体连接到电网保护零线，设备对外壳绝缘出现故障时漏电流会流回电网电源中性点，即这时会造成故障相线对零线的单相短路故障，巨大的短路电流会促使线路上的过电流和短路保护装置或者熔断器动作，切断电源，消除电击危险；另一方面，同保护接地相似，保护线 PE 电阻很小，可以降低人员间接接触时两端承受的电压，从而降低电击危险性。

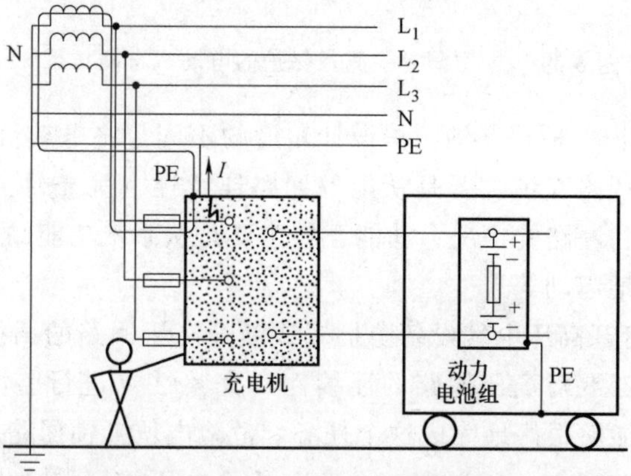

图 6-38　保护接零对人员电击的防护

4. 电气隔离

电气隔离主要用于电动汽车充电系统中，采用交、直流隔离的充电机是目前进行电气隔离时最常用的方法。

5. 自动断路功能

当存在某些特殊情况（例如碰撞、绝缘不良、高压电气回路不连续、过电流及短路等）时，自动断路功能可在没有使用者干预的条件下，通过断路器等装置将高压电气回路切断，从而达到保护人员和电气系统安全的目的。自动断路装置应具备人工复位的能力。

（1）碰撞监测及保护　当汽车发生碰撞事故时，碰撞传感器向主控装置发送信号，主控装置接到信号后立即切断动力电路，从而实现电动汽车发生碰撞事故时的自动断开。此外还有一种方法是不经过主控装置，直接由碰撞传感器信号触发高压电气系统断路器工作，切断高压电源。

（2）漏电监测及保护　在电动汽车中，因为直流高压系统实质上也属于不接地的电气系统，所以较多地使用对地电压型漏电监测装置，利用检测动力系统正、负极母线对车身的电压来判断是否存在绝缘故障。该类装置通过一定的方法改进后，还可以检测出动力系统正、负极母线对车身的绝缘电阻，即为绝缘电阻监控装置。

采用漏电监测及保护的电动汽车高压系统如图 6-39 所示。交流输入端使用 RCD、保护接地（或保护接零）组合；直流端具有漏电监测装置，以监测车内直流母线对车身的绝缘状况。这种方案同样能够有效地降低非车载充电系统的电击危险性。

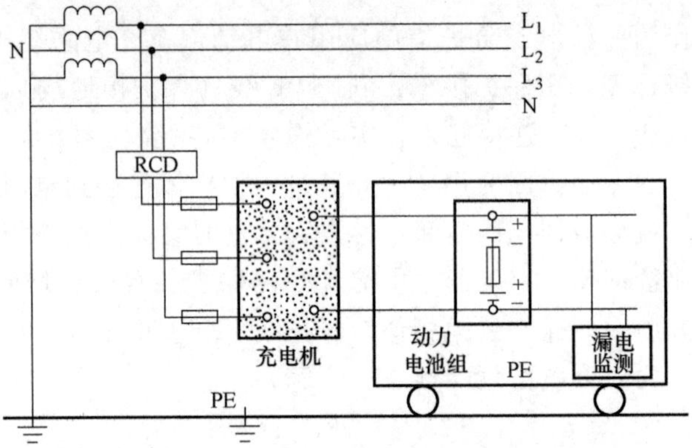

图 6-39　采用漏电检测及保护的电动汽车高压系统

（3）互锁监测及保护　根据互锁防护设计角度的不同，将电动汽车的互锁分为两大类：环路互锁与功能互锁。环路互锁主要是从电气回路连续性（完整性）的角度而设计，用于监测电气回路上是否存在断路的情况；功能互锁主要是从系统功能的角度来进行防护，如充电时电动汽车不能意外地起动等。

1）环路互锁。在打开高压电气设备防护罩或断开高压回路的插接器时，人员可能会接触到高电压，所以，有必要对高压回路的连续性（完整性）进行监测。危险电压互锁回路（HVIL，即环路互锁）能够很好地完成这个任务。危险电压互锁回路属于一种互锁系统，指首尾连接在自动断开的装置上，通过在一个存在危险电压的回路中发送一个微弱的（安全的）电流信号来对电气回路的连续性（完整性）进行检查的电路。一旦出现电气回路的不连续（不完整），如因为开启某个插接器，自动断开装置就会启动，切断电源，以清除该处的危险电压。在充电操作中，为了确保充电接口、充电线束及电动汽车之间的可靠连接，也需要在充电系统高压回路中设计互锁回路。此外，所有在被移开后就会使人体直接暴露在危险电压中的盖子，例如高压电气设备的防护盖，也必须进行互锁或采取其他保护措施。可以将防护盖的互锁设计成 HVIL 的一部分。通常而言，当 HVIL 出现不连续（不完整）的情况（如断路或打开设备防护盖等）时，应起动自动断开装置。采用漏电检测及保护的电动汽车高压系统如图 6-40 所示。

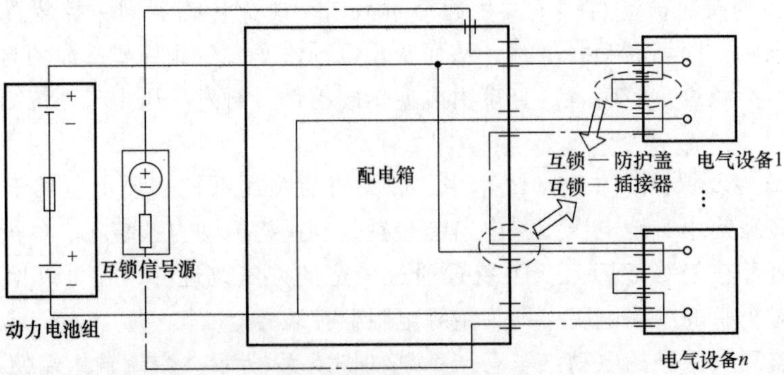

图 6-40　采用漏电检测及保护的电动汽车高压系统

2）功能互锁。当高压电路和电池包断开后（如自动断开装置或手动断开装置起动时），因为有容性储能元件及线束上本身存在的容性，高压母线仍然会残留有对人体造成电击伤害的危险电压，所以有必要将高压母线的电压释放到安全范围内。按照电压和能量的情况以及电压衰减所需要的时间，不同的制造商可能有不同的方案及设计。某些电动汽车高压系统断电后通过电阻放电就是其中的一种方案。

此外，出于安全考虑，电动汽车要具有充电互锁的功能，即在充电时电动汽车动力系统应处在断开的状态，以免电动汽车连接在充电电源上时被意外地起动。

（4）过电流及短路保护　自动断开装置还可以用来进行过电流及短路防护。若使用其他装置（如熔断器等）进行过电流防护，在出现过电流时，为增加防护效果，也可以起动自动断开装置，起到双保险的作用。过电流及短路保护主要是为了确保电动汽车高压电气系统安全运行而采用的一种防护措施。

6. 手动断开

在电动汽车的装配、保养及维修的操作中，需要有手动断开电气回路的功能，确保在操作过程中人员可能接触到的电气设备上面不带有危险电压，从而保护人员免受电击伤害。

手动断开装置通常放置于动力电池系统中。若只使用一个单极（刀）型手动断开装置，则应位于动力电池组的电气中点，即中间分断的位置。若使用双极（刀）型，则应可以同时切断动力电池组的正、负极。手动断开装置的应用如图 6-41 所示。不管何种方法，当高压系统维护时，均可以使得高压输出端不带危险电压，从而避免人员误接触导致的触电。

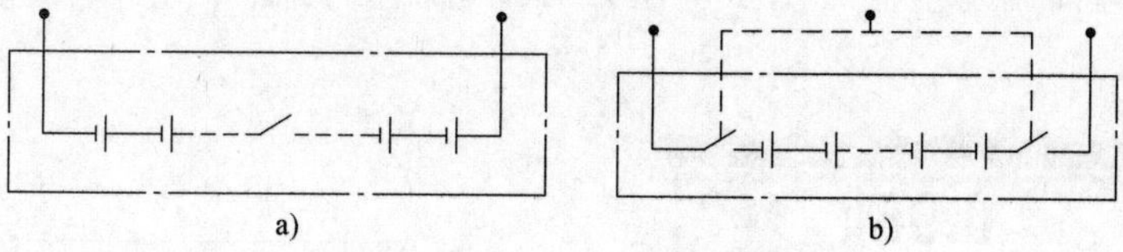

图 6-41　手动断开装置的应用

a）单极型手动断开　b）双极型手动断开

手动断开装置的断开操作或拆卸不需要任何工具，而且操作人员可以很容易地提供所需要的力。手动断开装置对操作人员应该是绝缘的。

7. 熔断

熔断功能一般使用熔断器来完成，也是一种电气系统过电流和短路保护的手段。熔断主要是为了确保电动汽车高压电气系统安全运行而采用的一种防护措施。

五、高压电安全测量实例

若要进行实际的电动汽车高压测量，还需选用一款合适的测量工具，通过它去完成一项或者多项的测试项目。下文以一款专为测量电动汽车高压而设计的专业工具 AVL HV Safety 2000 为例（图 6-42）来完成上述测量项目。

1. 动力电池绝缘电阻测试

如图 6-43 所示，实际上动力电池两端到车身底盘的绝缘电阻是不相等的，为了保证安全性，我们一般取较小的动力电池绝缘电阻，其测量方法可参见图 6-30。

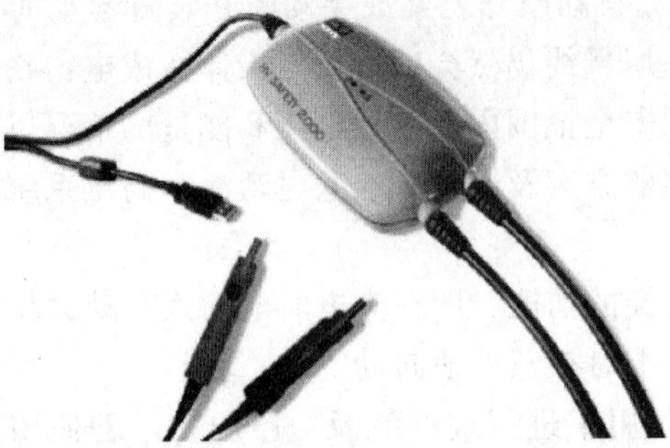

图 6-42　高压安全测量仪 AVL HV Safety 2000

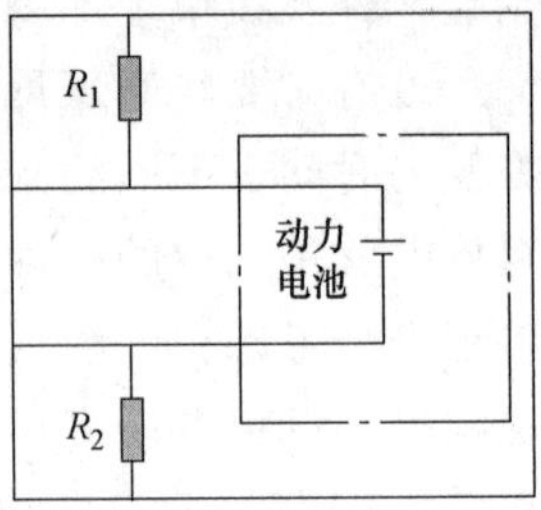

图 6-43　动力电池绝缘电阻简图

测量过程：在动力电池绝缘电阻测试前，断开电动汽车高压电，并断开动力电池与驱动电路的连接。如果手动地去完成图 6-30 所示的整个测试过程，显然较为耗时，且需要反复地记录数据以及计算。AVL HV Safety 2000 内置有 SAE J1766 动力电池绝缘电阻测试标准流程（同 GB/T18384）。选择 SAE J1766 模式，完成自检后，根据仪器提示测量动力电池电压、动力电池正极对电气地、动力电池负极对电气地。如图 6-44 所示，仪器将自动计算最终结果并显示于屏幕。

2. 动力系统回路绝缘电阻测试

动力系统回路的绝缘电阻需要采用系统标称电压的 1.5 倍或 500V（两者取大者）来完成测量，一般情况下选用绝缘电阻测量仪来进行测量。其实原理是在实测物体上加上一定的高压，然后测试流过它的漏电流，再换算成绝缘电阻值，由测量工具显示出结果。绝缘电阻测试仪一般由直流高压发生器（测试电压）和漏电流测试器（精密电流表）组成，如图 6-45所示。

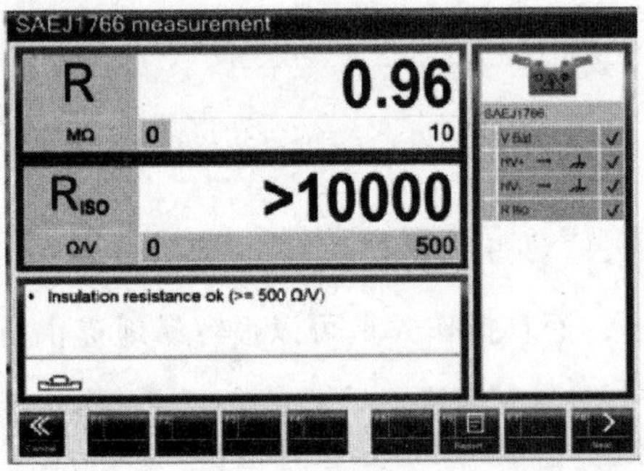

图 6-44　测量仪界面图

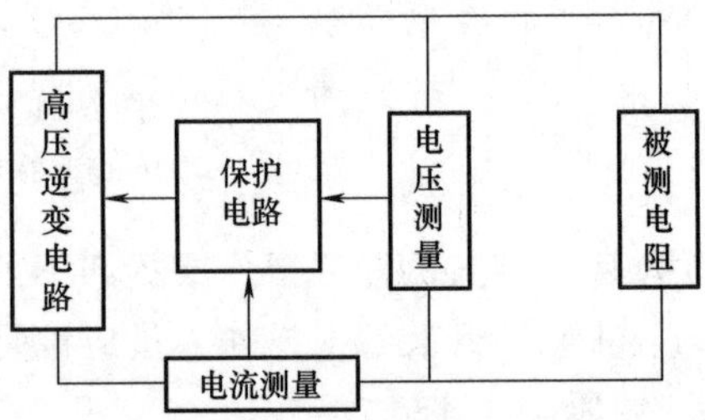

图 6-45　绝缘电阻测量仪原理

测量过程：断开被测电动汽车高压电，并断开动力电池与驱动电路的连接。在高压动力回路上选择合适的测量点（图 6-46），测量测试点对车身底盘的绝缘电阻。选择绝缘电阻测量模式，输入标称电压值，测量选定的测量点与车身底盘的绝缘电阻值，结果显示如图 6-47 所示。

3. 等电势

如图 6-48 所示，当汽车发生碰撞等意外时，可能导致高压回路上的组件漏电，在这种情况下，两个不同的组件表面可能存在不相等的电位。如果没有进行等电位连接（汽车的等电势线如图 6-49 所示），当人同时触碰到两个组件时，会因为电势差 U_{AB} 的存在，形成电流 I，对人体造成伤害。根据标准要求，等电势电阻不得大于 0.1Ω。

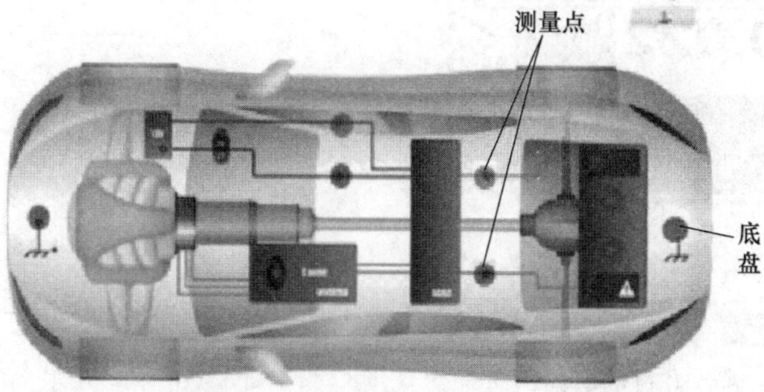

图 6-46　绝缘电阻测量选择示意图

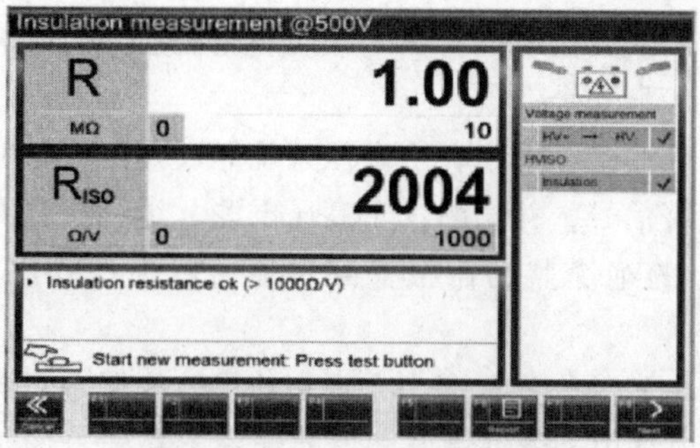

图 6-47　绝缘电阻测量结果

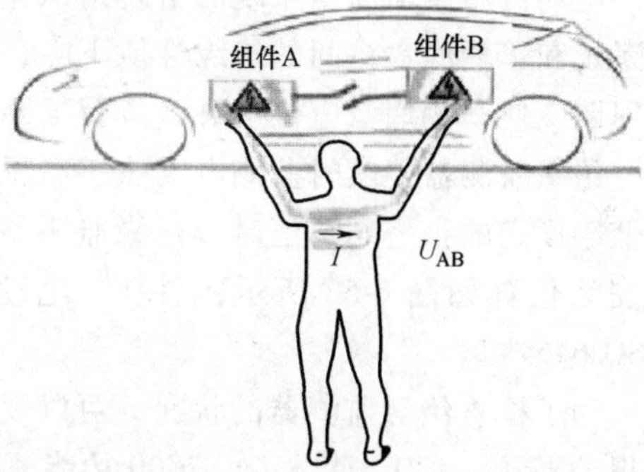

图 6-48　等电势故障触电示意图

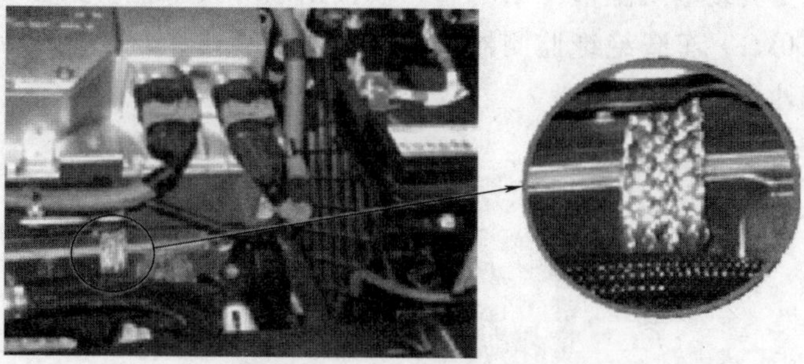

图 6-49　电动汽车等电势线

测量过程：使用 AVL HV Safety 2000，选择等电势测量模式，自检完成后，在车身上选择合适测量点（如组件外壳等电势连接点与车身之间），根据提示进行测量，结果如图 6-50 所示。

在等电势电阻测量中，由于所测量的电阻阻值较小（不得大于 0.1Ω），为了得到较为精确的值，AVL HV Safety 2000 采用开尔文四线测量技术。如图 6-51 所示，在实测电阻的每个测试点引出两条测试线，二者严格分开，各自构成独立回路；在电压回路上，要求要有极高输入阻抗的测试回路上，使流过的电流极小，近似为零。r 表示引线电阻和探针与测试点的接触电阻之和。由于流过测试回路的电流为零，在 r_3、r_4 上的压降也为零，而激励电流 I 在 r_1、r_2 上的压降不影响 I 在被测电阻上的压降，所以电压表可以准确测出 R_t 两端的电压值，从而准确测量出 R_t 的阻值。测试结果与 r 无关，有效地减小了测量误差。

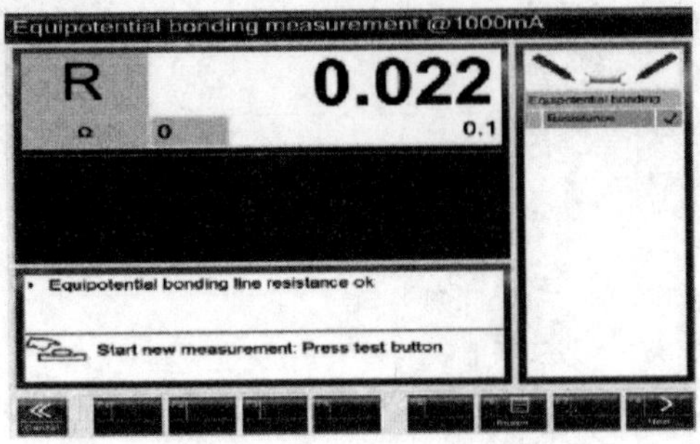

图 6-50 等电势电阻测量结果

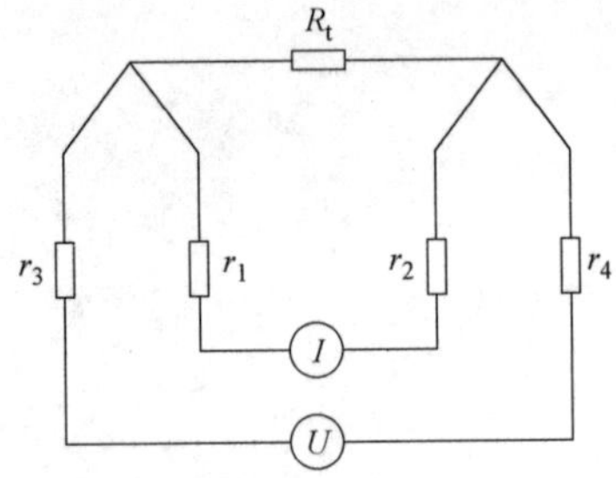

图 6-51 开尔文四线测试方法

4. **绝缘电阻监控**

电动汽车直流高压系统的电缆绝缘介质老化或受潮湿环境等因素影响，都会导致高压电气系统和车辆底盘之间的绝缘性能下降，电源正极或负极引线将在绝缘层和底盘之间构成漏电回路，使车辆底盘电位上升，危及驾乘人员的人身安全。

绝缘监测器能实时监测电动汽车高压系统对地的绝缘电阻，当高压系统对底盘的绝缘电阻低于设定的报警判定值时，绝缘监测器发出报警信号，并切断汽车高压电源。绝缘监测器的安装位置如图 6-52 所示，目前，电动汽车上的绝缘监测器报警判定值一般为 500Ω/V（ISO 6469）。

为了检查绝缘监测器的状况，可以模拟绝缘电阻的临界状态，来观察绝缘监测器是否出现报警提示。AVL HV Safety 2000 功能项中有一项是用于做绝缘监测器检测的。在通电的情况下，将 AVL HV Safety 2000 两探针分别与高压正极（或负极）及底盘相连，激活测试，通过仪器内部的可变负载电阻阻值不断下降，模拟出临界报警值，如图 6-53 所示，当仪器内部负载电阻为 200kΩ，车载绝缘监测器报警，此时，高压系统供电切断，AVL HV Safety 2000 测得的电压值小于 1V。

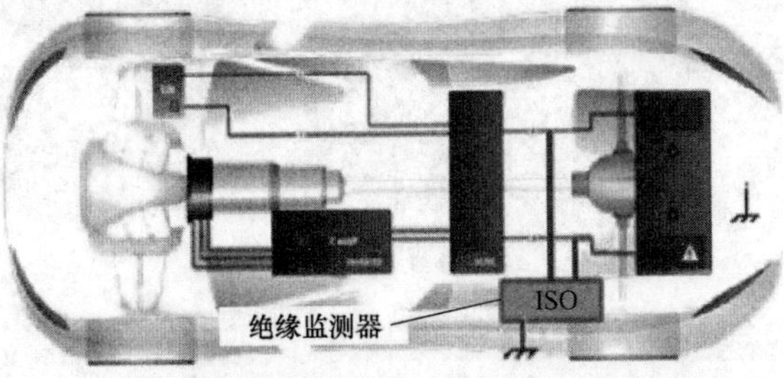

图 6-52 绝缘监测器的安装示意图

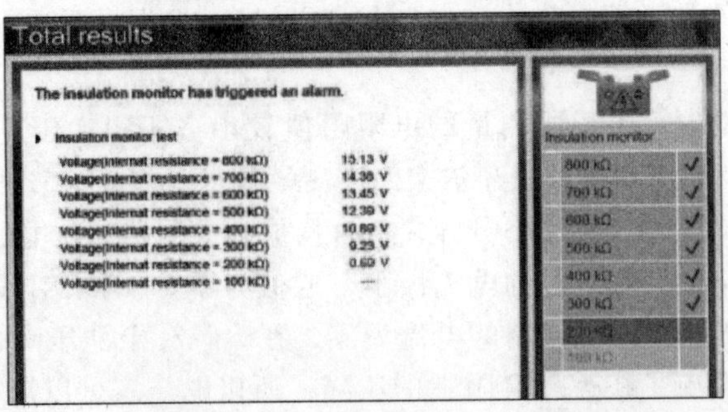

图 6-53 HV2000 检测绝缘监测器

第六节 电动汽车的四驱系统

一、电动四驱系统与传统四驱系统的差异

传统四驱系统实际上就是普通燃油车通过分动器、传动轴及差速器等主要的传统部件实现四轮驱动，发动机是其唯一的动力来源。在传统的四驱系统里面，分动器、传动轴及差速器这些零件是必须存在的，它们主要是实现动力的传递和分配，而这些零件在电动四驱系统中可以部分甚至全部取消。

在电动四驱系统中，允许存在多个动力来源，可以是传统发动机，也可以是电机，但一套电动四驱系统里至少存在一台可以驱动车辆的电机，正是多股动力的存在，才免去了动力分配和传递的零件。其中，差速器（差速锁）的类型决定了传统四驱系统的操控性能、越野性能、脱困性能等，简单地说就是硬件决定性能。而电动四驱系统实际上并非单纯依靠零部件的优劣决定其各项性能，主要通过 ECU 控制其前后桥、车轮间的转矩分配，其实就是软件决定性能。在大多数传统 SUV 中普及的电子辅助系统，也可在新能源汽车上得到应用，考虑到电子辅助系统的性能在进一步强化，未来在新能源车上的使用率应该很高。

二、电动四驱系统的优缺点

整体而言，电动四驱系统能够取消部分传动零件，以提高空间的利用效率及传递效率，最直观的便是后排地台的凸起程度及油耗（电耗）的高低。

根据车辆定位属性，可以轻易改变车辆的驱动方式（前驱、后驱）。以具备前后电机的电动车为例，在同一台车上，理论上通过调整控制逻辑就能满足这两种不同需求，目前传统四驱系统暂时无法轻易实现。

而电动四驱系统完全依靠电气零件，在各种恶劣的野外场地中，其可靠性和稳定性表现都令人担忧。尤其是电池在温度较低时会产生亏电情况，对于经常在酷寒地区使用的车辆无疑会有极大的影响。所以，电动四驱系统暂时仅适配于轿车和城市 SUV。

三、电动车如何实现四驱

1. 单电机配传动轴

纯电动汽车的基本结构和我们儿时玩的四驱车大致相当，而四驱车通过一根传动轴（图 6-54）就能实现简单的“全时四驱”，这种方式同样能应用到纯电动汽车上。

以宝马 X5 Xdrive40e 为例（虽然非纯电动汽车），它只有一台电机，设置在发动机和变速器之间，依靠传统的四驱系统结构实现四轮传动。这种结构最大的优点便是结构简单。由于电机设置在变速器之前，车辆的匹配工作主要集中在发动机和电机进行融合时的平顺性，前后桥间的转矩分配也只需用普通 X5 的那套逻辑便可。无论是研发成本和制造成本都能得到极大的控制，可谓本小利大。不过，随之而来的是较大的车重和较低的传动效率，一定程度上会影响车辆纯电续航里程。

2. 双电机全轮驱动

前后驱动桥各布置一台电机，伴以传统的差速器实现四驱。目前只有特斯拉的轿车和 SUV 采用这种结构。特斯拉 Model S P85D 是首个使用该种布置方式的量产纯电动车型，特斯拉工程师通过在普通 Model S 的前轴加装一个与后桥一样的电机实现，换来的却是相当优秀的运动性能，尤其是加速性能，Model S 四驱版的官方百公里加速为 2.8s，特斯拉双电机

驱动系统如图 6-55 所示。

理论上，只要特斯拉愿意通过调整控制逻辑，这种结构便可实现任何一种四驱（全时、分时、适时），更不用说简单的前驱和后驱了。

特斯拉 Model X 则是采用特斯拉 Model S 的平台设计的，所以其通过性能及越野性能主要由电子辅助系统决定，这基本是主流城市 SUV 用的。当然，我们不能确定特斯拉 Model X 是否会配备传统的差速锁，如果可能，电动汽车的越野性能也相当值得期待。

图 6-54　单电机传动轴示意图

3. 轮毂电机或轮边电机（四个电机）

轮毂电机或轮边电机的区别如下：前者的轮毂就是电机的转子，而轴承座（羊角）作为定子；后者则是普通电机安置在车轮旁边，需要传动轴驱动车辆，轮毂电机爆炸图如图 6-56 所示。

图 6-55　特斯拉双电机驱动系统

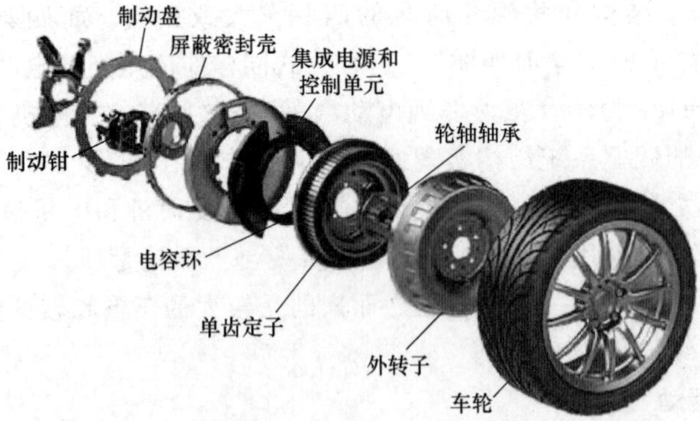

图 6-56　轮毂电机爆炸图

这种结构也能和双电机的结构一样，原理上可以实现任何一种驱动形式，但是由于成本过高，目前还没有厂家推出量产车，更多的是作为试验车或者改装车存在，如巴博斯给奔驰

E 级装上四个轮毂电机。

四轮电机可以极大地节省空间，并且每个车轮都是一个独立的动力单元，反应更快，效率更高，是目前传统四驱技术无法做到的。如果电气系统的可靠性足以媲美传统机械式四驱系统，那么采用轮毂电机或轮边电机的 SUV，其越野能力（脱困能力）在理论上是完全可以超越当前所有硬派 SUV 的。

电动四驱系统不仅能满足家庭轿车和城市 SUV 的行驶需求，还能为超跑提供前所未有的性能表现，虽然电动四驱系统在恶劣环境下的表现有待考证，但随着电气零部件技术的持续改进，人们观念的改变，相信未来也会有部分车厂给自己的“硬派越野车”搭载。

第七章

电动汽车维护与故障处理

第一节　电动汽车的维护与保养

一、整车维护与保养

如图 7-1 所示，电动汽车的保养首先要进行外观检查，包括车漆破损及车灯功能是否正常，以及刮水器等部件的老化程度。外观检查后，要检查车辆液面（图 7-2），但由于电动汽车结构的特殊性，只需检查制动液、清洗液和防冻液。

图 7-1　电动汽车的外观检查

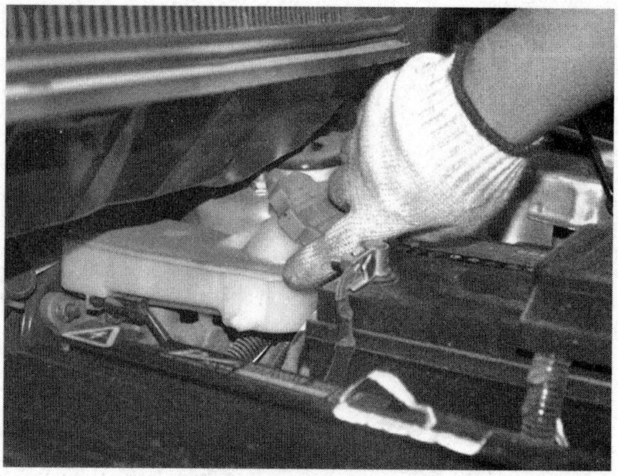

图 7-2　电动汽车的液面检查

电动汽车使用过程中，为保证汽车正常行驶，必须对汽车进行日常维护。日常维护是提高汽车效率、减少行车事故、节约维修费用、降低能耗以及延长汽车使用寿命的重要环节，是每个驾驶人在开车前及行车中必须做到的，其主要内容如下：

① 检查转向、制动、悬架、传动等主要部件的紧固情况。

② 检查真空管道有无漏气现象。

③ 检查驱动桥主减速器、转向机构和真空泵等有无渗漏油现象。

④ 检查轮胎气压是否合乎标准，剔除嵌入轮胎花纹的渣石、铁钉等杂物。

⑤ 按润滑表规定，按时按量对各润滑点进行润滑。

除日常维护外，车辆行驶一段距离后还应进行周期性的维护与保养，以保持车辆良好的运行状态。例如，每行驶 1000km 后，除完成每日保养内容外，还需检查蓄电池是否合格；

电气系统各部件绝缘阻值是否符合规定。

每行驶 3000km 后，应紧固全车的各紧固件，特别注意检查并紧固好转向拉杆、前后桥悬架、驱动电机、传动轴、制动等系统的紧固件；轮胎换位；检查真空泵与助力转向系统。

每行驶 6000km 后，应清洗、润滑各车轮轮毂轴承，并调整松紧度；检查调整前束值；检查调整各制动蹄片的间隙。

每行驶 12000km 后，应查真空泵工作情况；检查转向系统工作情况；检查驱动电机等电器部分，同时检查电线的紧固情况和各部位的绝缘情况。

如果电动汽车长期停用，需要经常清洗尘土，检查电动汽车外部并进行防锈和除锈处理；停驶一个月以上时，应将电动汽车架起，解除前、后悬架和轮胎的负荷；每月对蓄电池进行一次补充充电；每月检查一次电气仪表、制动、转向等机构的动作情况，检查各个轮胎气压，发现不足时应充气。对机舱进行清理（图 7-3），因为电动汽车的特殊性，机舱绝对不能够用水清理。

二、关键零部件的维护与保养

电动汽车的整体结构如图 7-4 所示，动力电池系统、驱动电机系统、动力转向系统以及制动系统的性能严重影响电动汽车的应用性能和安全性能。这些关键部件的维护和保养可有效延长电动汽车使用寿命，提高使用性能。

图 7-3 电动汽车的清理

图 7-4 电动汽车的整体结构

1. 动力电池系统

动力电池系统由动力电池、电池箱（图 7-5）和电池管理系统构成。作为整车的动力源，动力电池对整车性能有重要的影响。动力电池组具有高电压、强电流的特点，对其进行保护与检查非常必要。

动力电池需要每三个月或每行驶 5000km 后进行一次电池单体电压检测。每次更换电池时，都需要检查连接插头是否有磨损、松动、烧蚀等故障；每运行 10000km，应对电池箱进行一次清理，并检查内外箱体及各个组成部件是否完好。

（1）动力电池箱体的检查

1）外箱的检查、维护。在安装内箱之前检查以下两点：

① 极柱座橡胶护套是否齐全。

② 极柱是否氧化，氧化面应使用 1500 目砂纸轻轻打磨，或使用棉布用力擦，将氧化层

去掉。

2）要定期（通常为一个月）清理外箱灰尘。

3）极柱出现拉弧或打火烧蚀，要及时更换。

4）若通信不可靠或24V供电电源不可靠，应检查CAN总线连接插头、24V连接插头是否正常。

5）内箱检查。应检查极柱座是否连接可靠，高压有无打火烧蚀，要定期吸尘清洁。

（2）动力电池外箱体高压正负极端子检查

动力电池外箱如图7-6所示。

图7-5　电池箱内部结构

图7-6　动力电池外箱

1）用兆欧表500V档测量各端子之间的绝缘阻值。要求当空气相对湿度小于等于90%时，绝缘电阻应大于等于20MΩ；当空气相对湿度大于90%时，绝缘电阻应大于等于2MΩ。

2）用兆欧表500V档测量各端子与电池外壳之间的绝缘阻值。当空气相对湿度小于等于90%时，绝缘电阻应大于等于20MΩ；空气相对湿度大于90%时，绝缘电阻应大于等于2MΩ。

3）目测高压极柱插头、极柱插孔是否有磨损、烧蚀等现象，并注意保护套等部件是否齐全。

注意：所有箱体内必须保持清洁，避免有任何杂物和污染，以防意外漏电；检查滤网、冷却风扇等是否齐全、牢固。

（3）电池快换导轨检查

1）检查快换箱体导轨轴承是否缺失。

2）检查各轴承滚动是否顺畅；若不顺畅需及时更换轴承。

3）导轨有无变形。

（4）机械锁检查　机械锁采用手动解锁装置，由解锁把手、解锁杆、锁口组成。

1）检查解锁把手是否转动平顺。

2）将解锁把手按下去，检查锁是否能够卡到正确的位置。

3）检查开锁、上锁是否平顺。

（5）高压中控盒电气安全检查

1）在推入动力电池箱之前，由具备资质的电工，将连接到中控箱的高压线束、动力电池输入电缆从中控箱接插件口拔下，将其他高压电缆从部件接插件口（如电动空调等部件接插件上）拔下，测量拔下线束的每一个高压端子和底盘之间的绝缘电阻，其阻值应大于20MΩ。

2）保持步骤1）的状态，并保持连接到中控盒的低压线束接通，将动力电池推入电池舱后，将车辆钥匙扭到START状态，此时测量所有高压线束端子处的电压，端子A和端子B之间应为400V左右或无电压，且端子A为高电势，端子B为低电势。

3）保持步骤2）的状态，将车辆的暖风加热系统打开，连接至PTC加热器的高压线束端子处的端子A和端子B之间应为400V直流电压，其中A为高电势。

4）以上步骤确认无误后才能将车辆钥匙扭到OFF，然后将步骤1）中拔下的插头依次插上，如果发现步骤1）~4）有异常现象，则应在排除异常后方可继续进行。

2. 驱动电动机

比亚迪e6电动汽车动力电机带绕组定子铁心及转子组件如图7-7所示。

1）检查驱动电机及其控制器各固定点，检查螺栓是否松动，线束和插件是否存在松动、老化、破损、腐蚀等现象。

2）每两个月检查电机本体和控制器水冷管道是否通畅，若冷却液道有堵塞现象，则应及时清理堵塞物。

3）每半年检查清理一次电机本体和控制器的表面灰尘。清理方法是断开动力电源，用高压气枪清理电机本体和控制器表面灰尘。注意：禁止用高压气枪直接对准控制器外壳上的“呼吸器”吹气，应用软毛刷进行清理。

图7-7　比亚迪e6动力电机带绕组定子铁心及转子组件

4）电机轴承在一个大修周期内，不需要加油脂。当轴承发生故障时，应解体电机，更换轴承。

5）当电机很长时间未用，最好测量电机的绝缘电阻。检查绝缘电阻应使用500V兆欧表，其值不低于5MΩ；否则需对绕组进行干燥处理，以去除潮气。去除潮气可采用以下方法：

① 用接近80℃的热空气干燥电机，将热空气吹过静止、不通电的电机。

② 将转子堵住，在定子绕组施加7~8V的50Hz交流电压。

允许逐步增加电流直到定子绕组温度达到90℃，不允许超过这一温度，不允许增加电压到足以使转子旋转。

在转子堵转下的加热过程中，要特别小心，以免损伤转子，维持温度为90℃直到绝缘电阻稳定不变。

特别注意：开始时缓慢加热很重要，这样使得水蒸气能自然地通过绝缘层而逸出。迅速加热很可能使局部的蒸汽压力快速增大足以使水蒸气强行通过绝缘层而逸出，会使绝缘层遭到永久性破坏。通常需要花15~20h使温度上升到所需温度。经过2~3h后，再次测量绝缘电阻。考虑到温度对绝缘电阻的影响，如绝缘电阻已经达到5MΩ，电机的干燥过程即可结束并投入使用。

3. 其他高压系统

高压配电箱内部结构如图 7-8 所示，高压系统应每三个月或每行驶 5000km 后进行一次保养，即在对电池进行保养的同时，进行高压系统的保养。其他高压部件主要有车载充电机、DC/DC 变换器、高压电气盒、空调用电动压缩机总成。

1）检查高压警告标记是否清晰且牢固。

2）检查表面是否发生腐蚀、损伤等。

3）检查安装点支架有无变形、损伤，安装螺栓有无缺失，并检查螺栓有无松动。

4）检查接插件是否连接可靠，有无松脱或者变形情况。

4. 电气线束

（1）低压线束的检查　检查低压线束（图 7-9）是否整齐、捆扎成束，固定卡钉是否卡紧；检查插头连接是否牢固；检查低压线束插接器的外观有无破损、腐蚀等现象；穿越孔洞的线束如果装有绝缘防磨套管，应检查其是否固定可靠。

图 7-8　高压配电箱内部结构

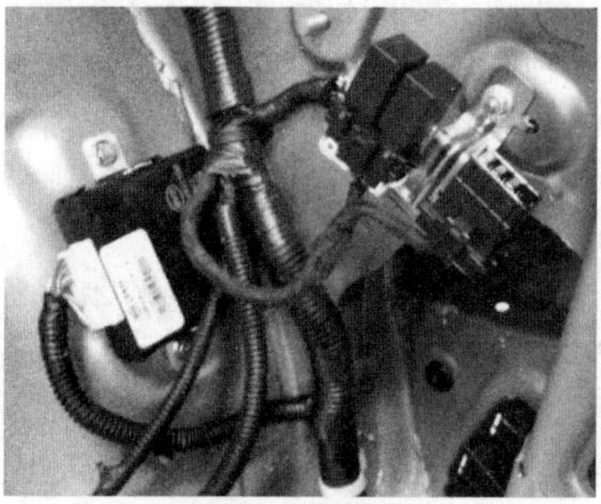

图 7-9　低压线束

（2）低压电气熔断器的检查　低压电气配电盒如图 7-10 所示，检查熔断器外观是否有开裂、损坏、腐蚀、老化等现象；检查熔断器外部接插件和车身线束接插件插接是否牢固可靠；检查熔断器盖锁扣是否有效锁紧；检查熔断器和车身固定点是否固定可靠。

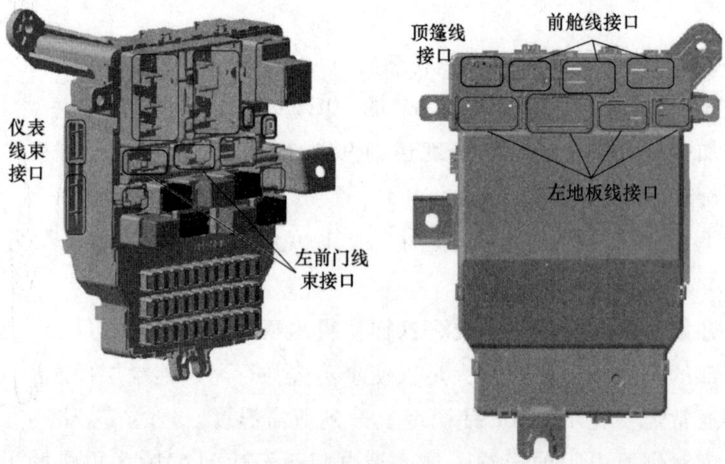

图 7-10　低压电气配电盒

(3) 高压线束（图 7-11）的检查

图 7-11　高压电缆结构示意

① 底盘线束离地面高度是否在安全范围内，或设有相应的走线槽来避免线束的剐蹭。

② 线束和保护波纹管外观是否存在破损、老化等现象，插接器是否有腐蚀现象。

③ 各插接件连接是否牢固，其护套是否完好无损。

④ 高压插接器的锁止以及互锁机构是否完好。

⑤ 线束固定卡钉是否完好。

⑥ 高压线束和运动件之间是否存在剐蹭的现象。

5. 动力转向系统

转向系统是汽车操纵的重要部件，需经常检查保养，否则一旦失灵，将会造成车毁人亡的事故。图 7-12 所示为北汽新能源电动汽车转向系统结构示意图。动力转向系统维护和保养的内容如下：

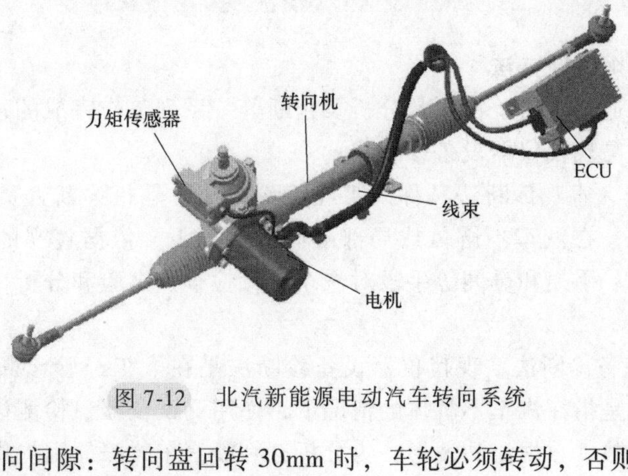

图 7-12　北汽新能源电动汽车转向系统

1）定期检查转向间隙：转向盘回转 30mm 时，车轮必须转动，否则必须进行调整。

2）定期更换转动器润滑油（转动液压油）。

3）在换季保养以及行驶 10000km 时要检查转向油罐的油位和管路接头的密封。

4）转向液压油的更换方法如下：

① 顶起前桥至前轮离开地面。

② 放油：旋出转向机的放油螺栓，取下油罐盖，起动电机并保持空转，使得系统中的

油在泵的驱动下从转向机放油螺栓孔中排出，经过转向盘左、右两极限位置的多次转动，直到油液排净为止，然后重新装上放油螺栓并拧紧。

③ 注油：首先将注油罐注满油液，再起动电机向系统内充油，同时向油罐中继续补充油液，直至油罐中无气泡上升，并且油面稳定在测试棒刻度以上 1~2cm，然后旋紧油罐盖。

5）滤芯更换：打开油罐盖，取出旧滤芯，放入新滤芯，重新装好油罐盖。

注意：换滤芯时必须重新更换油液。

6）转向机的转向压力在出厂时已经调好，调整螺钉严禁擅自改动。若发现转向时转向盘明显沉重，应维修调整。

6. 制动系统

（1）检查制动系统的密封性　对于采用气制动系统的电动汽车，气密性的检查十分重要。长时间没有使用的车辆，在开车之前必须检查制动系统。

1）气路系统的密封性　起动压缩机，储气压力达到 0.81MPa。关闭压缩机，观察双针压力表，在 10min 内压力降低不得超过 0.01MPa；若超过则说明密封性不好，应进行检查维护。

2）制动系统的密封性　关闭电机，踩下制动踏板并保持 3min，气压表的白针指示压力保持不变，表示密封性可靠。

（2）保养

1）应定期检查制动管路的密封性，使其处于良好的状态，一旦发现弯折、擦破、压扁，应及时更换。

2）排出储气筒中的冷凝水。用手拉动储气筒下方排水阀的拉环，若排水阀被堵塞，就要把排水阀旋出，进行清理或更换。在旋出以前，要排出筒内的压缩空气，可利用多次踩动踏板的方法排出，若不及时排出会出现危险。

第二节　电动汽车常见故障处理

一、电动汽车故障诊断方法

汽车故障诊断是通过观察、检测、分析及判断等一系列工作完成的，其基本方法主要分为两类：直观诊断法与现代仪器设备诊断法。

（1）直观诊断法　直观诊断法又称人工经验诊断法，是指诊断人员借助丰富的实践经验和一定的理论知识，在汽车不解体或局部解体的情况下，依据直观的感觉，借助简单工具，采用眼观、耳听、手摸和鼻闻等手段对汽车进行检查、试验和分析，查明故障原因和故障部位。

（2）现代仪器设备诊断法　现代仪器设备诊断法是在人工经验诊断法的基础上发展起来的一种诊断方法，是指在汽车不解体的情况下，使用测试仪器、检测设备或工具，检测整车、总成或机构的参数、数据流和波形，为分析、判断汽车故障原因提供定量依据。

实际上，上述两种方法经常会同时使用，称为综合诊断法。

电动汽车的故障处理同传统汽车故障处理的方法相似，但电动汽车构造的特殊性又在细节上与传统内燃机汽车存在着差异。基本流程：首先应找到故障产生的部位；之后用相应的仪器进行测试，分析、研究故障产生的原因，推理验证故障的产生情况；然后进行维修，确认故障已经修复；最后驾驶人试车，以检验故障修复的效果。

二、动力系统常见故障及处理方法

1. 动力电池系统

电动汽车中高压系统的功能是确保整车系统动力电能的传输，并随时检测整个高压系统的绝缘故障、断路故障、接地故障和高压故障等，是确保整车设备和人员安全的首要任务，也是电动汽车产业化的关键技术之一。

电动汽车的主要部件——动力电池系统属于高压部件，其设计的好坏直接影响着整车安全性及可靠性，动力电池的安装位置如图 7-13 所示。在动力电池系统中，依据故障发生的部位分为传感器故障、执行器故障（接触器故障）和部件故障（电芯故障）等。

图 7-13　电动汽车的动力电池安装位置

按照故障发生的部位，动力电池系统故障可以分为三类，即单体电池故障、电池管理系统故障、线路或连接件故障。

（1）单体电池故障　单体电池的故障包括三种。

1）第一种故障　电池性能正常，无需更换，对应故障有单体电池 SOC 偏低和单体电池 SOC 偏高。如果单体电池 SOC 偏低，则该电池在汽车行驶过程中，电压最先达到放电截止电压，使得电池组实际容量降低，应对该单体电池进行补充充电。如果单体电池 SOC 偏高，则该电池在充电末期最先达到充电截止电压，影响充电容量，需对该单体电池进行单独补充放电。

2）第二种故障　电池性能衰退严重，应立即更换，对应故障有单体电池容量不足和单体电池内阻偏大。在电池组中，最小的单体电池容量也限制了整个电池组的容量，因此发生单体电池容量不足故障会影响车辆续驶里程。锂离子电池内阻如果过大，会严重影响电池的电化学性能，如充放电过程中的极化严重、活性物质利用率低、循环性能差等。

3）第三种故障　电池影响行车安全，对应故障包括单体电池内部短路；单体电池外部短路；单体电池极性装反，在强振动下锂离子电池的极耳、极片上的活性物质、接线柱、外部连线和焊点可能会折断或脱落，造成单体电池内部短路或者外部短路故障。

通常情况下，造成单体电池前两种故障的原因可能包括两个：一是动力电池成组时单体电池一致性问题，单体电池的 SOC、容量、内阻本身就存在差异；二是单体电池在成组应用过程中因为应用环境差异（如温度、充放电电流）造成的一致性差异增加，加剧单体电池的不一致性。

（2）电池管理系统故障　电池管理系统对于保障电池组的安全及使用寿命，最大限度发挥电池系统效能具有重要作用。电池管理系统通常对单体电压、总电压、总电流和温度等进行实时监控采样，并将实时参数反馈给整车控制器。电池管理系统除了对电池性能参数进行监控、实施电性能管理以外，还具有热管理为主的应用环境管理，实施对电池的加热和冷却，确保电池的良好应用环境温度以及温度场的一致性。若电池管理系统发生故障，就失去了对电池的监控，不能估计电池的 SOC，容易造成电池的过充、过放、过载、过热以及不一致性问题的增加，影响电池的性能、使用寿命和行车安全。

电池管理系统故障包括 CAN 通信故障、总电压测量故障、单体电压测量故障、温度测量故障、电流测量故障、继电器故障、加热器故障和冷却系统故障等。

（3）线路或连接件故障　线路或连接件故障的诊断对于确保行车安全和整车的可靠性同样重要。例如，因为车辆的振动，电池间的连接螺栓可能会出现松动，电池间接触电阻增大，发生电池间虚接故障，以致电池组内部能量损耗增加，造成车辆动力不足和续驶里程短，在极端情况下还能引起高温，产生电弧，熔化电池电极和连接片，甚至造成电池着火等极端电池安全事故。

在电动汽车运行过程中，单体电池之间可能发生相对跳动，造成两电池间的连接片折断。电池箱和电动汽车的电气连接也是故障的高发点，电插接器在经历长时间振动后容易产生虚接，出现易烧蚀、接触不良等故障。

动力电池系统常见故障及处理方法见表 7-1。

表 7-1　动力电池系统常见故障及处理方法

<table>
<tr><th>项目</th><th>故障现象</th><th>故障后果</th><th>处理方法</th></tr>
<tr><td rowspan="9">单体电池</td><td>单体电池 SOC 偏低</td><td rowspan="2">电池组容量降低，
电动汽车续驶里程短</td><td>对单体电池单独充电</td></tr>
<tr><td>单体电池 SOC 偏高</td><td>对单体电池单独放电</td></tr>
<tr><td>单体电池容量不足</td><td>电池组充电不足、使用寿命减少，
电动汽车续驶里程短</td><td rowspan="2">更换单体电池</td></tr>
<tr><td>单体电池内阻偏大</td><td>电池组充电不足、使用寿命减少，
电动汽车动力不足、
续驶里程短</td></tr>
<tr><td>单体电池过充电</td><td rowspan="2">电池内部短路、电池热失控，
严重时会起火、爆炸</td><td rowspan="2">检查电池管理系统</td></tr>
<tr><td>单体电池过放电</td></tr>
<tr><td>单体电池内部短路</td><td rowspan="3">电池热失控，严重时会起火、爆炸</td><td>更换单体电池</td></tr>
<tr><td>单体电池外部短路</td><td>排除短路故障、
更换单体电池</td></tr>
<tr><td>单体电池极性装反</td><td>更换单体电池</td></tr>
<tr><td rowspan="6">电池管理系统</td><td>CAN 通信故障</td><td>无法监控电动汽车</td><td>检查 CAN 网络</td></tr>
<tr><td>总电压测量故障</td><td>无法监控总电压</td><td>检查总电压测量模块</td></tr>
<tr><td>单体电压测量故障</td><td>无法监控单体电压</td><td>检查单体电压测量模块</td></tr>
<tr><td>温度测量故障</td><td>无法监控电池温度</td><td>检查温度测量模块</td></tr>
<tr><td>电流测量故障</td><td>无法监控电池电流</td><td>检查电流测量模块</td></tr>
<tr><td>冷却系统故障</td><td>电池温度偏高</td><td>检查冷却风扇控制线路</td></tr>
<tr><td rowspan="9">线路或
连接件</td><td>电池间虚接</td><td>电动汽车动力不足、续驶里程短</td><td>紧固电池连接</td></tr>
<tr><td>电池间断路</td><td rowspan="3">电动汽车无法起动</td><td>检查电池连接</td></tr>
<tr><td>快速熔断器断开</td><td>检查快速熔断器</td></tr>
<tr><td>动力电插接器断开</td><td rowspan="2">检查动力电插接器</td></tr>
<tr><td>动力电插接器虚接</td><td>插接器易烧蚀，电动汽车动力不足</td></tr>
<tr><td>信号电插接器故障</td><td>无法监控电动汽车</td><td>检查信号电插接器</td></tr>
<tr><td>正极接触器故障</td><td rowspan="2">电动汽车无法起动</td><td rowspan="2">检查接触器</td></tr>
<tr><td>负极接触器故障</td></tr>
<tr><td>电源线短路</td><td>电池热失控，严重时会起火、爆炸</td><td>检查电源线</td></tr>
</table>

2. 电机驱动系统

电机驱动系统的故障主要分为电机故障与电机控制器故障。

图 7-14　驱动电机

如图 7-14 所示，驱动电机是电能和机械能转换，实现车辆驱动的关键部件，是典型的机电混合体。电机故障涉及因素较多，如电路系统、磁路系统、绝缘系统、机械系统以及通风散热系统等。任何一个系统工作不良或其相互之间配合不好均会导致电机出现故障，所以，电机故障要比其他设备的故障更复杂，电机故障诊断所涉及的技术范围更广。此外，电机的运行还与其负载情况、环境因素有关。电机在不同的状态下运行，表现出的故障状态各不相同，这进一步增加了电机故障诊断难度。通常而言，电机的故障可分为机械故障与电气故障。机械方面的主要故障有定子铁心损坏、转子铁心损坏、轴承损坏和转轴损坏，其故障原因是由振动、润滑不充分、转速过高、静载过大、过热而引起的磨损、压痕、腐蚀、电蚀和开裂等；电气方面的故障则主要是定子绕组故障与转子绕组故障，故障原因包括电机绕组接地、短路、断路、接触不良和笼型转子导条断条等。

图 7-15　电动汽车的电机控制器

因为器件本身的结构和物理特性以及相互间的电磁兼容性问题，电机控制器故障也成为电机驱动系统发生故障的主要原因。电机控制器的故障主要包括以下几类：IGBT 故障、输入电源线和接地线故障、整流二极管短路、直流母线接地错误、直流侧电容短路、晶闸管短路、温度超限报警、相电流过电流、过电压以及欠电压等高压电气系统故障。电机控制器（图 7-15）是驱动电机的“大脑”，接受来自整车 VCU 控制信号，同时完成动力电池输出直流电压到交流电压的逆变过程以及能量回收交流电压到直流电压的整流过程，主电机控制器常见故障及处理方法见表 7-2。电机常见故障及处理方法见表 7-3。

表 7-2　主电机控制器常见故障及处理方法

故障码	故障说明	排除方法
1	W 相 IGBT 饱和保护	重新启动系统，如不能消除或经常发生需专业维修
2	U 相 IGBT 饱和保护	重新启动系统，如不能消除或经常发生需专业维修
3	V 相 IGBT 饱和保护	重新启动系统，如不能消除或经常发生需专业维修
100	高压欠压（预充电状态）	表示系统高压未接通，如高压已接通，而长时间没有消除需专业维修
171	系统上电自检异常	需专业维修
190	高压过压	重新启动系统，如不能消除或经常发生需专业维修
191	旋变检测异常	检查旋变信号线，重新启动系统，如不能消除或经常发生需专业维修

（续）

故障码	故障说明	排除方法
192	瞬间超速保护	检查旋变信号线，重新启动系统，如不能消除或经常发生需专业维修
193	超速保护	检查旋变信号线，重新启动系统，如不能消除或经常发生需专业维修
194	过流保护	重新启动系统，如不能消除或经常发生需专业维修
196	24V 瞬间断路	检查供电系统是否断路或接触不良
199	15V 驱动电源工作异常	重新启动系统，如不能消除或经常发生需专业维修
203	15V 驱动电源起动异常	重新启动系统，如不能消除或经常发生需专业维修

表 7-3　电机常见故障及处理方法

序号	故障现象	故障原因	处理方法
1	电机在空载时不能起动	① 电源未接通 ② 逆变器控制故障 ③ 定子绕组故障（断路、短路、接地和连接错误等） ④ 电源电压太低	① 检查开关、接触器触点及电机引出线头，查出后修复 ② 检查逆变器 ③ 检查定子绕组，找出故障并修复 ④ 检查电源电压和每个连接处
2	电机通电后，电机不起动，“嗡嗡”响	① 定子、转子绕组断路 ② 绕组引出线始末端接错或绕组内部接反 ③ 电机负载过大或被卡住 ④ 电源未能全部接通	① 查明断路点进行修复 ② 定子绕组中通入直流电，检查绕组极性（用指南针）；判定绕组首末端是否正确 ③ 检查设备，排除故障 ④ 紧固接线柱松动的螺钉，用万用表检查电源线某相断线或假接故障，然后修复
3	定子过热	① 输电线一相断线或定子绕组一相断路，造成走单相 ② 过载 ③ 绕组匝数不对 ④ 通风不良	① 按序号 1 中处理方法的①和③进行检查 ② 减少负载或增加容量 ③ 检查绕组电阻 ④ 检查风机是否正常
4	绝缘电阻低	① 绕组受潮或被水淋湿 ② 绕组绝缘粘满粉尘、油垢 ③ 引出线绝缘老化破裂 ④ 绕组绝缘老化	① 进行加热烘干处理 ② 清洗绕组油垢，并经干燥、浸漆处理 ③ 重新处理引线绝缘 ④ 经鉴定可以继续使用时，可清洗干净，重新涂漆处理；若绝缘老化，不能安全运行时，需更换绝缘
5	电机振动	① 轴承磨损，间隙不合格 ② 气隙不均匀 ③ 转子不平衡 ④ 笼型转子导条断条 ⑤ 定子绕组故障（短路、断路、接地和连接错误等） ⑥ 转轴弯曲 ⑦ 铁心变形或松动	① 检查轴承间隙，应符合设计要求 ② 调整气隙 ③ 重新校对平衡 ④ 更换转子 ⑤ 查出绕组故障点并进行处理 ⑥ 校直转轴 ⑦ 校正铁心，或重新叠装铁心
6	电机空载运行时空载电流不平衡，且相差很大	① 绕组首端接错 ② 电源电压不平衡 ③ 绕组有故障（匝间短路、某线圈组接反等）	① 查明首末端，改正后再起动电机试验 ② 测量电源电压，找出原因并消除 ③ 拆开电机检查绕组极性和故障，并改正和消除故障

（续）

序号	故障现象	故障原因	处理方法
7	电机运行时有杂音，不正常	① 轴承磨损，有故障 ② 定子、转子铁心松动 ③ 电压不平衡 ④ 绕组有故障(如短路、接错等) ⑤ 轴承缺少润滑脂 ⑥ 气隙不均匀，定子、转子相刮擦	① 检修并更换轴承 ② 检查振动原因，重新压装铁心 ③ 测量电源电压，检查电压不平衡原因并处理 ④ 检查绕组故障并处理 ⑤ 清洗轴承，添加规定量的润滑脂 ⑥ 调整气隙，提高装配质量
8	轴承发热超过规定	① 润滑脂过多或过少 ② 脂质不好，含有杂质 ③ 轴承与轴配合过松或过紧 ④ 轴承与端盖配合过松或过紧 ⑤ 油封间隙配合太紧 ⑥ 轴承内盖偏心，与轴相刮擦 ⑦ 电机两侧端盖或轴承盖未装平 ⑧ 轴承有故障，磨损，有杂物等 ⑨ 轴承间隙过大或过小	① 拆开轴承盖，检查油量，按规定增减润滑脂量 ② 检查油脂内有无杂质，更换洁净的润滑脂 ③ 采取措施，使轴承与轴配合符合要求 ④ 采取措施，使轴承与端盖配合符合要求 ⑤ 更换或修理油封 ⑥ 修理轴承内盖，使其与轴的间隙合适 ⑦ 按正确工艺将端盖或轴承盖装入止口内，然后均匀紧固螺钉 ⑧ 更换损坏的轴承，对含有杂质的轴承要彻底清洗，换油 ⑨ 更换新轴承

三、底盘常见故障及处理方法

电动汽车底盘（图 7-16）的检查包括底盘破损、变形、螺钉松动、油液渗漏等问题。

1. 变速器

变速器（图 7-17）担负着变速、变转矩、实现倒车并利用空档暂时切断动力等任务，使得汽车适应各种条件下的行驶，并能满足“不跳档、不乱档、不漏油、无异响、传动平稳、变换档位自如”的技术要求。因为汽车在行驶过程中，变速器各运动部件经常处于高转速、大负荷的工作条件，当行驶道路复杂时，档位变换频繁，在换档过程中，变速器内部齿轮之间、齿轮和轴之间因相对运动的变化而发生冲击，使各部件产生磨损，特别是装配调整不当或驾驶人操作不当，则会加剧磨损，甚至造成机件的损坏，从而使变速器发生故障。如图 7-18 所示，齿轮油（变速器油）是电动汽车需要比较频繁更换的油液，但各厂商的更换周期不同。

图 7-16　电动汽车的底盘

图 7-17　电动汽车的变速器

变速器常见故障及处理方法见表 7-4。

2. 转向系统

转向装置主要由转向器与传动机构两部分组成，转向装置技术状况的好坏，直接影响到汽车行驶的平顺性、操纵稳定性、安全可靠性以及轮胎的磨损等。随着汽车行驶里程的增加，转向装置中的某些机件将由于磨损而失去正确的几何形状，配合间隙也不断增大，转向装置的技术状况不断变差，最终产生种种故障。

图 7-18　齿轮油的更换

（1）转向盘自由行程过大

1）故障现象　汽车实施转向或接收路面感觉不灵敏，转向盘游动间隙大于规定标准，转向盘虽然转动了很多，但转向轮没有发生偏转，或转向盘不动而转向轮却自动偏转。

2）故障原因　转向盘和转向轴固定螺母松动；转向器主、从动部分啮合间隙过大：摇臂轴与衬套间松旷；转向器内主、从动轴承松旷；横、直拉杆球节调节不当或磨损松旷；转向节主销与衬套磨损严重等。

表 7-4　变速器常见故障及处理方法

故障现象	故障原因	处理方法
挂档困难	拨叉变形或损坏	检查校正或更换
	换档控制单元(TCU)故障	更换 TCU
掉档	接合齿或齿套倒锥失效	检查、更换
	操纵机构安装不当或损坏	检查、调整
变速器漏油	油封老化、磨损	检查、及时更换
	通气阀堵塞	疏通或更换
	齿轮油加注过多	检查
噪声或异响	润滑油黏度过低或使用不合乎质量要求的劣质润滑油	更换适合等级的润滑油
	润滑油量不足	加注指定的润滑油
	轴承损坏或有裂纹	更换轴承

3）处理方法　两人配合，一人在车上转动转向盘，另一人在车下观察摇臂和转向轮。如果转向盘已转动很多而摇臂并不摆动，说明故障在转向器部分；如果摇臂已转动很多而前轮不偏转，则故障在传动机构。

（2）转向沉重

1）故障现象　汽车在运行中，驾驶人向左或右转动转向盘时，感觉沉重吃力而且无回正感。当汽车以低速转弯行驶时，转动转向盘非常吃力，甚至打不动转向盘。

2）故障原因　转向轴弯曲变形；转向器内主动部分的轴承预紧力过大；转向器内缺油；摇臂轴和衬套装配过紧；主销内倾、后倾角度变大或前束不符合要求；前钢板弹簧挠度尺寸不满足要求；轮胎气压不足。

3）处理方法 支起前桥，如果转向轻便，则故障在前轴、轮胎等部位；如果转向沉重，则故障在转向器或传动机构。

（3）前轮摇摆

1）故障现象 汽车在一定速度下行驶时，两前轮各自绕主销产生角振动，一般为前轮摆动。前轮左右摆动严重时，转向盘抖振强烈，手感发麻，甚至在驾驶室内都可以看到车头晃动，此时，前轮沿着一条弯曲的波形轨迹向前滚动。

2）故障原因 前轮定位失常；转向机构松旷；前轮质量不平衡；转向系统刚度低，U形螺栓或钢板销和衬套松旷，前悬架运动干涉，道路不平等。

3）处理方法 检查并调整前轮定位参数、转向机构、前轮的动平衡等。

（4）行驶跑偏

1）故障现象 汽车在平直路面上行驶时，无法保持直线行驶，总是自动偏向道路某一边，必须用力把住转向盘，才能直线行驶。

2）故障原因 前桥或车架变形，前轮轮毂轴承与主销松旷，定位参数改变；前轮轮胎新旧程度不同或气压不一致；减振器失效等。

3）处理方法 在平坦地段检查轮胎磨损与气压；检查前桥、车架有无变形及钢板弹簧的片数；路试检查制动鼓上轮毂的温度。

3. 制动系统

制动系统是汽车最重要的安全部位之一，一旦发生故障，后果将不堪设想。汽车制动系统常见故障及其处理方法如下：

（1）制动不良或失灵

1）制动管（如接头处）渗漏或阻塞，制动液不足，制动油压下降而失灵。需定期检查制动管路，排除渗漏、添加制动液、疏通管路。

2）制动管内进入空气使制动迟缓，制动管路受热，管内残余压力太小，导致制动液气化，管路内出现气泡。因为气体可压缩，所以在制动时导致制动力矩下降。维护时，可将制动轮缸及管内空气排净并加足制动液。

3）制动间隙不当。制动摩擦片工作面和制动鼓内壁工作面的间隙过大，制动时轮缸活塞行程过大，导致制动迟缓、制动力矩下降。维修时，按照规范全面调校制动间隙，即用平头螺钉旋具从检查孔拨动棘轮，将制动蹄完全张开，使间隙消除，再将棘轮退回3~6齿，以得到所要求的间隙。

4）制动鼓与摩擦衬片接触不良，以致摩擦衬片与制动鼓接触不良，制动摩擦力矩下降。如果发现此现象，必须镗削或校正修复。需要的话可以更换新件。

5）制动摩擦片被油垢污染或浸水受潮，摩擦系数快速降低，引起制动失灵。维护时，拆下摩擦片用汽油清洗，并用喷灯加热烘烤，使得渗入片中的油渗出来，渗油严重时必须更换新片。对于浸水的摩擦片，可用连续制动来产生热能使水蒸发，恢复其摩擦系数即可。

6）制动主缸、轮缸皮碗（或其他件）损坏，制动管路无法产生必要的内压，油液漏渗，致使制动不良。应及时拆检制动主缸、轮缸皮碗，更换磨蚀损坏部件。

（2）制动单边

1）同轴的左右两侧制动器制动时间不一致，通常是两侧制动器制动间隙不均或接触面积差异所引起的。制动时，一侧摩擦片先接触制动鼓进行制动，而另一侧由于间隙大、摩擦片与制动鼓接触滞后，制动不同步。遇此现象，可重新校对左右轮制动间隙。

2）同轴两侧制动器的制动力矩不同，使得车轮转速不同，直线行驶的距离就不相等，从而造成制动单边。这一般是因为某边制动轮缸漏油、制动摩擦片油污严重、摩擦系数出现差异或左右轮胎气压不等所造成的。可用汽油清洗摩擦片、检查轮胎气压、修复渗漏处，分别进行排除。

3）未踩制动踏板汽车就自动滑行到一侧。这通常为一侧前悬架变形、前悬架车身底板变形、前悬架螺旋弹簧弹力严重下降以及车架等相关部位在汽车制动时相互干涉或不协调所致。遇上述情况，查明原因后加以修复。

4）制动时车轮自动向一侧转弯而跑偏。这主要是两侧制动鼓和摩擦片工作表面粗糙度不同，或一侧制动管路接头堵塞等引起的。应分别查找根源，加以修复。

5）左右轮胎气压不均造成跑偏。左右轮胎充气气压必须一致，否则因两边车轮的实际转动半径不同、行驶的直线距离不等而出现侧滑。必须给各轮胎按规定充气。

6）除上述原因以外，还有车轮定位失准及左右轮胎磨损不同，由此路面对左右车轮的阻力差也会引起跑偏侧滑。遇此情况，找准原因之后分别进行调校或更换部件。

（3）制动噪声

1）制动鼓失圆，其圆度误差较大，制动鼓工作面变形，制动时摩擦片和制动鼓贴合瞬间发生碰撞，同时发出尖锐的撞击响声。维护时，拆下制动鼓进行搪削，并需进行平衡性能校验。

2）制动摩擦片表面太光滑、摩擦系数小而制动压力大时，光滑的表面滑磨就会产生摩擦噪声，或在摩擦副之间塞进了异物挤压摩擦表面，由此也会发出摩擦噪声。维修时可拆下制动鼓，清除异物并用粗砂纸打磨摩擦片，并使其配合摩擦副接触面积达到70%以上即可。

3）制动摩擦片严重磨损，表面出现沟槽和不规则形状，制动时无法完全有效地和制动鼓贴合，或制动支撑板变形，破坏了鼓和片的同轴度，局部摩擦、碰撞而出现噪声。维修时，应更换摩擦片，校正制动支撑板。

4）前轮轴承损坏、滚道和滚珠表面出现麻坑、沟槽甚至碎裂，行驶中制动就会发出异响。可更换前轴头轴承，即可消除此噪声。

（4）制动鼓发热

1）当放松制动踏板时，制动力未完全解除，使得摩擦副长时间处于摩擦状态，引起起步困难、行驶无力，用手触摸轮毂表面感到烫手。遇此情况，需重新调节制动间隙。

2）驻车制动手柄没完全放开，其原因是操作上的疏忽，导致摩擦副长时间处于摩擦状态而发热，必要时按规范进行调整手柄。

3）制动产生的热量使回位弹簧受热变形、弹力下降或消失，不能确保制动摩擦片总成及时回位，便无法及时彻底解除制动而使制动鼓发热。应及时检修或更换回位弹簧，即可消除故障。

（5）驻车制动失灵　常见故障包括拉索或外套锈蚀，牵引弹簧折断、脱落等，导致驻车制动操纵拉索或制动拉索在其外套内拉动不灵活，由此造成驻车制动松不开而工作失效。需检查制动操纵拉索和制动系统部件表面有无损伤，手柄操纵动作是否灵活，有无卡滞现象，拉索连接头及固定部位是否松动、损坏。检修时，对拉索加注润滑脂进行润滑，或更换损坏件，重新调整制动手柄转动量。

4. 行驶系统

汽车行驶系统技术状况的好坏直接影响到汽车行驶的平顺性和操作稳定性，所以，对行驶装置的常见故障应及时处理。

（1）悬架发生刚性碰撞或异响

1）故障现象：汽车行驶中悬架发生撞击，发出异响，振动强烈。

2）故障原因：钢板弹簧销或螺旋弹簧产生塑性变形；减振垫、限位块损坏；润滑不良；减振器失效等。

3）处理方法：检查悬架是否变形、松动，以及减振垫的润滑情况，必要时添加润滑脂；检查减振器是否损坏。

（2）轮胎异常磨损

1）故障现象：轮胎出现两肩磨损、胎冠中部磨损、内（外）侧磨损、锯齿形磨损或波浪形磨损。

2）故障原因：前车轮外倾角和前束不符合要求；车轮轮毂轴承磨损、松旷；轮胎不平衡量过大，轮胎气压不正常；减振器失效，轮毂变形。

3）处理方法：检查减振器是否失效，轮毂是否变形，必要时更换；检查车轮轮毂轴承是否磨损、松旷，轮胎气压是否正常，必要时调整、补气、做轮胎动平衡。

四、电气设备常见故障及处理方法

1. 灯光设备

汽车灯光设备的常见故障包括灯不亮、灯光暗淡、忽明忽暗及熔断器发响等。造成上述故障的原因通常是灯丝烧断、导线松脱、接地不良、断路或短路；充电电压调整过高以及各种开关失效等。一般采用试灯法、试火法和电源短接法检测。

灯光设备常见故障及处理方法见表 7-5。

表 7-5 灯光设备常见故障及处理方法

故障原因	处理方法
线路断路或插头松动	检修线路或接好插头
接触不良	检查、调整
灯泡不良	更换
开关触点烧蚀	清除烧蚀物或更换
熔丝烧断	更换
继电器工作不良或损坏	检修或更换
闪光器工作不良或损坏	检修或更换
变光器工作不良或损坏	检修或更换

2. 组合仪表

汽车电子组合仪表的故障诊断，除了可以由车载微机自诊断系统进行处理之外，还可以使用专门的检测设备对其进行检测及诊断。检测时，应首先将传感器电路断开或拆下，用检测设备对它们逐个进行检查。汽车电子仪表显示系统的故障通常都出现在传感器、针状插接器和导线、个别仪表及显示器上。

(1) 里程表不工作

可能原因包括组合仪表故障、里程表传感器损坏及相关线路故障。首先检查仪表本身，再对里程表传感器进行检测，判断出传感器损坏，更换新传感器，排除故障。

(2) 仪表板上电源指示灯不亮而电机运转正常

1) 仪表板正负极引线间无电压，接插件接触不良或引线断路，重新插接或换线。

2) 发光管损坏，更换或修复发光管。

3) 仪表板线路板有断路，更换或修复仪表板线路板。

(3) 除主控制器外的所有控制器均异常　主控制器功能一切正常（包括灯光夜间照明功能与仪表的通信功能等），但其他所有控制器工作均不正常。检查 CAN 通信线是否存在短路或是断路故障，系统断电后直接用万用表测量 CAN 线是否短路或断路。

五、空调系统常见故障及处理方法

空调系统出现故障时，需先检查冷却系统、压缩机与发动机风扇传动带、风扇离合器、冷凝器散热片、冷凝器、空调真空管以及真空电机等的工作情况。冷却系统的工作状况，可使用歧管压力表测量其高、低压侧的压力进行检测。

空调系统常见故障及处理方法见表 7-6。

表 7-6　空调系统常见故障及处理方法

故障内容	故障原因		故障分析方法	处理方法
不冷	压缩机不转	电机断线、烧损	测定线圈电阻	更换压缩机
		高压压力开关故障	检查冷凝风机是否正常	修理
		低压压力开关故障	检查制冷剂是否泄漏	更换制冷剂
		温度开关故障	查看接通情况	修理
		接线端子固定螺钉松动	检查	拧紧
	电气控制元件不良	过、欠电压继电器故障	电源电压过高或过低	电源电压过高或过低
		接触器、中间继电器线圈烧毁或触点故障	检查元件	检查元件
		压缩机故障	检查压缩机	检查压缩机
		冷凝风机电机的热继电器故障	检查电机电流	检查电机电流
	压缩机运转故障	制冷剂泄漏	① 室内吸入和排出空气温度相同 ② 蒸发器回气管温度过高 ③ 压缩机电流小	修理制冷系统
		涡旋压缩机反转	压缩机声音异常	调换相序
冷量不足	蒸发器、冷凝器积满脏物		检查	清扫
	蒸发器结冰		检查(目视)	送风化冰
	设定温度过高或温度传感器接线接触不良		检查	调整或修理
	少量制冷剂泄漏		测定运转电流，进行判定	修理制冷系统
	制冷剂充注过多		电流过大	少量排出制冷剂
	风量不足		见“风量小”项	见“风量小”项
	单循环运行不良		测定运转电流	修理不良循环

（续）

故障内容	故障原因		故障分析方法	处理方法
不出风	离心风机的配线	插接器处断线	查看电路接通情况	修理
		配线螺钉松动	查看电路接通情况	拧紧
	电机烧损或断路		测量线圈电阻是否平衡及是否断线	更换电机
	控制线路及电器故障		检查电路及电器元件	修理或更换
风量小	风机电机反转		检查风机转向	调换相线
	蒸发器结霜或结冰		检查（目视）	送风运转化冰、霜
	蒸发器翅片脏堵		检查（目视）	清洗
	风道处泄漏		检查	修理
	空气过滤网堵塞		检查过滤网	清除网眼堵塞物
振动噪声大	通风机电机球轴承异常		检查风机的平衡性	修理风机
	通风机不平衡		检查风机的平衡性	修理风机
	紧固部位松弛		检查各紧固部位	拧紧
	涡旋压缩机反转		检查压缩机	调换相序
低压压力过低	制冷剂泄漏		压缩机电流小	修理制冷系统
	吸入空气温度太低		蒸发器结霜	充入制冷剂
	风量不足		见“风量小”项	见“风量小”项
	低压管路堵塞		检查	排除
	蒸发器翅片积满灰尘		检查	清扫
高压压力过高	冷凝器脏		检查冷凝器	清扫
	制冷剂充注过多		电流过大	少量排放制冷剂
	冷凝风机反转		检查	调整相序
	排气管段堵塞		检查	排除
	冷凝风机不转	电机烧损	检查	更换电机
		电机的球轴承损伤	测定线圈电阻	更换电机球轴承
	空气或不凝性气体混入系统中		检查	排除
漏水	回风口漏水	排水口堵塞	检查	清扫
		安装不良导致风口密封垫处渗水	检查	正确安装
		机组顶部密封胶条破损或保温材料破损	检查	更换易损件
	出风口漏水		滴水盘脏堵	清洗蒸发器及滴水盘水道，排清积水
	风道内凝露形成水珠，从出风口吹出		检查	清扫

第八章

典型电动汽车构造原理及技术解析

第一节　江淮电动汽车 i EV5

一、江淮 i EV5 整车结构与电驱动技术解析

江淮纯电动汽车 i EV5 采用三元锂电池、电池热管理、整车控制器、能量回收、远程监控等技术，具有智能化特点，是集电池动力、智能互联、安全 e 控的智能终端。整车外观与前舱布置见图 8-1 和图 8-2。

图 8-1　江淮纯电动汽车 i EV5 整车外观指示图

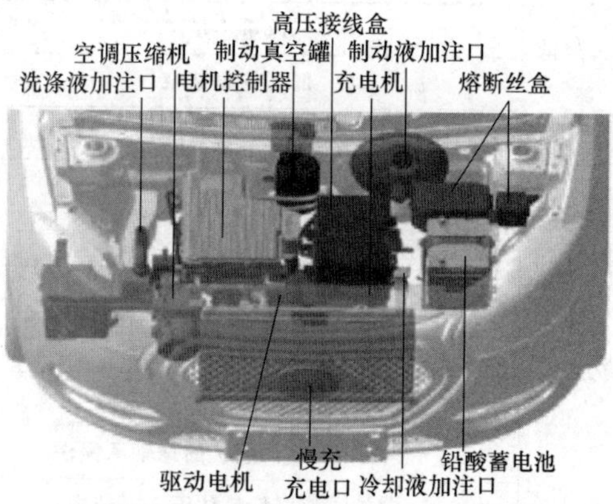

图 8-2　江淮纯电动汽车 i EV5 前舱布置图

江淮纯电动汽车 i EV5 关键电驱动系统各总成的结构与主要功能介绍如下：

1. 动力电池

该车采用三元锂电池，是整车能量储存单元，以直流电形式直接提供到高压供电系统，同时通过 DC/DC 变换器转换为 13～15V 电压，为低压系统供电。动力电池结构如图 8-3 所示。

2. 电池切断单元（BDU）

BDU 安装在动力电池总成前端中部，如图 8-4 所示，包括主接触器、预充接触器、加热接触器、加热熔断丝、电流传感器和预充电阻等。主接触器控制动力电池总成到整车的高压电路通断；预充接触器防止高压回路在钥匙起动瞬间出现大电流；加热接触器控制风扇蒸发器总成加热器通断；电流传感器测量高压电路电流，由整车控制器（VCU）计算电池容量。

3. **电池控制器**（LBC）

LBC 安装于动力电池总成内部，是电池管理系统核心部件，如图 8-5 所示。LBC 监测并传送电池单体电压、电流、温度及整车高压绝缘等信息至 VCU，VCU 根据以上信息控制动力电池总成充放电，LBC 诊断信息如表 8-1 所示。

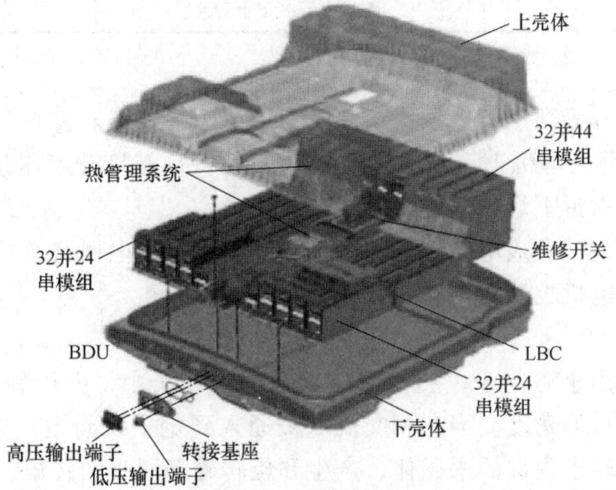

图 8-3　动力电池结构示意图

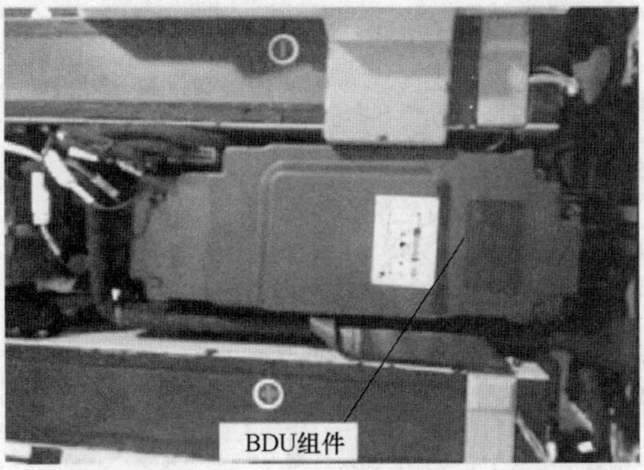

图 8-4　动力电池切断单元结构图

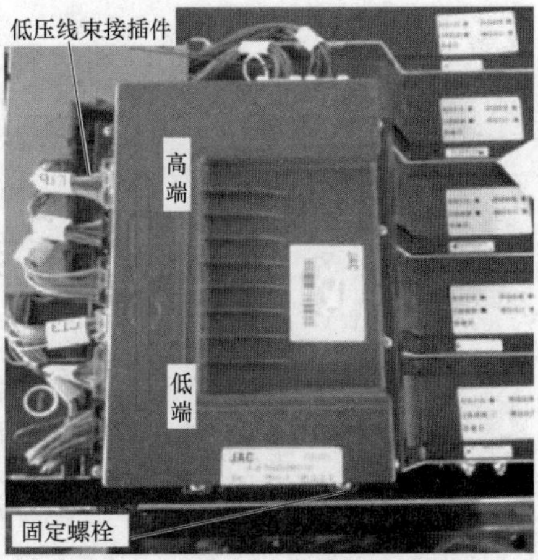

图 8-5　动力电池控制器 LBC 布置图

表 8-1　**LBC 诊断信息——动力电池系统**

检测项目	条件	参考值/状态
电流	READY 车辆静止	-10 ~ 10A
12 V 低压系统	READY	11000 ~ 15000mV
绝缘低压脉冲	READY	0 ~ 5000mV
维修开关互锁	READY　连接维修开关	有高压
	READY　断开维修开关	无高压
单体电压	READY　SOC5%	3000 ~ 3400mV
	READY　SOC95%	4010 ~ 4100mV

（续）

检测项目	条件	参考值/状态
动力电池总电压	READY SOC5%	276~313V
	READY SOC95%	369~377V
动力电池温度	READY 车辆静止	20℃

4. 高压接线盒

高压接线盒内部分为两层，上层为熔断丝，下层为继电器。有6个高压线缆接口，通过4个安装点固定在车载充电机上。如果需更换熔断丝，只需打开高压接线盒上盖即可操作，如果要更换继电器，需拆下熔断丝层绝缘板。

其功能包括动力电池总成电能分配，电加热器与直流充电回路通断控制，空调系统、直流充电、交流充电、电机控制等回路过载保护。

5. 驱动电机

该车驱动电机采用永磁同步电机。永磁铁被镶入转子中，电机旋变被同轴安装在电机上，用来检测转子旋转的角度。当三相交流电被通入到定子线圈中，即产生了旋转的磁场，这个旋转的磁场牵引转子内部的永磁体，产生和旋转磁场同步的转矩。使用旋转变压器和电流传感器分别检测转子的位置和线圈的电流，从而控制驱动电机的转矩输出。驱动电机结构示意如图8-6所示。

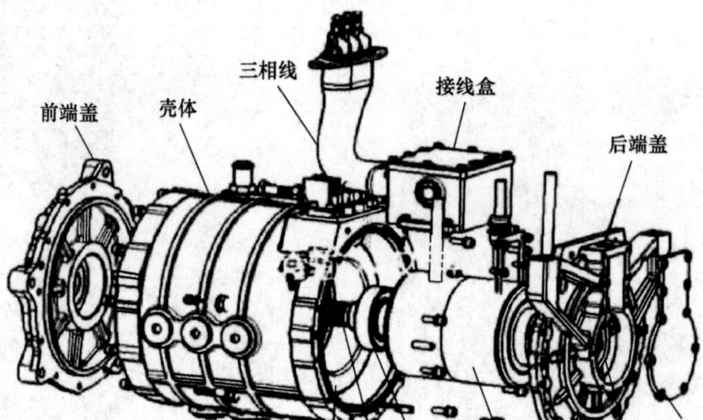

图8-6 驱动电机结构示意图

驱动电机与外部的电气接口包括高压、低压和通信接口三部分。

（1）高压部分　电机控制器直流正端、电机控制器直流负端电机UVW三相。

（2）低压部分　配置两个低压接插件，23Pin和14Pin接插件；23Pin完成电机控制器（PCU）、DC/DC与整车之间的通信及控制，14Pin完成PCU与电机之间的通信，并检测电机实时温度，防止电机在过温下工作。

6. 电机控制器（PCU）

安装在前舱内，采用CAN通信控制，通过接收VCU发送来的转矩指令和采集的电机位置信号，控制驱动电机的运行。软件控制是电机控制器的核心，采用矢量控制算法控制 PWM 斩波信号输出，依据电机外特性曲线图实现转矩限制输出，依据电流及转子位置信号的采样并经滤波处理实现电机正反转和转矩控制，如图 8-7 所示。

PCU 将电池的直流电转换为交流电，并采集电机位置信号和三相电流检测信号，精确地驱动电机，同时具备将车轮旋转的动能转换为电能给动力电池充电，在减速阶段，电机作为发电机应用。

(1) 电机电动状态控制

电动状态下，为了产生驱动力，VCU 根据目标转矩信号要求电机控制器传送交流电给电机，以达到驱动车辆的运行。

(2) 电机发电状态控制

在制动能量回收阶段，根据 VCU 通过整车 CAN 发送的再生转矩请求，电机控制器控制电机作为发电机的功能，由车轮旋转产生动能转换为电能。此电能为电池充电。电机产生的再生转矩被作为制动力，能够减少制动钳的压力。

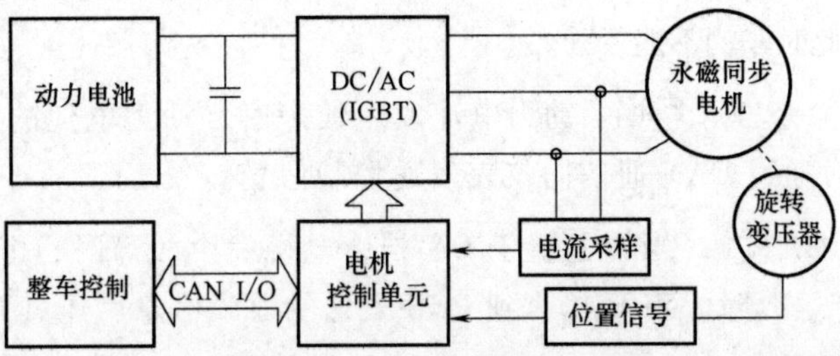

图 8-7 PCU 控制策略示意图

7. 整车控制器（VCU）

接收各部件信息，综合判断整车状态，实现多系统的协调控制，VCU 通过 CAN 通信将控制信号传输给电动化仪表。

1）当点火钥匙置于 ON 档，唤醒 VCU，VCU 控制 M/C 继电器给电机控制器和电池控制器供电，VCU 通过 CAN 通信发送相关控制命令完成整车系统启动。

2）整车控制器接收到上电开关、直流充电桩、车载充电机或远程智能终端的唤醒信号后，直接控制高压继电器吸合或断开，完成高压系统接通或断开。

3）VCU 基于加速踏板位置信号、档位信号和车速信号计算车辆的目标转矩，并通过 CAN 通信发送转矩需求指令给 PCU。

4）车辆在滑行或制动时，VCU 根据 ABS 状态、动力电池状态和制动踏板位置信号，计算能量回收转矩并发送指令给电机控制器，启动能量回收。

5）车辆行驶状态下，VCU 根据电机温度、PCU 温度、IGBT 温度、冷却液温度和车速信号，发送 PWM 信号控制电子冷却水泵转速。在车辆交流充电状态下，VCU 根据冷却液温度和车载充电机温度，发送 PWM 信号控制电子冷却水泵转速。在车辆直流充电状态下，VCU 根据冷却液温度，发送 PWM 信号控制电子冷却水泵转速。

6）车辆发生碰撞或严重故障（绝缘故障、动力电池过温/过压、动力电机过流/过温等）时，VCU 切断高压回路上的继电器，确保人员安全。

8. 车辆仪表

显示用户最关心的车辆信息，如图 8-8 所示。

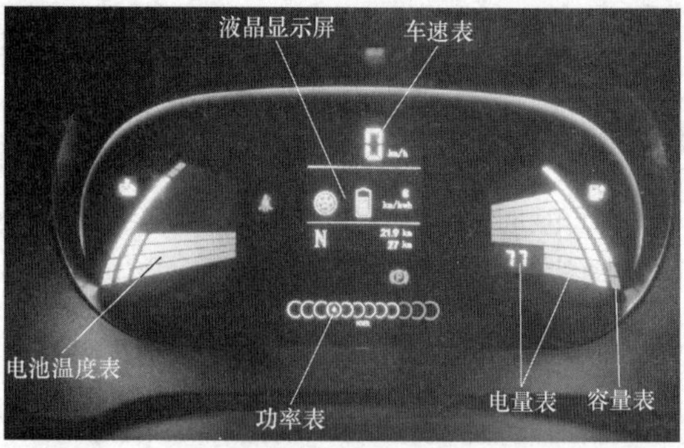

图 8-8　江淮纯电动汽车 i EV5 仪表信息指示图

主要涉及驾驶与维修提示的仪表故障灯指示含义举例如下：

1）READY 指示灯 READY 当钥匙旋转至 START 档且整车或部件没有故障时，该指示灯点亮，表示整车高压已接通，车辆处于可行驶状态。

2）限功率指示灯 当动力电池电量低或车辆处于限功率模式时，该指示灯点亮。VCU 通过 CAN 通信将控制信号传输给电动化仪表。

3）高压切断指示灯 当车辆发生碰撞或动力电池出现安全故障时，VCU 切断高压，高压切断指示灯点亮。此时车辆不能行驶。

4）动力电池故障警告灯 动力电池发生故障时，动力电池故障警告灯点亮。VCU 接收 LBC 上报故障时通过 CAN 通信向仪表发送控制信号。

5）电机故障警告灯 当钥匙置于 ON 档，电机发生故障时，电机故障警告灯点亮，表明车辆电控系统产生故障。VCU 接收到 PCU 发送的故障信息后通过 CAN 通信向仪表发送控制信号。

二、江淮 i EV5 典型故障分析

1. 车辆无法行驶故障排除

【故障现象】 一辆江淮 HEC7001Ai EV 纯电动汽车 i EV5，行驶里程 3400km，客户反馈组合仪表故障灯常亮，动力中断，车辆无法进入可行驶状态。

【故障排除】 插接整车诊断口，将控制器上电，读取上位机监测数据，存在 DTC178，指示 CAN 通信故障。检查 PCU 低压控制接插件内 CAN-H、CAN-L 两针脚，确定整车 CAN 终端电阻的阻值为 60Ω，但无法确定 PCU 内部 CAN 终端电阻有无故障。所以，根据电动汽车维修规程，首先断开电池维修开关，维修开关位于动力电池总成中间表面位置，打开中央通道末端地毯盖板下方的维修开关盖板，操作维修开关，如图 8-9 所示。切断整车高压，再拔掉正负母线接头，拆下电机控制器 PCU 的接线盒盖，然后拆下三相线，拔掉低压插接件，移除 DC/DC 搭铁，再用水管卡钳拆下进出水管，最后拆卸 PCU 控制器四个固定螺栓，这样完全拆卸电机控制器 PCU，进行车下检查。上述拆解步骤如图 8-10～图 8-12 所示。

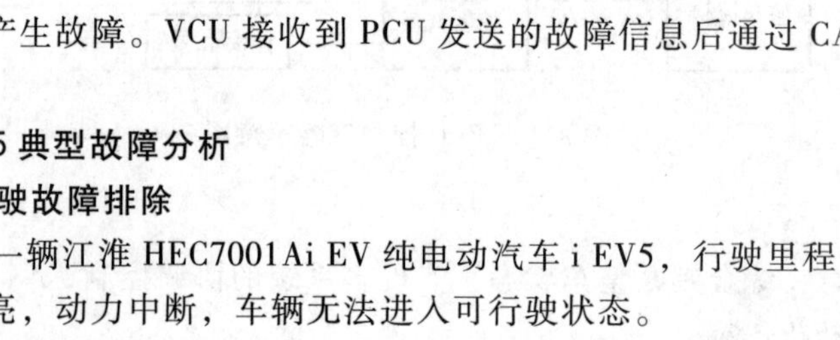

图 8-9　江淮纯电动汽车 i EV5 维修开关

图 8-10　拆卸电机控制器接线盒

图 8-11　卸下 PCU 低压接线

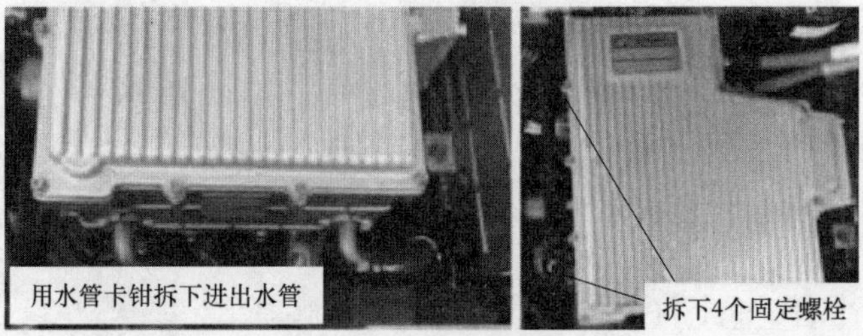

图 8-12　车下检查电机控制器

进一步对 PCU 内部进行检查，发现 DC/DC 损坏（图 8-13）。更换 PCU 控制器后重新装车试车，故障排除。

【故障总结】 江淮纯电动汽车 i EV5 整车采用 CAN 通信，其 CAN 通信拓展如图 8-14 所示。驱动电机控制器 PCU 内部集成 DC/DC 模块，其功能是将电池的高压电转换成低压电，提供整车低压系统供电。

2. 车辆无法提速故障排除

【故障现象】 一辆 HEC7001Ai EV 江淮纯电动汽车 i EV5，行驶里程约 12400km，车主电话报修反映组合仪表上存在提示语“限功率模式”，车辆最高车速限制在 40km/h，无法正常提速。

【故障排除】 根据故障现象，判断该车进入了跛行模式。查阅维修手册，得知电机故障警告灯点亮、提示“限功率模式”时，可能故障点为 IGBT 过温，电池单体温度过高。

图 8-13　PCU 总成内部元件损坏

利用上位机监控检测诊断软件发现车辆 IGBT 温度高

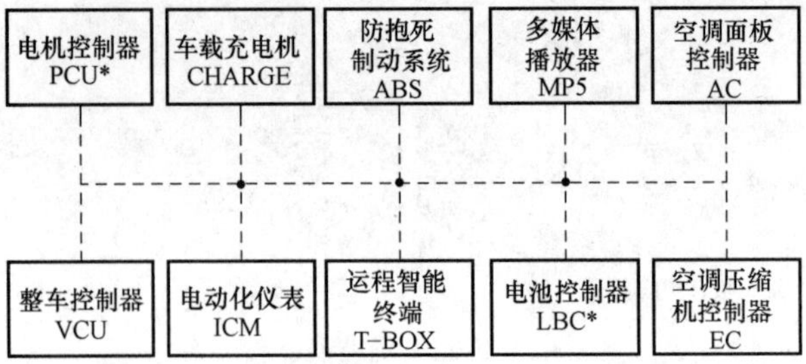

图 8-14 江淮纯电动汽车 i EV5 整车 CAN 通信拓展图

于 85℃，显示故障码为 P301E。首先检查前舱的冷却水箱内冷却液液位，正常。再进一步检查 PCU 控制器本身内部水道有无堵塞不畅，拔出 PCU 上的冷却液进水管和出水管，利用风枪对着吹风，观察另一端的出风情况，也正常。最后检查水泵，发现水泵不工作，导致冷却系统不循环，无法给予控制器降温，导致 PCU 过温，车辆限功率。查阅资料得知，水泵工作需要的条件有两个：①VCU 给予的转速信号；②12V 的低压供电，M/C 继电器由 VCU 控制，为 PCU、LBC、冷却风扇、电子冷却水泵及电池风扇供电。

所以重点检查水泵继电器（图 8-15）和 M/C 继电器，在点火钥匙置于 ON 档时，测量到水泵低压接插件没有 12V 供电，因为水泵继电器和日间行车灯继电器可以通用，把前舱继电器盒中的日间行车灯继电器与水泵继电器对调，确认故障点为继电器烧毁失效。更换新的继电器，试车，故障排除。

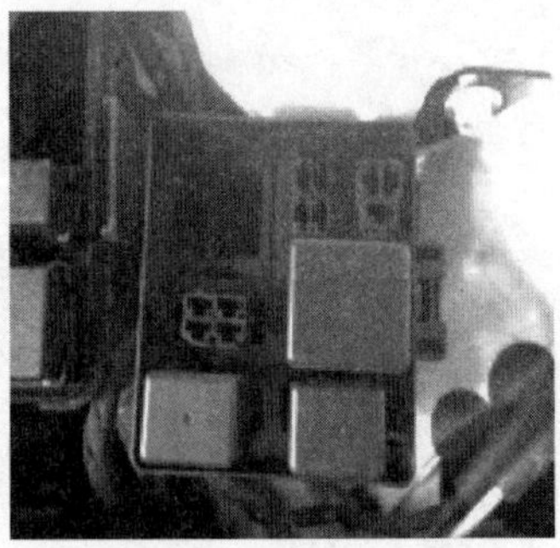

图 8-15 水泵继电器

【故障总结】 江淮纯电动汽车 i EV5 驱动电机控制器采用水冷模式，PCU 通过冷却液水循环降温，VCU 转速信号根据冷却液的温度来自动调节水泵转速，转速信号从上位机监控检测诊断软件确认。一旦检测到 PCU 内的 IGBT 温度超过 85℃，车辆就会进入限功率模式，正常情况下钥匙打到 ON 档，水泵就会处于工作状态，如果水泵不工作可以通过测量水泵低压插件确认 12V 是否正常，如果有 12V 输入但水泵仍然不工作，一般处理方法为更换水泵总成。

第二节 特斯拉电动汽车

特斯拉汽车公司（Tesla Motors）成立于 2003 年，总部设在美国加州的硅谷地带，该公司生产的 2014 款 Model S60 Roadster 动力性能优异，整备质量为 1235kg，电池容量达 53kW · h，0~100km/h 加速时间为 3.9s，最高时速可以达到 200km/h，最大输出功率 215kW，最大转矩 400N · m，最大续航里程可达到 390km，甚至创造过单次充电续航 501km 的纪录。Roadster 出色的动力性能不仅得益于车身碳纤维材料的完美应用，更离不开所搭载的高性能动力电池系统（图 8-16）。

一、电池结构

Roadster 的动力电池由 6831 节 18650 电芯组成，其外观与安装位置如图 8-17 和图 8-18 所示。

图 8-16　动力电池系统的布置示意

图 8-17　动力电池外观

图 8-18　动力电池安装位置

69 节 18650 电芯（图 8-19）构成一个 Brick，每个 Brick 中的电芯全部并联在一起（图 8-20）。9 个 Brick 串联构成一个 Sheet，如图 8-21 所示。11 个 Sheet 串联之后构成整个动力电池（图 8-22），在电池系统中，Sheet 是最小的可更换单元。

图 8-19　电芯

图 8-20　Brick

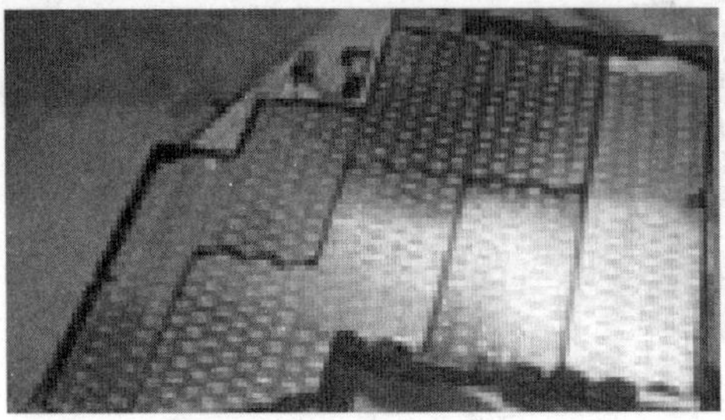

图 8-21 Sheet

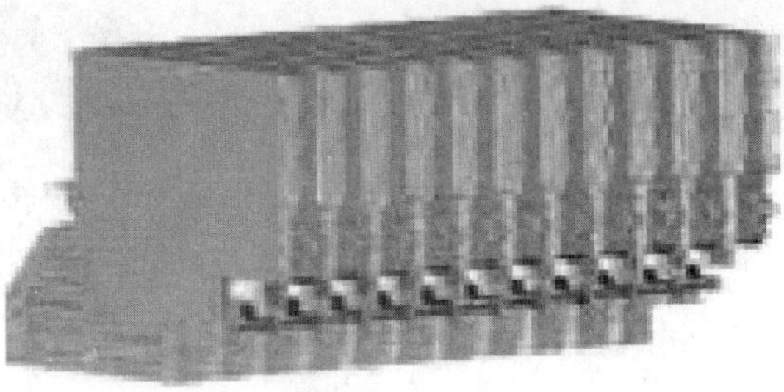

图 8-22 电池系统

Tesla 之所以在其首款量产电动汽车上布置由 18650 电芯组成的电池系统，是由于过去 15 年里 18650 电芯在电子消费类产品中应用广泛，全球每年要生产数十亿个 18650 电芯，其安全级别也在不断提高。正是由于消费类电子产品对 18650 电芯的大量需求，帮助 Tesla 蓄电池在降低成本的同时提高电芯的能量密度。另外，由于电芯的尺寸较小，其能量也可被控制在较小的范围内，与使用大尺寸电芯的蓄电池相比，即使蓄电池的某个电芯损坏，它对整个蓄电池性能的影响也很微弱。

从散热角度分析，18650 电芯的“表面积/体积”是方形电芯（假设其容量为 18650 电芯的 20 倍）的 7 倍，这将大大增加 18650 电芯在散热方面的优势。

二、电池系统安全措施

为了确保电池系统安全性，Tesla 从电芯到电池系统采取了多种安全措施，其中包括：

1. 电芯安全措施

1）电芯正极附近装有 PTC（Positive Temperature Coefficient，正温度系数）装置，当电芯内部温度增高时，其电阻会随之增高，可起到限流作用。

2）电芯内部均装有 CID（Current Interrupt Device，电流中断设备），当电芯内部电流超过安全限值时会自动断开，从而切断内部电路。

3）电芯材料的燃点非常高，即使在热失控的情况下也不易自燃。

2. 电池结构设计安全措施

1）电池外壳体采用铝材，结构强度较高，并且电池箱体后部设有通气孔，以防止箱体内部气压过高，如图 8-23 所示。

2）每个电芯的正、负极均设有熔丝（图 8-24），如果某个电芯发生短路，此安全设计可以把故障电芯与系统之间的连接电路快速切断。

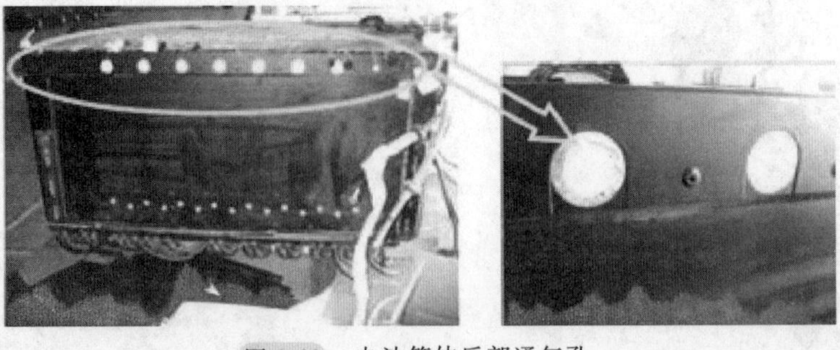

图 8-23 电池箱体后部通气孔

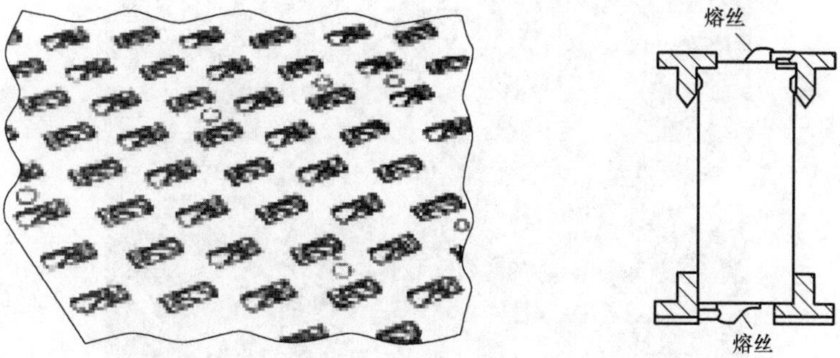

图 8-24 电芯两极均设有熔丝

Sheet 上框架通过绝缘垫片和圆柱形橡胶帽对电芯正负极端面进行限位，Sheet 中有些电芯的端面与模架间是通过橡胶固定的，如图 8-25 所示。

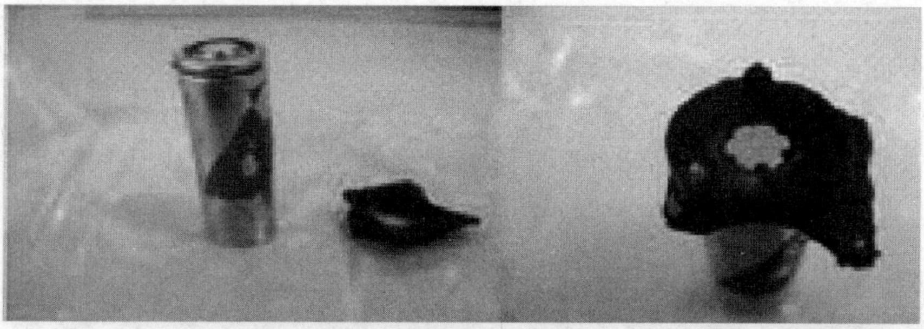

图 8-25 电芯的固定方式

Brick 的极板与电池模架之间通过环氧树脂胶固定，电压采样点通过铆接方式与极板相连接（图 8-26）。

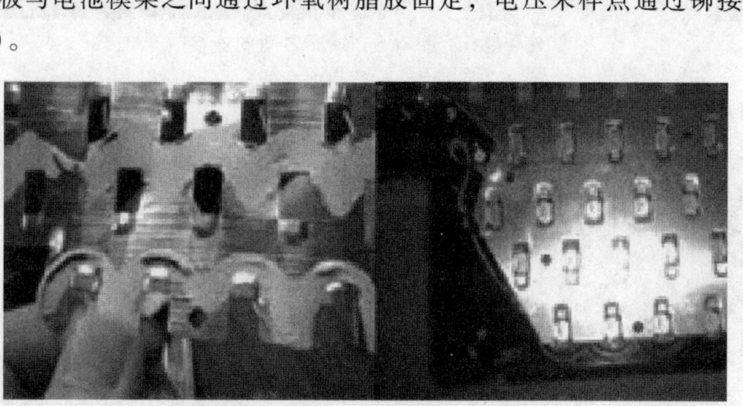

图 8-26 电池极板及采样点连接方式

3）部分 Sheet 之间也设有熔断器，如图 8-27 所示，“U”表示无熔断器，“F”表示有熔断器。一旦 Sheet 电流超过极限值，熔丝立刻融断，可保证系统安全。

Sheet 之间通过由金属编织的铜排串联，外部有塑料外壳（橙色）提供绝缘保护，其中的红色垫片功能类似铆接螺母，如图 8-28 所示。

4）每个 Sheet 均设置有电池监控板——BMB（Battery Monitor Board），用以监控 Sheet 内每个 Brick 的电压、温度以及整个 Sheet 的输出电压情况，BMB 安装位置如图 8-29 所示。

图 8-27 Sheet 之间的保险

5）电池系统内设置有电池系统监控板——BSM（Battery System Monitor），其通过相应传感器监控整个电池系统的工作环境，其中包括电流、电压、温度、湿度、烟雾以及惯性加速度（用于监测车辆是否发生碰撞）、姿态（用于监测车辆是否发生翻滚）等。并且可以与车辆系统监控板 VSM（Vehicle System Monitor）通过标准 CAN 总线实现通信，BSM 的安装位置如图 8-30 所示。

图 8-28 Sheet 与 Sheet 之间的连接

图 8-29 BMB 安装位置

图 8-30 BSM 安装位置

6）电池系统内部设置有冷却装置，冷却液为水和乙二醇的混合物（比例为 1：1），冷却装置的管路接口如图 8-31 所示，Sheet 内部冷却管路的布置如图 8-32 所示。

电池系统中共有 6831 个 18650 电芯，整个电池的表面积达到 27m^2，并且每只 18650 电芯附近均布置有冷却管路，冷却管路与电芯之间有绝缘导热介质材料相隔，如图 8-33 中下部连接部分，连接部分绝缘体将电芯固化后非常坚硬，在这些因素的作用下，电芯可以将热量快速传递到外部环境中。

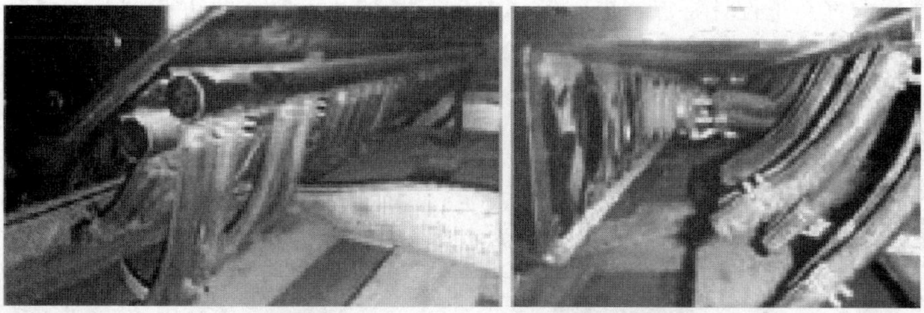

图 8-31 电池系统外部冷却管路和接口

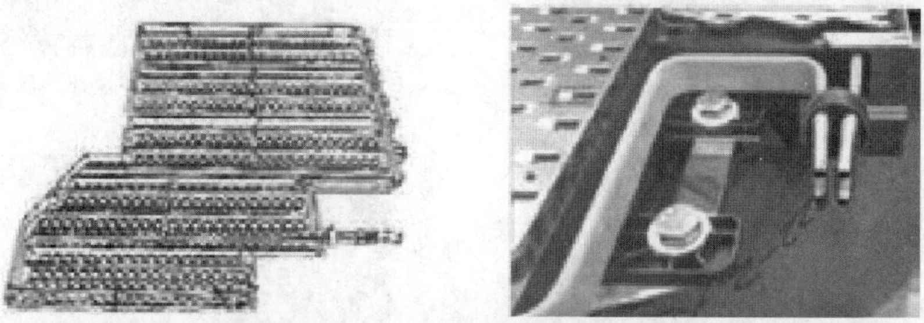

图 8-32 Sheet 内部冷却管路布置和接口

图 8-33 绝缘导热材料

冷却液的进、出管路设计为交叉布置方式，共分为 4 个接口，如图 8-34 所示。这种设计方式可以有效避免因为管道过长而使得管道始、末端冷却液温度差异过大，进而造成电芯温度差异过大。另外，每条进、出管道又分为两个子管道，目的是使冷却液与管道接触面积加大，以提高热传递效率。

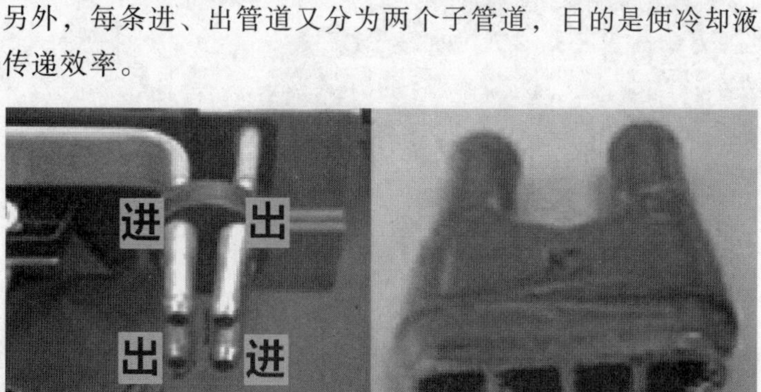

图 8-34 冷却液的进、出管路交叉布置

7）高压电气系统设计特点。电池箱体内 11 个 Sheet 串联，两边空隙处安装有各电器元件，其中包括 DC/DC、继电器（2 个 EV200）、预充电阻、熔断器、BSM 等，如图 8-35～图 8-38 所示。

图 8-35　继电器 EV200

图 8-36　快速熔断器

图 8-37　Sheet 熔断器

图 8-38　预充电阻

三、特斯拉 Model S 充电方式

特斯拉 Model S 电动汽车配备了功率为 10kW 的车载充电器，输入兼容 65～85V 的电压、45～65HZ 的频率、1～40A 的电流（可选功率 20kW 双充电器，输入兼容电流增至 80A），峰值充电效率达 92％。美国版的 Tesla Model S 电动汽车的充电接口符合 SAE J1772 标准，它和宝马 Active E 的充电接口相同，如图 8-39 所示。

图 8-39　充电接口

特斯拉 Model S 电动汽车总共有三种充电方式：移动充电包、高能充电桩和超级充电桩。

1. 移动充电包

所谓的移动充电包，就像手机数据线一样，只要你带着这根线，任何有普通电源插口的地方都可以充电，非常方便，但这种充电方式的速度最慢。

移动充电包在 Tesla 上属于选配设备，美国官网售价 650 美元，包含一根充电线、一个家用电源转换接头、一个公共充电桩转换接头，如图 8-40 所示。

美国本土居民用电电压是 110V（我国是 220V），充电 1h 可续航约 16km，一晚上按 8h 计算的话，至少能充可续航 80 英里（约 128km）的能量。

2. 高能充电桩

如果用户有固定车位，可以选择安装特斯拉的高能充电桩（图 8-41），充电电压可达 240V、电流 40A，充电速度比普通家用接口速度快，充电一小时可续航 29 英里（约 46km）。

在双充电模式下可以输出 240V 的充电电压、80A 的充电电流，充电一小时可续航 58 英里（约 93km）。所谓双充电器模式就是用户的车内拥有两个充电单元，其中一个是原车出厂自带的，而另外一个是需要用户付费选装的，官网上标价 3600 美元。它的原理其实很简单，就是给用户的车增加了一个充电通道，充电速度提升为原来的两倍。

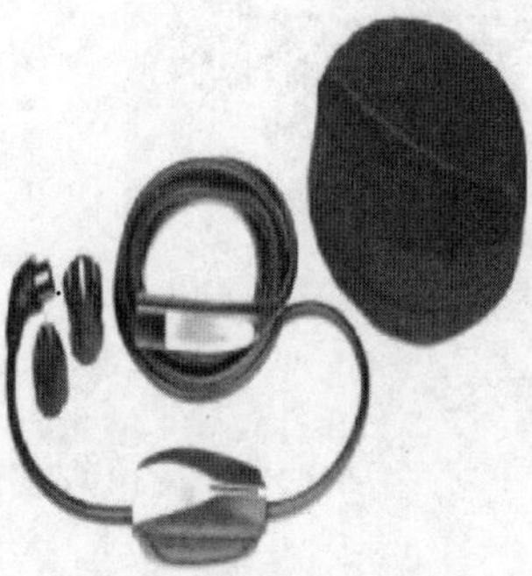

图 8-40 移动充电包

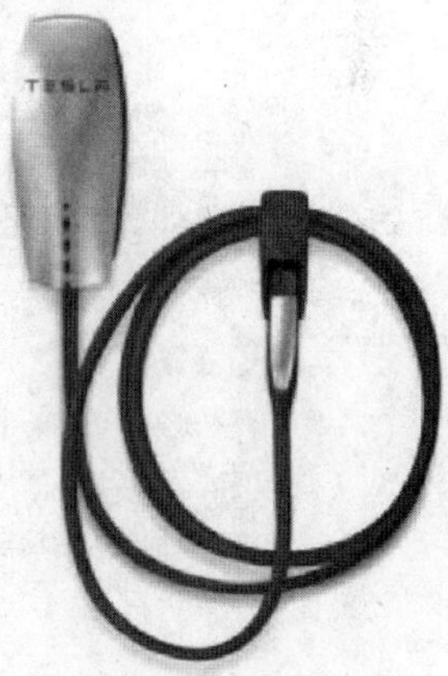

图 8-41 高能充电桩

3. 超级充电桩

它是用户最受欢迎的充电方式（图 8-42），因为充电效率最高，使电池 SOC 从 0 到 100% 时，只用 75min 就可以了，一般情况下车辆只需充半个小时左右，就能够满足用户在市区一天的需求。

超级充电桩的输出电压为 380V，电流接近 200A，每小时可以充电 220 英里（约 350km）。当然，超级充电站的充电速度也不是恒定不变的，每个充电站的输出电流都是额定的，当只有一辆车充电的时候，它可以享受充电站 70%的电流额度，而当充电车辆增加时，电流就会平均分配到每辆车上。充电速度也可能会下降到了每小时 60 英里左右，不过这仍然是最高效的充电方式。

图 8-42 超级充电桩

4. 快速充电

特斯拉承诺，将为在美国的 Model S 用户提供永久的免费充电服务，特斯拉充电技术在不断提高，充电速度变得更快，充电时间相对之前减少了30%，将电池充满50%的电量只需20min，一辆60kW·h电池组版本的特斯拉Model S充满电可以续航368km。

每个Tesla充电桩（图8-43）的造价大约在10万美元到17.5万美元之间，其中多半的资金将用在地基的重塑上。这些充电站会建在餐馆、商场等可能的（高档）公共停车场内，只要场所的业主同意充电桩的建造，所有建造、维护和电力费用都是由特斯拉公司拉承担（这种情况是指在美国）。

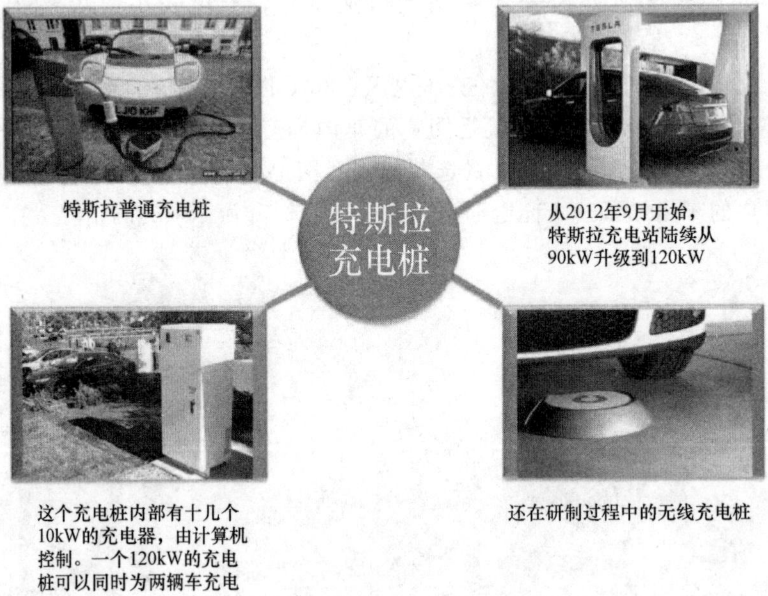

图8-43 特斯拉充电桩

5. 太阳能充电站

特斯拉公司启用了一批太阳能充电站网络（图8-44），为该公司的电动汽车免费提供独家充电服务（指美国）。这些充电站使用快速增压器直流充电技术，使电动汽车电池仅需要

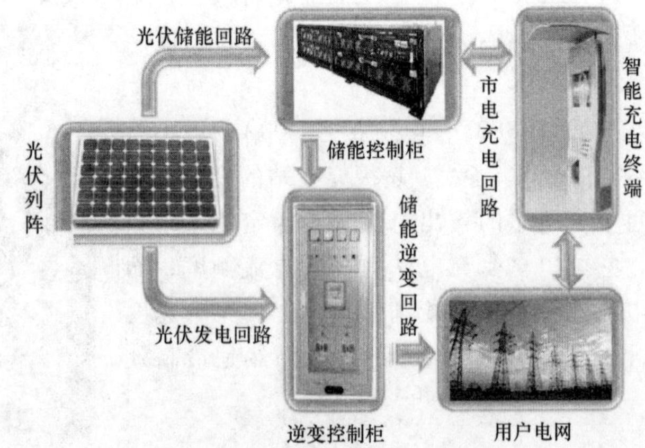

图8-44 太阳能充电站设施

30min 就能充满，可以使车辆以每小时 60 英里的速度行驶三个小时。

特斯拉已经在加利福尼亚州的几个高速公路休息区推出了太阳能汽车充电站。特斯拉公司计划迅速扩大太阳能充电站的基础设施建设，在未来，该公司将会在欧洲和亚洲建设更多的超级充电站。

第三节　燃料电池电动汽车

燃料电池电动汽车（图 8-45）是一种用车载燃料电池产生的电力作为动力的汽车。燃料电池是一种把氢氧化学能转化为电能的电化学设备。燃料电池装置通常使用高纯度氢作为燃料，但它不是直接燃烧氢，而是利用氢与空气中的氧发生化学反应而产生电能，用来驱动汽车前进。因此，燃料电池汽车也是一种电动汽车，只不过它不是采用外接电源为蓄电池充电，而是利用燃料电池在车上实时“发电”来为电机提供电能。因此，燃料电池汽车被称为“自带发电站”的汽车。

一、燃料电池电动汽车类型

如图 8-46 所示，燃料电池电动汽车（FCEV）按燃料特点可分为直接燃料电池电动汽车和重整燃料电池电动汽车。

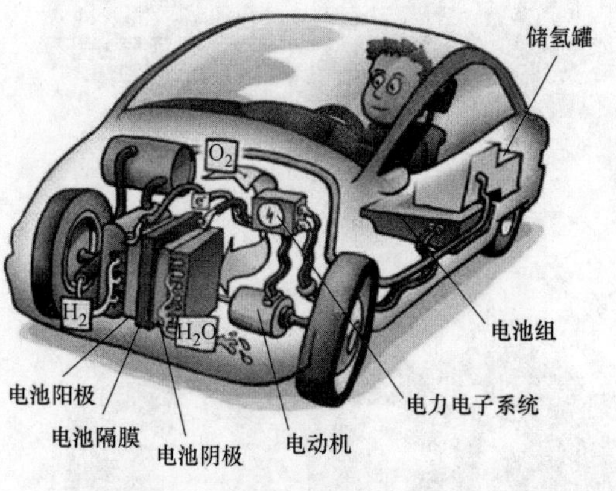

图 8-45　燃料电池电动汽车构造

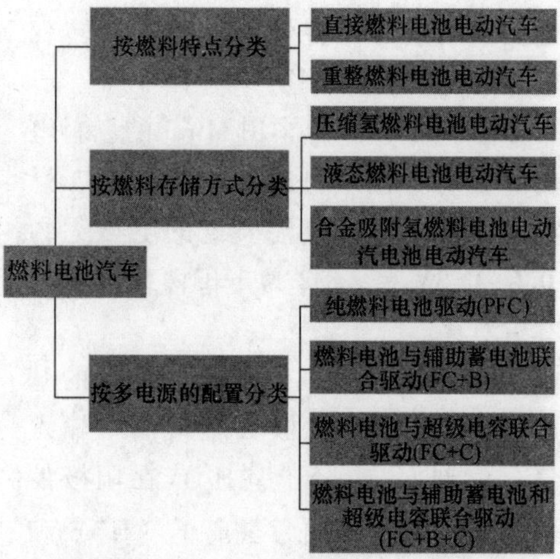

图 8-46　燃料电池电动汽车分类

直接燃料电池电动汽车的燃料主要是氢气；重整燃料电池电动汽车的燃料主要有汽油、天然气、甲醇、甲烷、液化石油气等。氢燃料电池电动汽车排放无污染，被认为是最理想的汽车。

FCEV 按氢燃料的存储方式可分为压缩氢燃料电池电动汽车、液氢燃料电池电动汽车和合金（碳纳米管）吸附氢燃料电池电动汽车。

FCEV 按“多电源”的配置不同，可分为纯燃料电池驱动（PFC）的 FCEV、燃料电池与辅助蓄电池联合驱动（FC+B）的 FCEV、燃料电池与超级电容联合驱动（FC+C）的 FCEV 以及燃料电池与辅助蓄电池和超级电容联合驱动（FC+B+C）的 FCEV。其中，采用燃料电池与辅助蓄电池联合驱动的 FCEV（图 8-47）使用较为广泛。

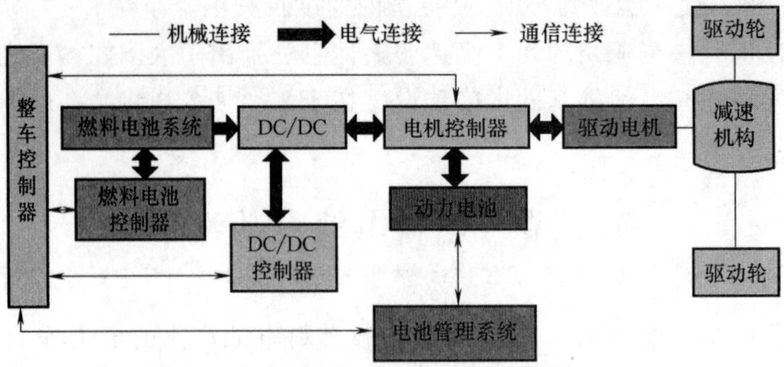

图 8-47　燃料电池与辅助蓄电池联合驱动的 FCEV

二、燃料电池电动汽车基本组成与原理

燃料电池电动汽车主要由燃料电池、高压储氢罐、辅助动力源、DC/DC 变换器、驱动电机和整车控制器等组成。图 8-48 所示为丰田 Mirai（未来）氢燃料电动汽车，其组成包括燃料电池、储氢罐、储能电池、升压转换器、电动机、动力控制单元等。

1. 燃料电池

燃料电池是燃料电池电动汽车的主要动力源，它是一种不燃烧燃料而直接以电化学反应方式将燃料的化学能转变为电能的高效发电装置。

如图 8-49 所示，丰田 Mirai 的燃料电池内部有 370 枚燃料电池原件存储，燃料电池堆栈中每片电池发电的电压大约在 0.6~0.8V。表 8-2 为丰田两代燃料电池参数对比。

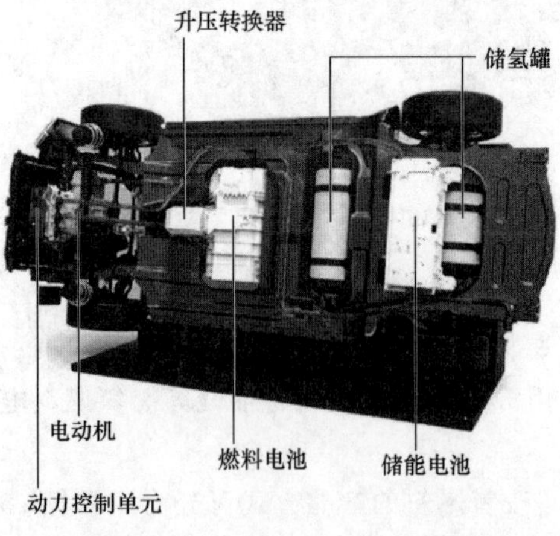

图 8-48　丰田氢燃料汽车结构及部件图

如图 8-50 所示，燃料电池发电的基本原理是：电池的阳极（燃料极）输入氢气（燃料），氢分子（H_2）在阳极催化剂作用下被离解成为氢离子（H^+）和电子（e^-），氢离子（H^+）穿过燃料电池的电解质层向阴极（氧化极）方向运动，电子（e^-）因通不过电解质层而由一个外部电路流向阴极；在电池阴极输入氧气，氧气在阴极催化剂作用下离解成为氧原子（O），与通过外部电路流向阴极的电子（e^-）和燃料穿过电解质的氢离子（H^+）结合生成稳定结构的水（H_2O），完成电化学反应，放出热量。这种电化学反应与氢气在氧气中发生的剧烈燃烧反应是完全不同的，只要阳极不断输入氢气，阴极不断输入氧气，电化学反应就会连续不断地进行下去，电子（e^-）就会不断通过外部电路流动形成电流，从而连续不断地向汽车提供电力。

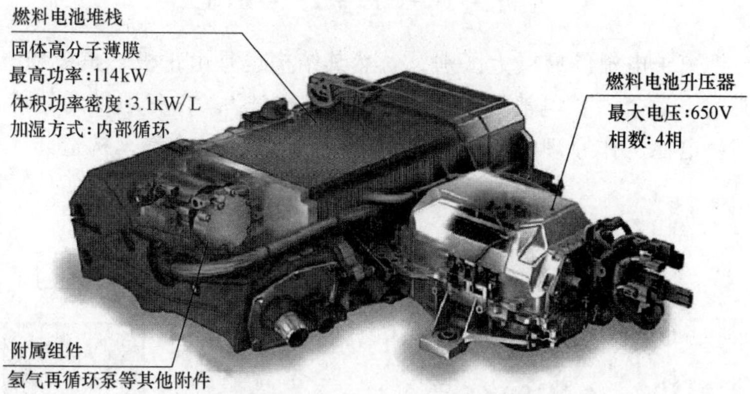

图 8-49　丰田 Mirai 的燃料电池图

表 8-2　丰田两代燃料电池参数对比

款型	2008 年型燃料电池堆	新型(Mirai)燃料电池堆
体积功率密度、质量功率密度	1.4kW/L、0.83kW/kg	3.1kW/L、2kW/kg
体积/重量	64L/108kg	37L/56kg
电池单体数量	400 片(两排堆叠)	370 片(一排堆叠)
电池单体厚度	1.68mm	1.34mm
电池单体重量	166g	102g
电池单体流场	直通道流场	3D 精细网格流场
安装位置	电机舱	地板下方

催化剂是一种化学物质，可以提高反应速度且不被消耗；在反应之后，它可以从反应混合物中恢复，化学性质不变。催化剂可以降低活化能所需能量，允许更快地或在较低的温度进行反应。在燃料电池中，催化剂催进氧化剂和燃料的反应。燃料电池中的催化剂通常是由薄铂粉涂到碳纸或布上，催化剂是粗糙和多孔状，因此铂的最大表面面积可以接触到氢或氧。催化剂的铂镀在面朝燃料电池中的膜上。

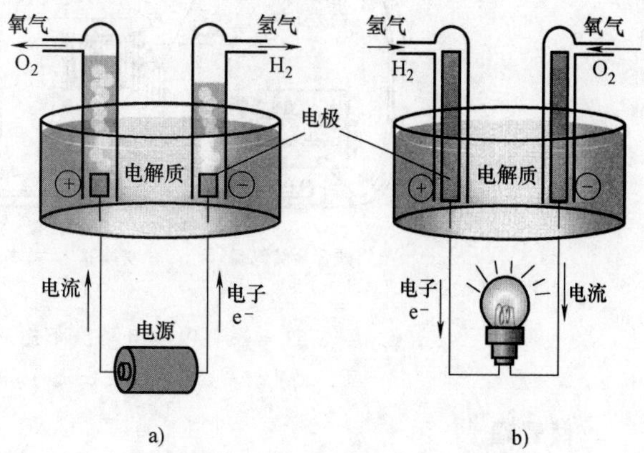

图 8-50　燃料电池的工作原理

a）电的电解原理示意图　b）燃料电池的发电原理示意图

图 8-51 所示为燃料电池工作原理图，燃料电池反应堆是一个化学“发电厂”，利用电解水的逆反应，从氢气和氧气化学反应过程中电荷转移得到电能。

$$2H_2O(\text{通电}) = 2H_2 + O_2$$

$$负极:H_2 \rightarrow 2H^+ + 2e^-$$

$$正极:\frac{1}{2}O_2 + 2H^+ + 2e^- \rightarrow H_2O$$

燃料电池与锂离子电池等有巨大区别，虽然其结构也是由正极、负极和电解液构成，但它并不储存电能，不是个“蓄电池”，而是一个“发电池”，它利用供给的燃料（氢）不停地发电，单体燃料电池工作原理示意如图 8-52 所示，燃料电池汽车构造与工作原理示意如图 8-53 所示。

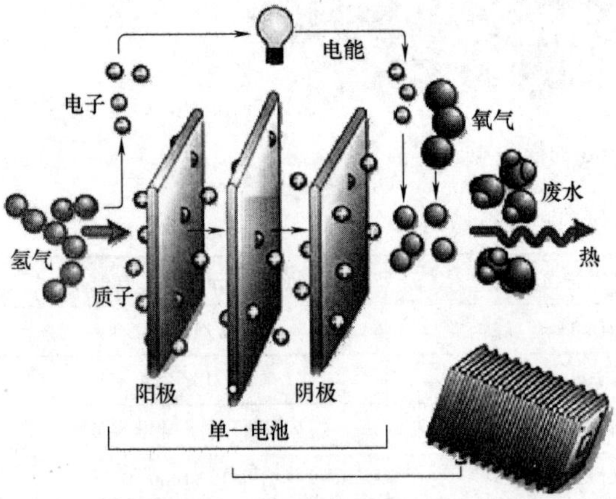

图 8-51 燃料电池工作原理图

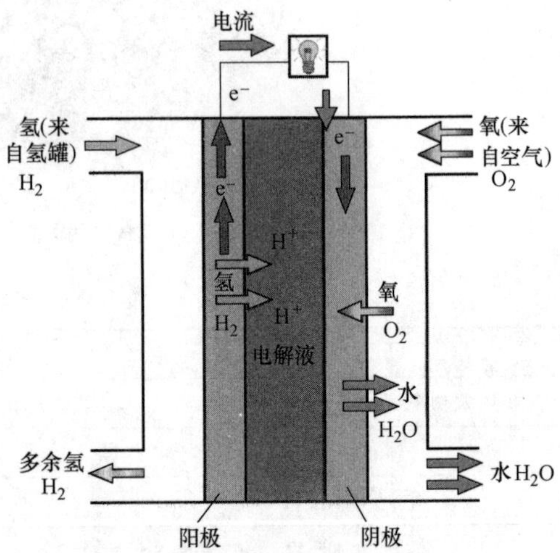

图 8-52 单体燃料电池工作原理示意图

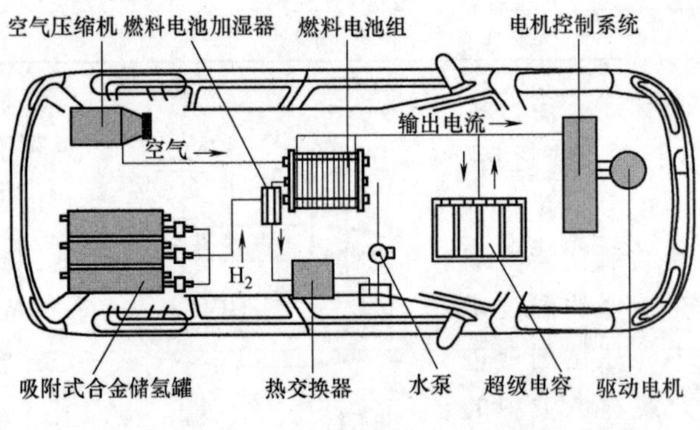

图 8-53 燃料电池电动汽车构造与工作原理示意图

2. 储氢罐

储氢罐是气态氢的储存装置，用于给燃料电池提供氢气。为了保证燃料电池电动汽车一次充气有足够的续驶里程，就需要多个高压储气罐来储存气态氢气。一般轿车需要 2~4 个高压储气罐，大客车需要 5~10 个高压储气罐。

图 8-54 为丰田 Mirai 氢燃料电动汽车的储氢罐图，其由两个储气罐组成，容积分别为 60L 和 62.4L，最大可以储存 5kg 氢燃料，储气压力可达 70MPa。罐体采用碳纤维加凯夫拉复合材质，其强度可以抵挡轻型枪械的攻击。加满两个储气罐大约需要 3~5min。

3. 辅助动力源

因 FCEV 的设计方案不同，其所采用的辅助动力源也有所不同，可以用蓄电池组、飞轮储能器或超大容量电容器等共同组成双电源系统。

丰田 Mirai 的辅助动力源采用的是镍锰蓄电池，如图 8-55 所示。

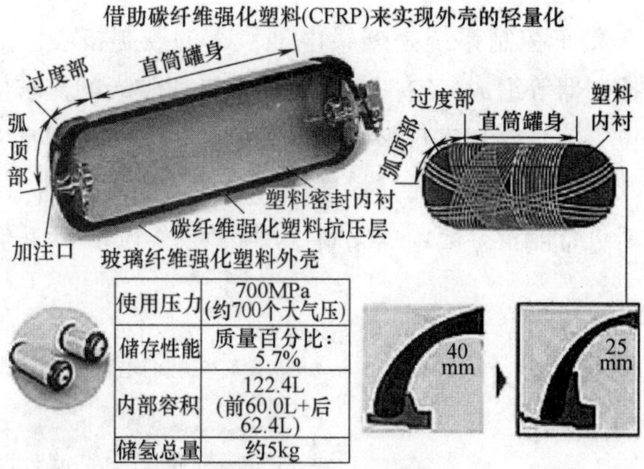

图 8-54 储氢罐

4. DC/DC 变换器

FCEV 的燃料电池需要装置单向 DC/DC 变换器，蓄电池和超级电容器需要装置双向 DC/DC 变换器。DC/DC 变换器的主要功能有调节燃料电池的输出电压，能够升压到 650V；调节整车能量分配；稳定整车直流母线电压。

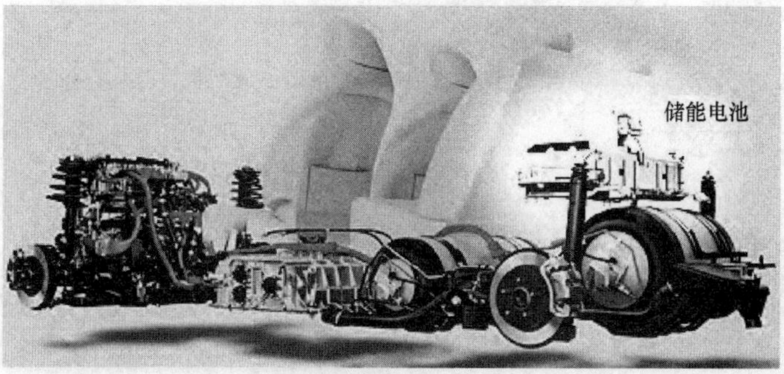

图 8-55 镍锰蓄电池

丰田燃料电池电动汽车采用的 DC/DC 升压器可以将燃料电池产生的 222～296V 的电压升压到 650V，以便更好地驱动电机（图 8-56 为丰田燃料电池升压器示意图）。

5. 驱动电机

燃料电池电动汽车使用的驱动电机主要有直流电机、交流电机、永磁同步电机和开关磁阻电机等。丰田 Mirai 作为一款氢燃料电池车，前后轴各配备了一台最大输出功率 114kW，最大转矩 335N · m 的电动机（图 8-57 丰田氢燃料电池电动汽车驱动电机）。

图 8-56 丰田燃料电池升压器

图 8-57 丰田氢燃料电池电动汽车驱动电机

6. 整车控制器

整车控制系统是燃料电池汽车的控制核心，由燃料电池管理系统、电池管理系统、驱动电机控制器等组成，它一方面接收来自驾驶人的需求信息（如点火开关、加速踏板、制动踏板、档位位置信号等）实现整车工况控制；另一方面基于反馈的实际工况（车速、制动、电机转速等）以及动力系统的状况（燃料电池及动力蓄电池的电压、电流等），根据预先设定好的多能源控制策略进行能量分配调节控制（图 8-58 为丰田 Mirai 燃料电池电动汽车工作原理）。

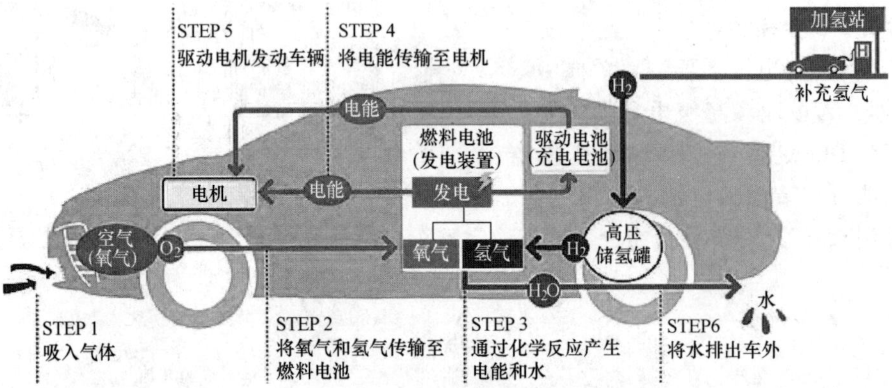

图 8-58　丰田 Mirai 工作原理

三、丰田燃料电池电动汽车的驱动模式

丰田已于 2018 年量产氢燃料电池汽车 Mirai。Mirai 意为“未来”，丰田汽车对于未来的探索在该车型上得以实现。从开始研发到最终上市，丰田耗费 20 余年的时间，该车核心组件包括动力控制单元、燃料电池堆、驱动用电池、电机、升压转换器以及高压储氢罐，具备低重心化、空气动力性能、最优化的重量分配以及高强度车身等特点。下面就其驱动模式进行简介。

燃料电池电动汽车行驶工况分为以下四种：起动、一般行驶、加速行驶以及减速行驶，驱动模拟图如图 8-59 所示。

1. 起动工况

车辆起动时，由车载蓄电池进行供电，此时，来自镍锰蓄电池的电源直接提供给驱动电机，使电机工作，驱动车轮转动，此时，燃料电池不参与工作（图 8-60）。

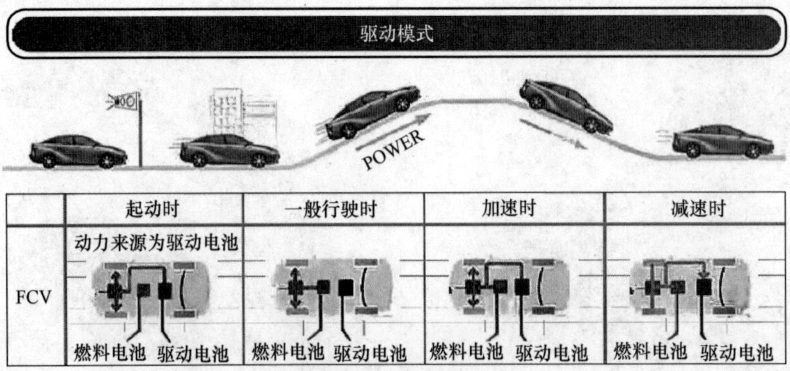

图 8-59　驱动模拟图

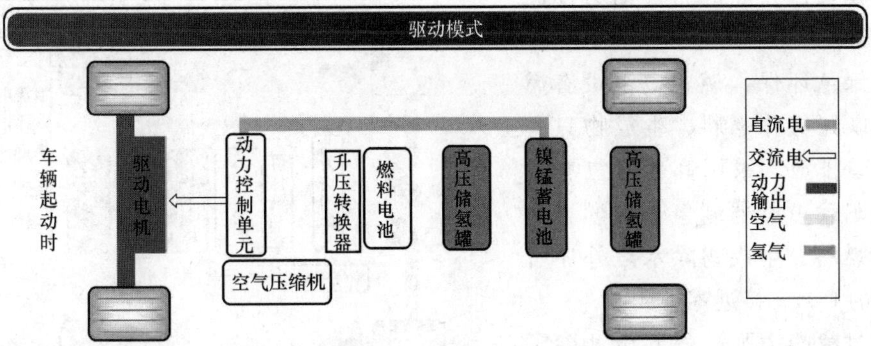

图 8-60　起动工况

2. 一般行驶工况

一般行驶工况下，来自高压储氢罐的氢气经高压管路提供给燃料电池，同时，来自空气压缩机的氧气也提供给燃料电池，经质子交换膜内部产生电化学反应，产生大约300V左右的电压，然后经DC/DC变换器进行升压，转变为650V的直流电，经动力控制单元转换为交流电提供给驱动电机，驱动电机运转，带动车轮转动(图8-61)。

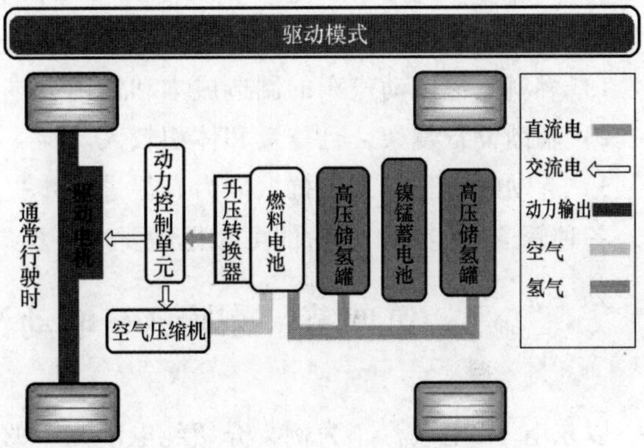

图 8-61　一般行驶工况

3. 加速行驶工况

加速时，除了燃料电池正常工作外，需要由车载蓄电池参与工作，以提供额外的电力供驱动电机使用，此时车辆处于大负荷工况下（图8-62）。

4. 减速行驶工况

减速时，车辆在惯性作用下行驶，此时燃料电池不再工作，由车辆减速所产生的惯性能量由驱动电机转换为发电机进行发电，经动力控制单元将其转换为直流电后，反馈回车载蓄电池进行电能的回收（图8-63）。

四、燃料电池电动汽车特点

1. 燃料电池电动汽车优点

与传统内燃机汽车以及电动汽车相比，燃料电池电动汽车具有以下优点：

（1）效率高　燃料电池的工作过程是化学能转化为电能的过程，不受卡诺循环的限制，能量转换效率较高，可以达到30%以上，而传统汽油机和柴油机汽车效率分别为16%~18%和22%~24%。

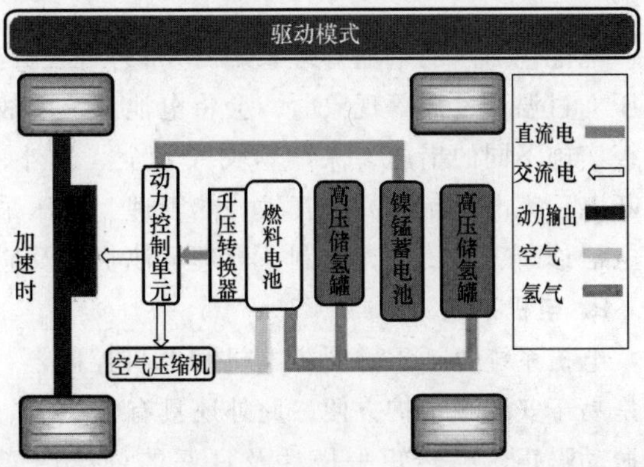

图 8-62　加速行驶工况

（2）续驶里程长　采用燃料电池系统作为能量源，克服了电动汽车续驶里程短的缺点，其长途行驶能力及动力性已经接近于传统汽车。

（3）绿色环保　燃料电池没有燃烧过程，以纯氢作燃料，生成物只有水，属于零排放。采用其他富氢有机化合物用车载重整器制氢作为燃料电池汽车的燃料，生成物除水之外还可能有少量的 CO_2，接近零排放。

（4）过载能力强　燃料电池除了在较宽的工作范围内具有较高的工作效率外，其短时过载能力可达额定功率的 200%或更大。

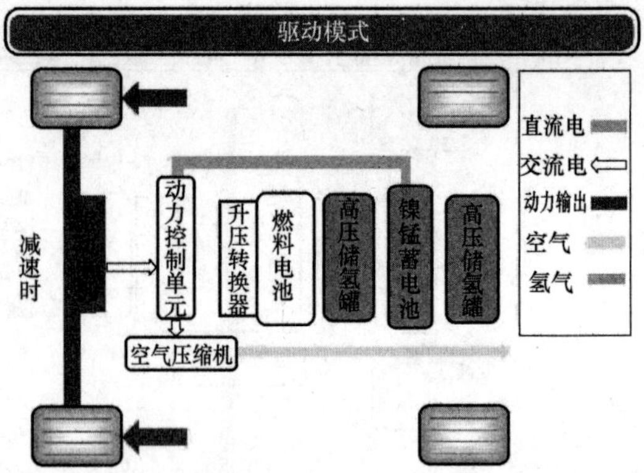

图 8-63　减速行驶工况

（5）低噪声　燃料电池属于静态能量转换装置，除了空气压缩机和冷却系统以外无其他运动部件，因此与内燃机汽车相比，运行过程中噪声和振动都较小。

2. 燃料电池电动汽车的缺点

1）燃料电池电动汽车的制造成本和使用成本较高。

2）辅助设备复杂，且重量和体积较大。

3）起动时间长，系统抗振能力有待进一步提高。此外，在储氢装置受到振动或者冲击时，各种管道的连接和密封的可靠性需要进一步提高。

第四节　东南 V5 电动汽车动力驱动系统

以东南 V5 电动汽车为例，介绍纯电动汽车的动力驱动及其控制原理。

一、动力驱动系统部件

1. 电池系统架构

电池系统基本结构如图 8-64 所示，动力电池系统包含地板下的电池包（图 8-65）、行李舱的电池包（图 8-66）以及两电池包之间连接的高低压线束（图 8-67）等，为整车提供电能。

电池包 1 内的电池管理系统（BMS）监测与分析电池系统的运行过程，一旦出现过压、欠压、过温及过流等现象时，会将电池系统的故障等级发送到整车网络，并根据不同的故障等级实施不同的措施，保证驾驶人安全。此外，BMS 还具有高压电安全管理功能，包括碰撞断电、充电控制、高压互锁、热管理、高压采样、高压绝缘监测、高压继电器驱动、高压继电器诊断、高压预充控制、管理电池状态及应用策略等。

2. 电机系统

电机系统包括永磁同步电机和电机控制器，电机（图 8-68）用于驱动车辆行驶，其特点是易于安装和维护方便，此外还具有体积小、重量轻、运行可靠、高效率和控制精度高、低振动噪声、高转矩平稳性及良好的调速性能等特点，给客户带来舒适、安全平稳的驾驶感。

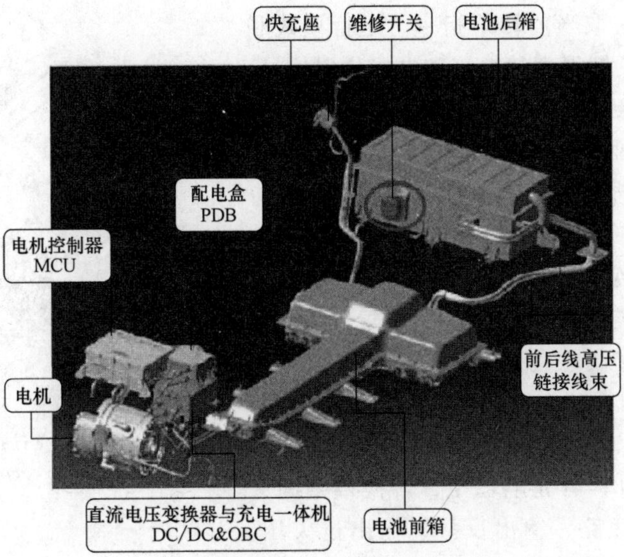

图 8-64　基本结构

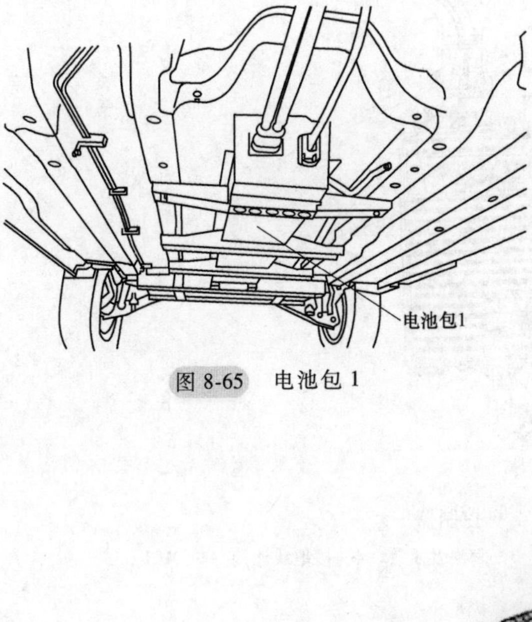

图 8-65　电池包 1

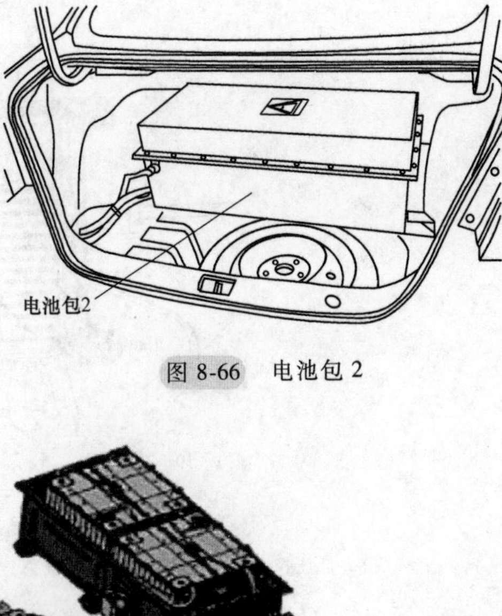

图 8-66　电池包 2

图 8-67　高低压线束

电机控制单元（MCU，图 8-69）通过外部开关量和模拟量输入来获取当前转矩指令、运行模式和旋转方向，并根据反馈得到的电流和电机位置信号，将高压直流电源变换为所需要的电压幅值和频率可调的三相交流电，驱动无刷直流电机运转；同时，通过检测当前的转子位置信号和对电机的相电流进行实时采样。

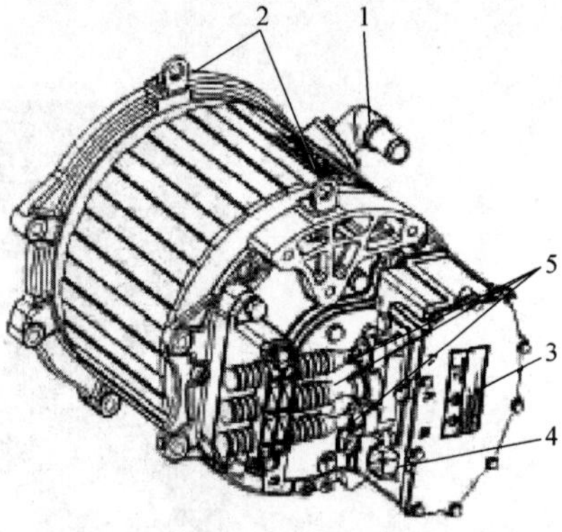

图 8-68　驱动电机

1—水接头 $\phi20$（进）　2—吊耳　3—警示标签　4—插座 1-776276-1　5—三相线束

3. DC/DC 变换器及充电机

DC/DC 变换器与充电机（图 8-70）集成为一体机，变换器将高压直流电变换成低压直流电供整车的低压负载使用，且可以对低压铅酸电池进行充电；电机将 220V 交流电转换为电动车充电电池使用的高压直流电。充电机具有充电稳定，转换效率高等特点，并具有输出短路、输出反接、输出过欠压、输入过欠压、过温等保护功能。

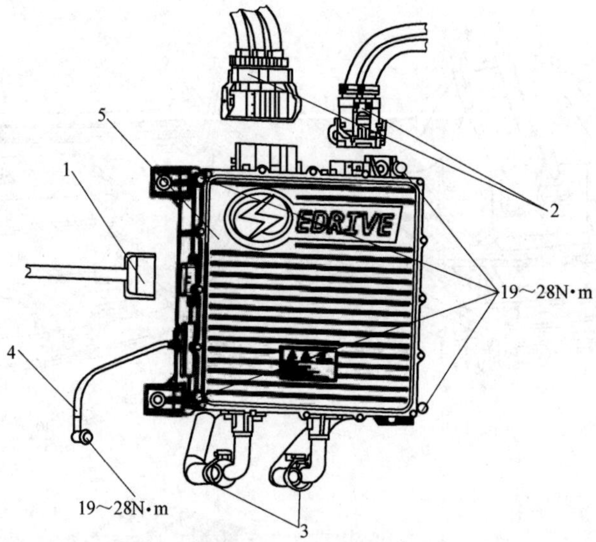

图 8-69　电机控制器

1—低压控制线束连接　2—高压线束连接　3—管夹及水管　4—接地线连接　5—MCU

4. 整车控制系统

整车控制系统（VCU，图 8-71）的作用是读取各传感器的输入信号，并按设定的程序进行计算处理，产生相应的控制信号输出到各系统的执行元件。同时 ECU 的故障诊断系统对各部件或功能进行监控，一旦探测到故障并确认后，则存储故障码，调用“跛行回家”模式。当探测到故障消失时，车辆恢复正常使用。

二、动力控制逻辑

整车控制器作为信息控制中心，负责组织信息传输、网络状态监控、网络节点管理、故障诊断和处理等功能，可通过通信图（图 8-72）来了解其控制内容。

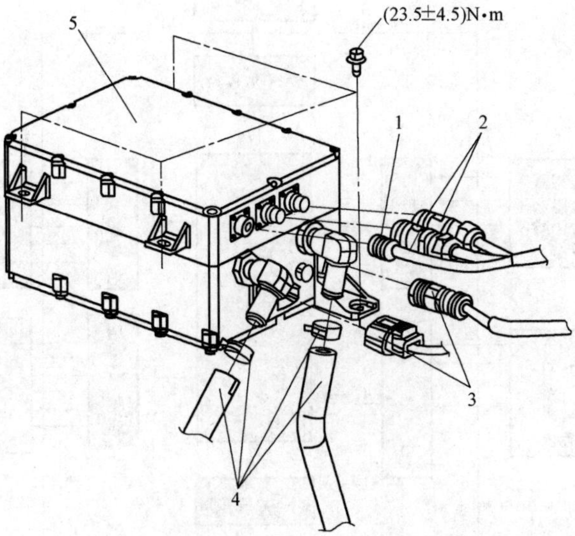

图 8-70　变换器和充电机

1—DC/DC&OBC 一体机控制连接器连接　2—DC/DC 低压连接器连接
3—OBC 高压连接器连接　4—水管及水管管夹　5—DC/DC&OBC 一体机

1）根据制动和加速踏板、行驶状态、蓄电池状态等信息，向电机控制器发出指令，满足驾驶工况要求，并在制动且不影响制动性能的前提下，回收部分能量。

2）通过对电机驱动系统、电池管理系统及其他车载能源系统（如空调）的协调和管理，以获得最佳的能量利用率。

3）连续监视整车电控系统，进行故障诊断和存储故障码，供维修时查看。对于不太严重的故障，能做到“跛行回家”。

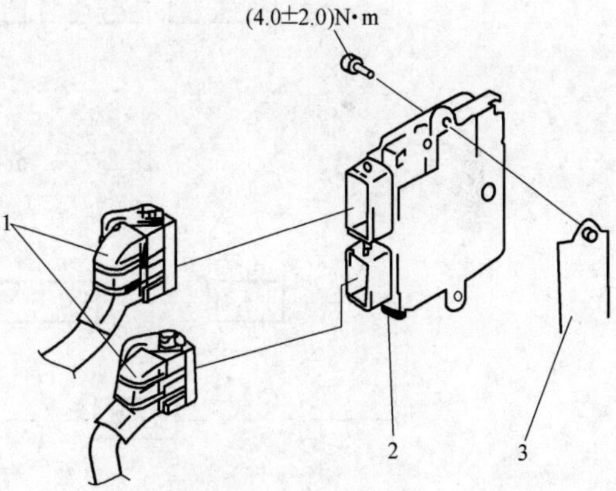

图 8-71　整车控制单元

1—整车控制器（VCU）插接器连接
2—整车控制器（VCU）　3—VCU 支承

4）通过传感器和 CAN 总线，检测车辆各系统状态信息，包括车速、里程、电机转速、温度、电池电量及故障信息等，然后将这些信息传送至仪表显示出来。

5）在慢充时，起动 DC/DC、水泵、冷却风扇；快充时 VCU 不作动。

三、冷却系统

冷却系统的作用是保持驱动电机、控制器和 DC/DC 在任何工况下都处于适当的温度，冷却方法为水冷强制压力循环式（图 8-73），水泵为离心叶轮式电动泵，在循环系统中给冷却液加压使其在整个系统中循环。当冷却液温度超过了规定的范围时，主水泵工作，使冷却液通过散热器进行循环，将吸收的热量散入空气中。

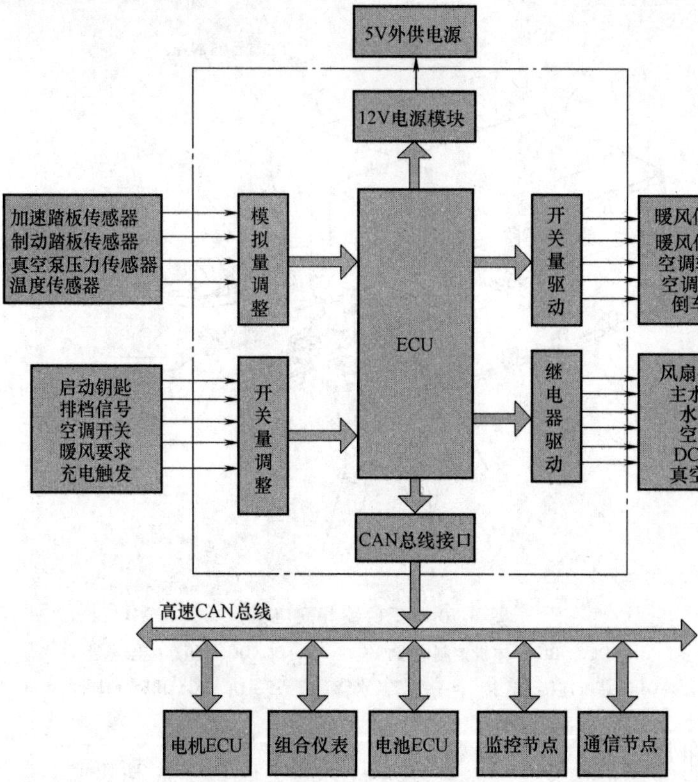

图 8-72　整车控制原理

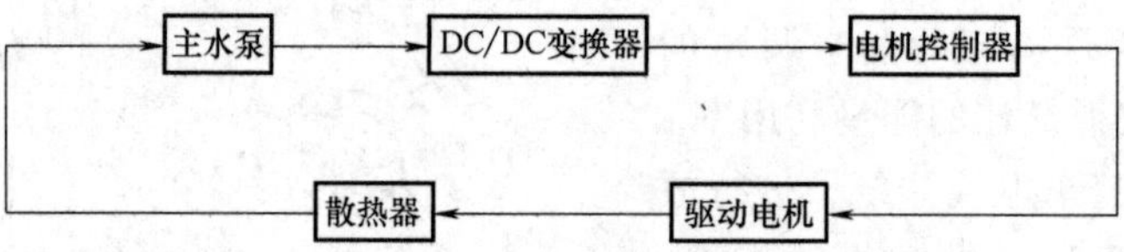

图 8-73　冷却循环

冷却系根据车辆的行驶或充电有两种工作情况，并取决于电机系统和 DC/DC 的控制需求。

1. 在行驶时

（1）电机系统控制需求　点火开关打开后，开启水泵，控制占空比为 50%；当控制器温度≥50℃或电机温度≥80℃时，水泵控制占空比为 100%，风扇低速运转；当控制器温度≥60℃或电机温度≥90℃时，水泵控制占空比为 100%，风扇高速运转；当控制器温度≤40℃且电机温度≤70℃时，水泵控制占空比为 100%，低速风扇关闭。

（2）DC/DC 控制需求　在温度 40℃时水泵转速 50%，当温度上升到 60℃时，水泵转速 100%；当温度上升到 70℃时，风扇低速运转；上升到 85℃时风扇高速运转；温度下降到

75℃时高速风扇关闭；温度下降到65℃时低速风扇关闭，水泵转速100%；下降到50℃时水泵转速70%；温度下降到30℃时水泵占空比为50%。总之，冷却系统的水泵和风扇开启以温度更低系统为判定条件，关闭以温度更高为判定条件。

2. 在充电时

充电开始后，水泵继电器吸合，当温度达40℃时，水泵转速50%；上升到60℃时水泵转速100%；上升到70℃时，低速风扇开启；上升到85℃时，高速风扇开启；当温度下降到75℃时，高速风扇关闭；温度下降到65℃时，低速风扇关闭；下降到50℃时，水泵转速70%；下降到30℃时水泵关闭。充电完成时，关闭水泵继电器。

参 考 文 献

[1] 王震坡，孙逢春，刘鹏. 电动汽车原理与应用技术［M］. 北京：机械工业出版社，2015.

[2] 姜久春. 电动汽车充电技术及系统［M］. 北京：北京交通大学出版社，2017.

[3] 宁德发. 电动汽车结构、原理、检测、维修［M］. 北京：化学工业出版社，2017.

[4] 王震坡，孙逢春. 电动车辆动力电池系统及应用技术［M］. 北京：机械工业出版社，2012.

[5] 徐艳民. 电动汽车动力电池系统及电源管理［M］. 北京：机械工业出版社，2014.

[6] 缑庆伟，李卓. 新能源汽车原理与维修［M］. 北京：机械工业出版社，2017.

[7] 陈新亚. 电动汽车为什么会跑［M］. 北京：机械工业出版社，2016.

[8] 陈黎明. 电动汽车结构原理与故障诊断［M］. 北京：机械工业出版社，2015.

[9] 邹国棠，程明. 电动汽车的新型驱动技术［M］. 北京：机械工业出版社，2015.

[10] 臧杰. 新能源汽车［M］. 北京：机械工业出版社，2015.

[11] 敖东光，宫英伟，陈荣梅. 电动汽车结构原理与检修［M］. 北京：机械工业出版社，2017.

[12] 汪贵行，汪学森. 电动汽车空调的特点与维修［J］. 汽车维修与保养，2014（05）：67-69.

[13] 宋强. 电动汽车电机系统原理与测试技术［M］. 北京：机械工业出版社，2016.

[14] 王志福，张承宁. 电动汽车电驱动理论与设计［M］. 2 版. 北京：机械工业出版社，2017.

[15] 姜久春. 电动汽车动力电池应用技术［M］. 北京：北京交通大学出版社，2016.

[16] 吴兴敏，张博，王彦光. 电动汽车构造、原理与检修［M］. 北京：北京理工大学出版社，2015.

[17] 马强，沈睿君. 2013 年荣威 E50 纯电动馈电故障［J］. 汽车维修技师，2017（03）：66-68.

[18] 卢强，周革. 江淮纯电动汽车 i EV5 技术解析与故障分析［J］. 汽车电器，2016（08）：14-17.

[19] 卢强，周革. 江淮纯电动车 IEV 真空助力故障排查分析［J］. 汽车维修，2016（05）：09-10.

[20] 卢强. 江淮同悦纯电动车技术解析与故障分析［J］. 汽车维修，2016（02）：80-82.